희망의 씨앗을 뿌리다

희망의 씨앗을 뿌리다

지은이   김진종
펴낸이   김일환
디자인   신경애
펴낸곳   그나라 출판사

초판1쇄 발행 2015년 8월 30일

등록번호 제409-2014-000004호 2014년 3월 5일
경기도 김포시 양촌읍 황금로89번길 25 자연앤데시앙아파트 103동 204호
Tel 031-991-1837   Fax 070-8239-1837

ISBN 979-11-952866-2-1
책값 13,000원

희망의 씨앗을 뿌리다

김진종 선교사 이야기

그나라

　김진종 목사님은 청소년 제자훈련에 평생을 바치신 분입니다. 이분의 목회를 자세히 들여다보면 현재 한국교회가 직면한 위기, 즉 다음 세대를 어떻게 복음으로 섬길 것인가에 대한 대답을 얻을 수 있습니다. 더욱이 김 목사님의 제자훈련은 십대들로 하여금 평생 교회 공동체를 온전히 섬기게 하는 특징을 가지고 있습니다. 한마디로 교회론에 바탕을 둔 공동체 제자훈련입니다. 다가오는 한국교회의 위기를 준비하려는 모든 신학생, 목회자들이 일독해야 할 귀한 저술입니다.

_ 광교산울교회 담임 목사 **이문식**

　저자 김진종 목사는 복음의 열정을 지닌 분으로 신학생 때부터 전주에서 개척교회를 시작하고 영혼 구원에 힘을 쏟았다. 예배 장소를 구하고 사람들을 모아야 했다. 개척자 부부 두 분이 최초의 교인이었다. 복음에 생소한 사람들을 찾아다니고 청년들이 오기 시작했다. 한편 교회 건물 집주인으로부터 임대료를 독촉 받았다. 그러던 중에 어떤 고마운 분의 도움을 받아 안정이 되면서 교회는 점점 모양을 갖추게 되었는데, 갑자기 심근경색이라는 병에 걸려 수술을 해야 하는 어려움에 처하게 되어 하나님의 도움 없이는 한발작도 움직일 수 없게 되었다. 이런 극한 상황 속에서도 저자는 하나님을 믿고 의지하면서 그 난관을 극복해 나아갔다.

이 책은 많은 개척자들에게 큰 힘이 될 것이다. 김진종 목사의 믿음과 의지, 그리고 주님을 사랑하는 열정은 지금도 중국선교에서 왕성한 힘을 보여주고 있다.

_합동신학대학원대학교 명예 교수 **신복윤**

이제는 끝인가? 이 나라 이 땅의 교회가 이제는 다음 세대가 가기 전에 그야말로 소수 종교로 오그라드는가? 다음 세대에 신앙을 계승하지 못하는 지금의 교회의 무력감과 나태를 꾸짖는 낮고 부드러운 음성이 이 책에 가득 차 있다. 이 책 『희망의 씨앗을 뿌리다』의 이야기는 과거의 이야기다. 한 목회자의 추억이며 회고담이다. 그러나 오늘의 교회에게 큰 소리로 가까이 온다. 어린 영혼들을 사랑하여 그들에게 헌신하며 그들과 함께 지나며 누려온 하나님의 은혜를 들려주면서 부드러운 솔로 간질이듯이 가슴을 만진다. 그리고 상황의 어려움 속에 짓눌려 영혼을 향한 사랑의 열정을 슬그머니 놓아버리고 있는 오늘의 목회 현실을 떠오르게 한다. 김진종목사의 이야기는 옛 이야기일 뿐일까? 오늘 신학교를 나가는 젊은 사역자들은 희망의 씨앗을 뿌릴 수 없는 것일까? 이 질문에 대해서 이 책은 "두려워하지 말라(1부)," 다만 "아이들을 사랑하는 마음(2부)"으로 헌신하라, 그리고 "꿈과 비전을 가져라(3부)," 그리하면 "꿈은 이루어진다(4부)" 그리고 도전 한다: "성령과 말씀과 기도와 복음으로 불타는 소명이 있는가? 여러분은 단지 하나님께서 쓰시는 선한 도구일 뿐이지만, 여러분을 통해서 하나님께서 쓰시는 종들을 일구어 다음 세대의 교회를 위해 준비시킬 것임을 믿으라"고 말한다. 이 책을 일독하는 일은 여러분에게 귀한 것들을 많이 남겨줄 것이다.

_합동신학대학원대학교 조직신학 교수 **김병훈**

1990년대 한국교회 목회 현장의 생생한 리포트!

먼저, 김진종 목사님의 간증과 목회 보고가 책으로 남게 된 것을 축하드립니다.

김 목사님은 남다른 열정으로 가득 찬 분이시다. 지금은 건강이 악화되었음에도 불구하고, 목회 일선에서 달려가던 모습을 그대로 유지하고 있으시다. 오직 자신의 사명과 이웃 나라 사역자 양성을 위해서, 선교에 헌신적으로 매달리고 있다.

열악한 사역지에서 함께 한 방을 쓰면서, 김 목사님의 간증을 여러 차례 듣게 되었는데 감동적이었다. 그래서 적극 책으로 남겨놓을 것을 권유했는데, 이처럼 자세하고 생생하게 보고 들을 수 있으니 참으로 다행이다.

이 책에 담긴 이야기들은 개인적인 간증이지만, 결국 1990년대 한국교회사에 담긴 부흥과 감동적인 발전의 세대를 생생하게 증언하는 것들이다. 우리는 이 책에 담긴 김진종 목사님의 겸허한 제자 양육과 열린 리더십을 그리워하는 시대에 살고 있다. 그래서 이 책의 가치가 남다르다고 생각한다.

이 책이 젊은 목회자들과 목회 후보생들의 지침이 되어서, 다시 한번 한국교회 부흥과 열매가 풍성하도록 기여하는 열매들이 있을 것이다. 온몸을 던져서 사역에 몰두한 나머지 건강이 손상을 당할 때까지 진력했던 헌신과 수고는 한국교회의 영적 유산이자, 하나님의 은총이라고 생각한다. 남은 생애도 더 아름다운 날들이 되시기를 기원드린다. 샬롬!

_ 국제신학대학원대학교 부총장 **김재성**

김진종 목사님의 "희망의 씨앗을 뿌리다"는 부담 없이 마음 편하게 읽을 수 있는 귀한 책이다. 주님의 부르심을 받은 한 목회자가 미래를 내다보며 구체적으로 복음의 사역을 한 모습을 엿보게 하는 책이다. 김진종 목사님은 한국교회의 미래를 위해 아이들을 위한 목회에 올인(all-in) 했다. 한 목회자가 비교적 형편이 어려운 어린이들을 위해 자신의 건강을 생각하지 않고 전적으로 헌신한 모습은 눈시울을 뜨겁게 한다. 그는 결국 생사의 기로에 놓이기까지 한다. 하지만 그의 목회는 건실하게 성장하는 어린이들의 삶을 통해 보상을 받았다.

한국은 점점 늙어가고 있다. 한국교회도 그 흐름을 역행할 수 없다. 이제는 한국교회가 다른 어느 때보다도 어린이들의 목회를 위해 재정을 투입하고 관심을 가져야 할 때이다. 김진종 목사는 선견자처럼 어린이 목회의 가능성을 보여준 분이다. 책 마무리에 김 목사님이 "어른들은 모세가 될 수 없다. 그러나 청소년들은 모세가 될 수 있다. 청소년들은 다윗도 엘리야도 다니엘도 될 수 있다"라고 쓴 말은 우리들의 심금을 울린다. 편하게 읽을 수 있으면서도 큰 감동을 얻을 수 있는 책이기에 이에 즐거운 마음으로 추천한다.

_ 합동신학대학원대학교 명예 교수 **박형용**

캐나다 레벨 스톡(REVEL STOKE. B. C CANADA)에서 선교사로 일하던 때, 한 형제의 이메일을 받고 나는 이 글을 써야겠다고 결심했다. 그 형제의 메일 내용은 이러했다.

"목사님! 안녕하세요? 저 ○○입니다.
그 곳 날씨는 어떤가요? 이 곳 한국 날씨는 추워요.
그래도 날마다 기도하면서 하나님만 바라보고 있기에 제 영혼은 따뜻합니다.
어제는 주일학교에 북초등학교 3, 4학년 아이들이 5명이나 나와서 예배를 드렸어요. 어찌나 기쁘던지…… 하나님께 감사를 드렸어요.
일주일 내내 축구하면서 아이들과 함께 놀고 음료수도 사주었는데 아이들이 저의 맘을 알아줘서인지 주일학교에 나오더라고요. 관심 갖고 함께 놀았던 것으로 인해 귀한 아이들을 주님 앞에 조금 더 가까이 나오게 할 수 있었던 것 같아 너무 감사했어요. 이제는 중·고등부 학생들에게도 눈을 돌려 다가가 보려 해요.
처음에 제 욕심대로 아이들을 취하려할 때는 전도가 잘 안되더니 한 영혼 한 영혼을 불쌍히 여기고 사랑하는 마음으로 다가가니까 좋은 반응이 있네요. 바라기는 꾸준히 인내하며 아이들에게 나아가려고 해요.

저는 요즘 감사가 넘치는 삶을 살고 있습니다. 비록 제가 가난하며 부모님 사랑을 못 받고 자랐어도 또 저를 사랑해 주는 사람이 한 명도 없다 할지라도 감사합니다. 먼저는 저의 길을 인도하시고 사랑한다고 말씀해 주시는 하나님께 감사드리고, 그 다음은 가난한 삶 가운데 사랑 받지 못하며 자랐던 중등부 3년의 시절 어둠 속에 방황했던 제게 예수님을 소개해 주셨고, 주의 제자로 자라는데 큰 도움의 역할을 해 주셨던 목사님께 진심으로 감사합니다.

제자는 스승의 모습을 닮아가는 거라고 배웠습니다. 저는 어릴 적 목사님의 새벽기도 하시는 모습과 한 아이 한 아이를 사랑하고 전도하는 모습에서 많은 것을 배웠습니다. 그런 목사님의 헌신, 봉사, 사랑을 받고 자랐기에 현재의 제가 있는 것이라 생각하고 목사님을 기억할 때마다 감사한 맘으로 기도하고 있습니다. 목사님은 제 평생의 멘토이십니다. 목사님의 건강과 캐나다 사역을 위해 기도하겠습니다.

사랑합니다. 목사님!"

또 다른 편지도 소개해 본다.

"영하 17도까지 내려가는 그곳에서 사역하시느라 많이 힘드시죠?
새벽마다 목사님을 위해 기도하고 있습니다.
요즈음 아이들과 함께 놀면서 저도 그 안에서 기쁨을 찾고 있습니다.
어릴 때 목사님이 저희들 속에서 기쁨을 찾는다고 하셨는데, 그 땐 그
말씀이 무슨 뜻인지 이해할 수 없었습니다. 그런데 시간이 지나고 제가 어
른이 되어 목사님과 똑같이 하다보니까 조금은 목사님이 해주셨던 말씀
들과 행함들을 이해하고 깨닫게 됩니다. 하나님의 마음도 조금 알게 되었
습니다.
그 시간을 돌아보면 목사님은 복음에 미치셨던 분이신 것 같습니다.
주의 사랑이 흘러넘쳐 복음을 전하지 않으면 안 됐던 분…….
예수님처럼, 바울처럼…….
세상 사람의 눈으로 목사님을 볼 때, 부와 명예가 없다 할지라도 그리고
머리 둘 곳 하나 없는 분이라 해도 목사님은 정말 깨끗하시고, 또한 저에
겐 아버지와 같은 분이십니다."

이런 글들을 받아보면서 내 맘 속에서 더욱 바라며 원하게 된 것들은

이 청년들처럼 청소년 즉, 우리의 다음 세대에 더 깊은 관심을 갖고 예수 그리스도의 사랑으로 세상을 품는 그리스도인들이 많이 세워지는 것이었다. 그래서 비록 부족함이 많지만 기대하는 맘으로 이렇게 펜을 든다.

요즘 우리 아이들은 인터넷의 굴레에서 벗어나지 못하고 있다. 안타깝게도 인터넷의 좋지 않은 영향에 종노릇 하고 있다고 해도 과언이 아니다. 그래서 보아서는 안 되고, 들어서는 안 되는 것들에 대해서 그들은 분별없이 수용하며 더 나아가 악한 영향력에서 빠져나오지 못하고 더 깊이 들어가 허덕이고 있다. 아이들도 자신들이 이래서는 안 되는데 라고 생각 하면서도 그 곳을 벗어나려고 하지만 쉽지 않다. 오히려 몸부림치면 칠수록 더 깊은 수렁에 빠져서 타락할 대로 타락하고 만다. 이 수렁에서 벗어나는 일은 자신들의 힘으로서는 도저히 불가능하다. 이런 죄악의 구렁텅이에서 벗어날 수 있는 길은 오직 예수 그리스도, 즉 복음뿐이다.

마치 38년 된 병자가 자신의 힘으로서는 도저히 병을 고칠 능력이 없으나 예수 그리스도께서 고쳐 주심으로 인해서 지긋지긋한 병마에서 해방되었듯이 예수 그리스도가 아니면 우리 삶에서 죄와 그 영향 가운데서의 구원은 불가능하다.

거기 서른여덟 해 된 병자가 있더라 예수께서 그 누운 것을 보시고 병이 벌써 오래
된 줄 아시고 이르시되 네가 낫고자 하느냐 병자가 대답하되 주여 물이 움직일 때
나를 못에 넣어 주는 사람이 없어 내가 가는 동안에 다른 사람이 먼저 내려가나이
다 예수께서 이르시되 일어나 네 자리를 들고 걸어가라 하시니 그 사람이 곧 나아
서 자리를 들고 걸어 가니라 (요 5:5~9)

사탄은 지금도 아이들이 하나님을 경외하지 못하도록 온갖 방법을 동
원한다. 마치 어린 새싹이 자라나지 못하도록 짓밟는 것과 같다. 나는 모
든 그리스도인들에게 아이들을 사랑하고 아이들이 하나님을 경외하도
록 가르치기를 부탁하고 싶다. 어린아이들이 복음을 받아들여서 예수 그
리스도를 "주님", 하나님을 "아빠"라고 할 때, 우리나라와 세계는 미래가
있다. 이들이 우리나라뿐 아니라 세계를 이끌어 나갈 아이들이 아니겠는
가?

곧 너와 네 아들과 네 손자들이 평생에 네 하나님 여호와를 경외하며 (신 6:2)

나는 이 말씀이 하나님께서 믿는 우리 그리스도인들에게 부탁하는 말
씀이라고 생각한다. 내가 경험한 바에 의하면 아이들에게 복음을 전하기
위해서는 그들의 세계에 들어가서 그들처럼 되어야 한다는 것을 깨달았

다. 이것은 20여 년 동안 경험한 나의 생생한 지식이다. 그래야 그들을 이해할 수 있고 예수 그리스도의 사랑으로 그들을 품을 수 있다. 또한 그들이 무엇을 좋아하고 즐거워하는지도 알아야 한다. 더 나아가서 그들의 아픔과 괴로움 그리고 외로움을 알고 체험해야 한다. 예나 지금이나 아이들에게는 휴식공간이 부족하다. 특히 남자아이들은 탁구, 야구, 축구, 농구 등의 스포츠를 좋아하지만, 그들이 마음껏 즐길 수 있는 놀이 공간이 없다. 나는 이런 사실을 알고 그들 속에 들어가서 그들과 함께 동일한 공간에서 다양한 운동을 하면서 그들을 예수 그리스도께로 인도하고 성경으로 가르쳤다.

그러나 한 가지 아쉬운 점이 있다면, 나는 남자 아이들과 함께 지내며 그들을 연구해 봤지만 지금도 여자 아이들에 대해서는 아는 바가 없다는 것이다. 그럼에도 불구하고 지금부터는 하나님께서 하나님의 사역 가운데 나를 사용해 주셨던 것에 대해, 즉 아이들을 사랑하고 그들을 그리스도의 복음으로 양육하여 그리스도의 일꾼으로 삼았던 생생한 기억의 경험들을 나누려 한다.

김진종

희망의

씨앗을

뿌리다

1부

두려워하지
말라

교회의 개척과 사임

두려워하지 말라
내가 너와 함께 함이라
놀라지 말라
나는 네 하나님이 됨이라
_사 41:10

목회를 사임하다

두려워하지 말라 내가 너와 함께 함이라 놀라지 말라 나는 네 하나님이 됨이라 내
가 너를 굳세게 하리라 참으로 너를 도와주리라 참으로 나의 의로운 오른손으로
너를 붙들리라(사 41:10)

하나님께서 전주에서 목회를 시작하려할 때 내게 주신 말씀이다. 과천
S. G.교회에서 전도사로 사역했을 때 제임스 케네디의 "전도 폭발" 책을
읽은 후 그것을 실천해 보고자 했다. 그리고 아내의 고향인 전주에 내려가
전도 하였을 때에도 좋은 결과를 경험 하였다. 그 과정 속에서 전도된 대
학생 및 청년들을 교회로 인도하려고 할 때 그들이 나에게 전주에서 교회
를 개척하자고 제안하였는데 그것은 내게 고민을 하게 했다. 그런 고민 속
에 오산리 금식 기도원에서 금식 기도하면서 하나님께서 조명하여 깨닫
게 해 주신 말씀이 이사야 41장의 말씀이었다. 나는 이 말씀을 붙잡고 마
른 땅과 같은 목양지에서 목회를 시작했다. 그때로부터 어느덧 25년이란
세월이 흘렀다.

2007년 12월 19일 엄청난 스트레스가 된 일이 있었다. 그 스트레스로 인해 큰 고통과 괴로움을 느꼈고, 하루하루를 몸부림치며 보냈다. 이 때 이런 생각을 했다.

'과연 내가 계속 목회를 해야 하는가, 아니면 그만 두어야 할 것인가?'

이 문제를 놓고 하나님께 눈물로 기도하며 하나님의 응답을 기다렸다. 그러던 중 2007년 12월 31일 송구영신 예배 때, 하나님께서 이와 같은 말씀을 주셨다.

> 나를 대적하는 자 많더니 나를 치는 전쟁에서 그가 내 생명을 구원하사 평안하게 하셨도다(시 55:18)

나는 이 말씀을 받고 나서 앞뒤 문맥을 살펴가며 읽고 또 읽었다. 다윗의 형편이 내 형편과 같다고 느껴졌다. 이는 다윗의 기도가 내 기도가 되어버린 것이었다.

> 하나님이여 내 기도에 귀를 기울이시고 내가 간구할 때에 숨지 마소서 내게 굽히사 응답하소서 내가 근심으로 편하지 못하여 탄식하오니(시 55:1-2)

나는 밤잠을 못 이루며 괴로워했다.

> 내 마음이 내 속에서 심히 아파하며 사망의 위험이 내게 이르렀도다 두려움과 떨림이 내게 이르고 공포가 나를 덮었도다(시 55:4-5)

이때에는 강단에서 설교를 하는 것 자체가 고역이었고, 성도들을 보는 것 자체가 공포였다.

나는 말하기를 만일 내게 비둘기 같이 날개가 있다면 날아가서 편히 쉬리로다 내가 멀리 날아가서 광야에 머무르리로다 내가 나의 피난처로 속히 가서 폭풍과 광풍을 피하리라 하였도다(시 55:6-8)

목회를 하면서 처음 경험했던 매우 큰 아픔이었다. 사탄은 가까운 사람 곧 동역자를 통해 나를 괴롭게 한 것이었다.

그는 곧 너로다 나의 동료, 나의 친구요 나의 가까운 친우로다 우리가 같이 재미있게 의논하며 무리와 함께 하여 하나님의 집안에서 다녔도다(시 55:13-14)

나는 밤낮으로 괴로워하며 하나님께 부르짖었다. "하나님 아버지 어떻게 하면 되겠습니까? 가르쳐 주십시오." 나는 새벽 3시에도 나가서 기도하고, 어떤 때는 새벽 2시에도 나가서 기도했다. 자다가 잠을 이루지 못하면 교회당에 가서 하나님께 매달리어 부르짖곤 했다. 낮에도 기도하고 밤에도 기도했다. 누구와도 대화하고 싶은 마음이 없었다. 모두가 나의 대적처럼 보였고, 오직 유일하신 예수 그리스도만이 나의 위로자가 되신다고 느꼈다. 하나님만이 나의 문제를 해결해 주시고 위로해 주실 것 같았기 때문이다.

나는 하나님께 부르짖으리니 여호와께서 나를 구원하시리로다 저녁과 아침과 정오에 내가 근심하여 탄식하리니 여호와께서 내 소리를 들으시리로다
(시 55:16-17)

말씀처럼 밤낮으로 괴로워하며 갈등 속에서 하나님께 부르짖었다.

2008년 1월 29일 오후 4시경에 나는 아내와 함께 뒷산에 산책을 나갔다. 산에 오르는 도중 가슴에 통증이 있었다. 아내는 조금 걸으면 좋아질 것이라고 안심을 시켰다. 내가 가슴이 아파 힘들어하자 나를 잠시 쉬게 하고 본인만 정상에 다녀오겠다고 했다.

아내가 떠나고 나는 가슴 통증이 멎기를 기다렸으나 점점 더 심해지자 위기감을 느꼈다. 나중에 안 사실이지만 급성심근경색이 일어난 것이었다. 그래서 지나가는 사람에게 119에 전화를 해서 구조 요청을 해달라고 했다. 그런데 그냥 들은 척 마는 척 하고 지나갔다. 두 번째 지나가는 사람에게도 똑같이 119에 전화해서 구조 요청해달라고 했다. 역시 마찬가지로 아무 말 없이 지나가 버렸다. 마치 성경에 나오는 강도 만난 자를 지나쳤던 레위인 같다고 생각되었다. 그러나 지금 그때를 회상하면 내게도 그런 사람처럼 행동하던 때가 있었단 생각에 회개의 마음이 든다.

다음 사람들의 무리가 지나갈 때 또 다시 그들에게 구조 요청을 해달라고 했다. 그때 한 사람이 전화를 했다. 그런데 산 중턱이었기 때문에 설명하기가 매우 어려운 것 같았다. 그런데 더 많은 사람들이 서로 119에 전화를 해서 구조대를 요청하면서 일이 풀려갔다. 내 아내도 내가 걱정스러웠던지 산책을 중단하고 나에게로 돌아왔다. 상황을 보니 심각함을 느꼈는지 집에 가서 약을 가져오고 큰 아들을 불러오겠다고 하며 산을 내려갔다. 마침 큰 아들이 유학 가기에 앞서 집에 와 있었을 때였다. 지금 생각해보면 전화를 해서 아들을 불러오면 됐는데, 그땐 경황이 없어서였는지 떨어지지 않는 발걸음을 떼어 멀게만 느껴졌던 집을 향해 내려간 것이었다.

산에 쓰러져서 사경을 헤맬 때,

나를 대적하는 자 많더니 나를 치는 전쟁에서 그가 내 생명을 구원하사 평안하게 하셨도다(시 55:18)

이 말씀을 묵상하며 죽지 않을 것이라는 확신이 들었다. 또한 이 말씀이 내게 잘 박힌 못처럼 꽂히면서 위로가 되었고, 그 어려운 상황을 이해하기 시작했다. 그때 나는 이렇게 하나님께 아뢰었다.

"하나님! 지금 나를 데려가시면 안 돼요. 내가 아직 할 일이 많아요."

나는 하나님의 말씀을 묵상하고 분명히 하나님께서 말씀하신 대로 나를 살려 주실 것이라는 믿음으로 붙들고 있었다. 몸은 쓰러져 있었지만 의식은 분명히 있었다.

내 주변에 많은 사람들이 몰려있었다. 어떤 이들은 가랑잎으로 나를 덮어 주었고 또 어떤 사람은 자신들의 옷을 벗어서 나를 덮어주었다. 이런 긴급한 상황 속에서 어떤 분은 하나님께 기도하자는 분도 있었다. 그러자 주위 사람들이 모두 선한 사마리아인처럼 보이기 시작했다.

하지만 내 체온은 점점 떨어지기 시작했다. 추워서 견딜 수가 없었다. 이러한 과정에서 '이래서 사람들이 얼어서 죽는구나!'라고 생각하게 되었다. 마귀가 나를 죽이려고 최후의 발악을 하는 것 같았다. "나를 치는 전쟁에서" 마귀는 나를 죽이려고 했다. 그러나 나는 "그가 내 생명을 구원하사"라는 이 말씀을 붙잡았다. 하나님은 식언치 않으신 분이심과 한번 말씀하신 것은 반드시 지키시는 신실한 분이시라는 사실을 확신하고 있었다.

지금 내 주변에는 나를 살리기 위해 많은 사람들이 몰려와 있고, 그들은 최선을 다하고 있었다. 그들은 하나님께서 보내주신 사람들이었다. 나 한 사람을 살리기 위해 많은 사람들이 몰려 있다는 것을 생각할 때 나는 더욱 확신에 찬 믿음으로 하나님만 바라볼 수 있었다. 그러나 이때가 벌써 쓰러진지 2시간이 지난 시간이었다.

그때 집에서 큰 아들이 왔다. 여기 저기 산을 헤매며 나를 찾다가 늦은 것이다. 여러 사람들이 119 구조대원들과 통화를 하는데, 내가 있는 곳이 어디인지 알지 못하여 애를 태우는 것 같았다.

우여곡절 끝에 드디어 구조대원들이 들것을 들고 내가 있는 곳에 도착했다. 그들은 나를 들것에 싣고 산에서 내려갔다. 야산이긴 하였지만 산이 험해서 그들이 힘들어하는 것 같았다. 물론 그것이 느껴졌지만 나 역시 가슴이 너무 아프고, 그 고통을 견디기 힘들어 가슴을 꽉 잡고 아프다고 소리쳤다. 구급차가 있는 곳이 그리 멀지 않았지만 내겐 아주 먼 것처럼 느껴졌다.

나는 구급차에 실렸다. 다행히 내가 있던 산이 전주에서 가장 큰 종합병원인 전북대병원과 가까웠다. 전북대병원으로 간다며 조금만 참으라는 구조대원들의 말이 내 귀에 들렸다. 하지만 아직 의식이 있었던 나는 큰 아들에게 예수병원으로 가자고 말했다. (내가 예수병원으로 가자고 한 구체적 이유는 전에 같은 노회 목사님이 나처럼 심근경색으로 입원한 적이 있어서 내가 문병을 간적이 있었다. 그때 전국에서 가장 시술을 잘하시는 분이 예수병원에 있음을 의사들로부터 들은 적이 있었기 때문이다.) 그러자 구급차는 사이렌을 울리면서 예수병원으로 빠르게 달리는 것 같았다.

차들이 좀처럼 비켜주지 않는다는 구조대원들의 소리가 들렸고, 마침 그 시간이 퇴근 시간이라 차가 많았지만, 급한 환자였던 나로 인해 중앙선을 넘나들면서 달리는 것 같았다. 나는 달리는 구급차 안에서 가슴을 좀 눌러달라고 구조대원들에게 말했는데 그분들은 가슴을 너무 세게 누르면 가슴뼈가 부러진다면서 조금만 참으라고 했다. 잠시 후 예수병원 응급실에 도착했다. 마치 죽음이 예수병원 응급실로 나를 따라 들어가고 있는 것 같았다. 이 때 나인 성에 가셨던 예수님께서 한 어머니의 죽은 아들을 보시고 불쌍히 여기시며 살려 주셨던 사건의 말씀이 떠올랐다.

성문에 가까이 이르실 때에 사람들이 한 죽은 자를 메고 나오니 이는 한 어머니의 독생자요 그의 어머니는 과부라 그 성의 많은 사람도 그와 함께 나오거늘 주께서 과부를 보시고, 불쌍히 여기사 울지 말라 하시고 가까이 가서 그 관에 손을 대시니 멘 자들이 서는지라 예수께서 이르시되 청년아 내가 네게 말하노니 일어나라 하시매 죽었던 자가 일어나 앉고 말도 하거늘 예수께서 그를 어머니에게 주시니 (눅 7:12-15)

이때까지도 나는 내게 주신 하나님의 말씀 "그가 내 생명을 구원하사"를 묵상하고 있었다. 하나님께서 반드시 나를 살려 주실 것이라는 확신에 차 있었다.

그때 마침 심근경색의 전문의사가 퇴근하는 길이었는데, 응급실에 들렀다가 나를 만난 것이다. 하나님의 섭리였다. 지금 생각해 보니 하나님께서는 당신이 말씀하신 대로 나를 살리시기 위해 정확한 시간에 내가 응급실로 들어가고 정확한 시간에 나를 살릴 의사를 준비시켜 놓으신 것 같았다. 왜냐하면 나중에 알게 된 사실이지만 그 의사가 퇴근해서 병원까지 다시 오려면 30분이 소요되는데 그럼 그 시간에 이미 나는 죽었을 것이라고 말했기 때문이다.

응급실에서 나를 본 그 의사는 의료진들에게 빨리 수술실로 옮기라고 했다. 의료진들은 급하게 나를 수술실로 옮기기 시작했다. 나는 여전히 고통 속에서 비명을 질렀다. 그때가 벌써 사고가 난지 3시간이 다 되어가는 상황이었다. 수술실로 가면서 의사들이 내 가슴에 전기 충격 기를 대고 심장을 뛰게 만들며, 체온이 제로라고 말했다. 맥박이 30밖에 뛰지 않는다고 했다. 나는 추워서 견딜 수가 없어 춥다며 소리를 질렀다. 너무나 추웠다. 마치 얼음 위에 누워있는 듯 했다.

수술실에 도착해서 수술을 시도하려 했지만 맥박이 뛰지 않아 난감해 하는 것 같았다. 맥박이 60이 되어야 수술을 하는데 나는 30밖에 되지 않아 수술을 할 수가 없다는 것이다. 전기 충격기로 내 가슴을 또 뛰게 했다. 의사들이 최선을 다했지만 별 뾰족한 수가 없었다.

이 역시 나중에 안 일이지만 그 때 담당의사가 큰 아들에게 아버지 곧 돌아가실 것 같으니까 장례준비를 하라고 했다는 것이다. 큰 아들과 가족들은 대성통곡을 했다. 절망의 눈물뿐이었다. 나중에 간호사들이 말하는 소리를 들었는데 사모님이 어찌나 슬프게 우시던지 자신들도 같이 울었다고 했다.

그런데 놀랍게도 그 무렵 나는 추위와 고통 속에서 아우성을 치고 있었는데, 갑자기 가슴이 평안해지는 걸 느꼈다. 내 맥박이 다시 빠르게 뛴 것이다. 어떻게 맥박이 빨라졌는지는 모르지만, 맥박이 빨라진 것을 확인한 의료진들은 허벅지 동맥을 통하여 심장 수술을 하기 시작했다.

편안한 가운데 얼마를 잤는지 눈을 떠보니 중환자실에 누워있었다. 내 오른쪽 다리는 철 침대에 묶여있었고, 무거운 납덩어리가 내 허벅지 동맥을 힘껏 누르고 있었다. 살아난 것이다. 하나님이 말씀하신 대로 "그가 내 생명을 구원하사" 내가 살아난 것이다. 그 때 정신을 차리고 주위를 둘러보니 그 곳에는 흐느끼는 사람들이 있었고, 하얀 천으로 덮어 나가는 시신도 있었다. 그 시간에도 나처럼 수술을 받았으나 깨어나지 못한 채 그대로 세상을 떠난 사람들이 몇 명 있었다.

순간 이런 생각이 떠올랐다. 만약 내가 깨어나지 못했으면 우리 가족들이 내 시신을 하얀 천으로 덮어 그 시신 뒤에 울면서 따라갔을 것이라는 것을. 순간 아찔했다. 어쨌든 나는 다시 살게 되었다.

의료진들이 몰려와서 하는 소리가 이분이 그 드라마틱하게 소생한 분이냐고 말했다. 나를 간호하는 의사가 그렇다고 대답했다. 그들이 하는 소리를 듣고, 내가 어려운 상황에 있었구나 하는 것을 비로소 깨달았다. 조금 후에 작은 아들이 중환자실에 들어와서 내가 깨어난 것을 보고 급히 나가 가족들을 불러 데리고 왔다.

나중에 들은 이야기지만 내가 수술이 잘 되어 생명에는 지장이 없다는 의사의 말을 듣고 또 한 번 가족들은 대성통곡을 했다고 했다. 이 울음은 희망과 기쁨의 울음이었다. 그래서 나는 울음은 두 종류라고 생각했다. 하나는 절망의 눈물, 또 하나는 희망의 눈물. 우리 가족들은 짧은 시간에 두 눈물을 모두 흘려본 사람들이었다. 가족이라 해도 내 아내와 두 아들. 그리고 큰 며느리. 2살짜리 손녀가 전부다. 가족들이 나를 보며 얼마나 기뻐하는지 말로 표현할 수가 없었다. 하나님이 말씀하신대로 "평안하게 하셨도다"가 이루어졌다. 나와 내 가족이 이제는 평안해졌다. 하나님은 말씀하신 것을 그대로 이루시는 분이라는 사실을 온 가족이 체험했다.

조금 후에 중환자실 밖에서 밤늦도록 기다리던 성도들이 들어왔다. 모두가 기뻐했다. 장로님 한 분은 나를 보더니, 우리에게 복음을 전하시고 구원받게 하시고 가르치시더니 이렇게 누워계시면 어떻게 하느냐고 눈물을 흘리며 울었다. 다른 장로님과 집사님들, 성도들도 기쁨의 눈물을 흘렸다. 내 아내가 나를 둘러싸고 있는 교인들 앞에서 하나님이 자기를 사랑해서 나를 데려가지 않으셨다며 활짝 웃었다. 이제는 모든 것이 평안해졌다.

그 후 3번을 더 수술했다. 그래서 내 심장에는 그 흔적으로 12개의 스텐트(stent)가 들어 있다. 그 덕택에 공항 보안검색대를 통과할 때면 항상 소리가 난다. 그래서 신을 벗어들고 앉았다 일어남을 3~4번 해야만 한다. 그 절박할 때의 흔적이 지금 내 몸 속에 남아있다. 그때 그 일을 겪은 후 나는 교회를 사임했다.

교회 개척

지금 되돌아보면 전주에서 개척해서 지금까지 목회를 할 수 있었던 것은 내가 아니라 내 안에 계시는 예수 그리스도로 인해서였다. 나 같은 죄인을 구원해서 하나님의 자녀로 삼아주신 것만으로도 감사한데 나를 하나님의 도구로 사용하신 것을 생각할 때 인간의 언어로는 감히 그 감사를 표현할 길이 없다. 이제 내가 아닌 하나님이 나를 통해 하신 일들에 대해 나는 말하지 않을 수가 없다.

> 나는 항상 소망을 품고 주를 더욱더욱 찬송 하리이다 내가 측량할 수 없는 주의 공의와 구원을 내 입으로 종일 전하리이다(시 71:14-15)

나는 합동신학대학원대학교에 다니면서 전주에서 "사랑의 교회"라는 이름으로 개척을 했다. 전도한 대학생 20여 명과 성도 5명이 초기 멤버였다. 이들은 교회에 한 번도 다녀본 적이 없는 초신자들이었다. 여름에 땀을 뻘뻘 흘리며 가가호호 다니면서 전도한 사람들과 함께 새로운 교회가 시작되었다.

보증금 200만 원에 월 12만 원씩 주고 17평짜리 2층을 얻어서 교회 예배당으로 삼았다. 처음 새벽기도회는 나와 내 아내 단둘이 드렸다.

그래도 매일 새벽기도회를 하자 새벽에 한 두 사람씩 오기 시작했다. 대학생들은 점점 늘어나서 50여 명이 되었지만 경제적으로는 매우 어려웠다. 월세를 제대로 내지 못해서 주인이 날마다 와서 밀린 월세를 달라고 독촉했다. 나는 하나님이 주셔야 월세를 줄 수 있다고 말했다. 그 주인은 자신이 다니는 교회는 매주 돈이 헌금 주머니에 가득 가득 채워지는데 왜 날마다 거짓말만 하고 돈을 안 주냐고 했다. 그리고 보증금에서 월세를 감하기 시작했다.

그렇게 2년이 흘렀다. 보증금이 바닥이 나서 이제 5만 원 밖에 남지 않았을 때였다. 아니다 다를까 주인은 집을 비워 달라며 최후 통지를 했다. 나는 하나님께 속으로 이렇게 항의를 했다.

'내가 전주에서 목회를 하려고 할 때 "두려워하지 말라. 내가 너와 함께 하리라"고 말씀하시더니 이게 무슨 꼴입니까?'

하면서 매일 새벽마다 부르짖었다. 하지만 별 응답이 없었다. 나는 자포자기하고 이제 다시 서울로 가서 학교를 졸업하고 목회를 해야겠구나 하고 다짐했다. 그 과정 속에서 교회 대학생들이 일일찻집을 하면서 월세를 내고 선교헌금도 조금씩 했다. 그러나 그것도 한계가 있었다. 매일 주인의 독촉에 견딜 수가 없었다.

목회를 접고 서울로 올라가려는데, 한편 이곳에 있는 성도들이 걱정되었다. 기도하는 중에 하나님은 당신이 말씀하신 것은 반드시 지키시는 신실한 분이라는 사실이 믿어지기 시작했다. 하나님은 인간이 아니시기 때문에 식언치 않으시는 분이시라는 믿음이 생기기 시작했다. 그러자 놀라운 일이 생겼다. 어떻게 아셨는지 교수님 몇 분이 나에게 120만 원을 보내주셨다.

하나님의 어떤 섭리가 있을 것을 믿고 옆 건물 30평을 임대했다. 그곳은 보증금 300만 원에 월 16만 원이었다. 믿음으로 계약했다. 이전 예배당을 과감하게 정리하고 새로운 보금자리로 옮길 것을 결심한 것이었다. 내가 망하면 하나님의 이름이 땅에 떨어지실 텐데, 하나님 당신의 이름 때문이라도 절대로 나를 망하게 하지 않으실 것이라는 확신 속에 계약한 것이다. 낙담할 수 있는 상황 가운데 낙심하지 않고 믿음으로 기도하며 하나님만 바라보았을 때 하나님께서 120만 원을 보내 주셨다면 나머지도 책임져 주실 것이라 믿었다.

그때 아브라함을 묵상했다. 아브라함은 바랄 수 없는 중에 바라고 믿었다. 자기의 몸이 죽은 것 같고 사라의 태가 끊어진 것을 알면서도 믿음이 약하여지지 아니하고 믿었기에 약속의 아들을 하나님으로부터 받았다.

아브라함이 바랄 수 없는 중에 바라고 믿었으니 이는 네 후손이 이 같으리라 하신 말씀대로 많은 민족의 조상이 되게 하려 하심이라 그가 백세나 되어 자기 몸이 죽은 것 같고 사라의 태가 죽은 것 같음을 알고도 믿음이 약하여지지 아니하고(롬 4:18-19)

나 역시 전혀 불가능한 상황에서도 하나님의 말씀을 믿고 기도하며 믿음이 흔들리지 아니했을 때 기적이 일어날 것이라 믿었다. 나는 확신 속에서 대학생들과 성도들에게 믿음으로 기도하라고 말했다. 그러면 반드시 하나님께서 나머지 돈도 주실 것이니 우리 하나님을 믿고 기도하자고 하였다. 그리고 하나님의 말씀을 전했다.

그때에 내가 아하와 강가에서 금식을 선포하고 우리 하나님 앞에서 스스로 겸비하여 우리와 우리 어린 아이와 모든 소유를 위하여 평탄한 길을 그에게 간구하였으니

이는 우리가 전에 왕에게 아뢰기를 우리 하나님의 손은 자기를 찾는 모든 자에게 선을 베푸시고 자기를 배반하는 모든 자에게 권능과 진노를 내리신다 하였으므로 길에서 적군을 막고 우리를 도울 보병과 마병을 왕에게 구하기를 부끄러워하였음이라(스 8:21-22)

제사장 에스라는 자기를 신임했던 왕에게 마병과 보병을 구하기만 하면 도움을 받을 수 있었을 텐데도 그렇게 하지 않았다. 그는 오히려 하나님께 기도하는 편을 택했다.

이 에스라가 바벨론에서 올라왔으니 그는 이스라엘의 하나님 여호와께서 주신 모세의 율법에 익숙한 학자로서 그의 하나님 여호와의 도우심을 입음으로 왕에게 구하는 것은 다 받는 자이더니(스 7:6)

전에 제사장 에스라는 자기가 믿는 하나님에 대하여 너무나 왕에게 자랑을 했기 때문에 더 조심했던 것 같다. 물론 그러지는 않겠지만 만약 왕이 "네가 자랑하는 하나님께 구하지 왜 나에게 구하느냐"고 한다면 이는 하나님께 대한 부끄러운 일이 되리라 생각했다. 그래서 눈에 보이는 왕에게 구하지 않고 보이지 않지만 존재하시며 진정한 도움 되시는 하나님께 금식 기도했다. 그리고 결과적으로 온전히 하나님의 도우심으로 무사히 예루살렘에 도착할 수 있었다.

첫째 달 십이 일에 우리가 아하와 강을 떠나 예루살렘으로 갈새 우리 하나님의 손이 우리를 도우사 대적과 길에 매복한 자의 손에서 건지신지라(스 8:31)

하나님은 절대로 거짓말이나 빈말을 하시지 않는 분이시다. 하나님만 의지하는 자에게 하나님은 반드시 도우심으로 응답하신다. 나는 이 말씀을 붙잡고 성도들과 함께 매일 새벽에도 금요일에도 금식하며 기도했다.

그리고 드디어 하나님의 응답을 경험했다. 전에 한 교수님의 소개로 예수병원 내과 과장님과 점심을 한 적이 있었는데, 이 과장님이 어떻게 아셨는지 수요일 오후에 나를 찾아 오셨다. 마침 그때는 여름 방학이라 신학교에 가지 않고 교회에서 생활할 때였다. 그 과장님은 병원에서 진료하는 중 기다리는 환자들을 뒤로 한 채 나를 찾아오셨고 나와의 대화를 마치신 뒤, "전도사님, 교회 이사를 하신다는데 보탬이 되셨으면 좋겠습니다."라고 말하면서 하얀 봉투를 주고 가셨다.

나는 과장님이 주고 가신 봉투를 붙잡고 감사기도를 한 뒤 봉투를 열어보았다. 100만 원짜리 수표 두 장이었다. 200만 원이었다. 실제로 우리 교회가 금요일까지 잔금 200만 원을 치러야 했는데, 딱 그 금액이었다. 수요일 오전까지만 해도 답이 없었던 차였다. 그러나 하나님께서는 120만 원을 주시고 믿음으로 기도하며 하나님만 바라보는 우리에게 정확하게 잔금 200만 원을 지불할 수 있도록 해주셨다.

나는 아무리 어려워도 사람에게 부탁하는 일은 하지 않았다. 그런 나를 보고 어떤 목사님은 기도만 하지 말고 사람들을 찾아다니면서 부탁하라고 말하였다. 그 분들의 그 말씀은 물론 일리가 있는 말이었다. 그러나 나는 그게 싫었다. 왜냐하면 하나님께서 시작하셨으면 하나님께서 마무리를 지을 것이라고 믿었기 때문이었다.

나는 200만 원이 든 봉투를 들고 수요예배 때 성도들과 함께 하나님께 감사 기도를 했다. 그리고 하나님은 절대로 빈말을 하지 않는 분이라는 사실을 확인시켜 주었다. 하나님만 의지하고 기도하면 반드시 하나님께서 일하신다고 말한 그대로 된 것이다. 대학생들과 성도들은 할렐루야를 외치며 감사했고. 어떤 성도들은 울기까지 했다.

우리는 그 돈을 가지고 30평 건물로 이사를 했다. 나중에 안 일이지만 그 과장님은 서울 모 교회에서 건축헌금을 하라고 하여 기도 중에 있었는 데 기도하는 가운데 오히려 생각지도 못한 전주 사랑의 교회가 자꾸 생각 나서 환자 진료를 중단하고 나를 찾아 온 것이라고 말했다. 이것은 전적으 로 하나님께서 우리의 기도를 들으시고 응답하신 것이었음이 더욱 밝혀 지는 과정의 내용이었다. 이는 하나님께서 제사장 에스라와 이스라엘 백 성들의 기도를 들으시고 응답하신 것과 같은 것이었다.

전주에서 장년들을 전도하기란 매우 어려웠다. 왜냐하면 전주에는 큰 교회가 여럿 있고 모두가 오래된 교회였기 때문이다. 어떤 교회는 100년 이 넘는 곳도 있었다. 그런 교회는 자손 대대로 그 교회에 다닌다. 그러다 보니 굉장히 견고한 가족 공동체 의식이 교회 내에 자리하고 있었다.

그래서 나는 목회 방향을 바꿨다. 장년보다는 어린 아이들을 전도하기 로 했다. 아이들에게 전도를 하면 아이들을 따라서 부모님들이 교회에 나 오지 않겠느냐는 믿음 때문이었다. 돌아보면 하나님께서 주신 지혜였다. 예나 지금이나 부모들은 자식이 우상이다. 그래서 어린아이들에게 복음 을 전해서 그 부모님들을 교회로 인도하는 것이 가능해 보였고 그것이 나 의 계획이었다. 아이들에게 전한 복음의 능력이 아이들의 온 가족 또한 구원할 수 있을 것을 기대했다.

그런데 큰 문제가 가로막고 있었다. 그 문제는 바로 나 자신이었다. 이는 실로 해결하기 어려운 뿌리 깊은 문제였는데, 그것은 내가 아이들을 싫어 한다는 것이었다.

난 시골에서 농부의 아들로 태어났다. 우리 집은 형제가 9남매였다. 식구가 많다보니 먹는 것 입는 것이 보통 문제가 아니었다. 동작이 빨라야 생선 한토막이라도 먹을 수가 있었다.

조금 창피한 일이지만 형제가 많으니까 이런 일도 발생했다. 그 당시에는 화장실이 야외에 있다 보니까 잠잘 시간이 되면 집안에 요강을 가져다 놓았다. 그런데 9남매가 밤에 한 번씩만 소변을 보더라도 요강이 그만 넘쳐버리는 것이다. 그래서 늦게 소변을 보는 사람은 소변의 양을 조절하여 조심스럽게 일을 봐야 했다. 그래서 어쩔 때는 잠결에 무심코 소변을 보다가 요강이 흘러넘쳐서 어머니께 매를 맞기도 했다.

또 이런 일도 있었다. 당시에는 껌이 매우 귀했다. 그래서 그 귀한 껌을 하나 구해서 씹다가 밤에 잘 때 벽에 붙여 놓고 자고 나면 감쪽같이 사라지는 것이다. 형제들이 서로 가져다 씹고 자기 머리 위 벽에 붙여 놓고 자기 때문이었다. 밤새도록 형제들이 돌아가며 껌 하나를 씹고 붙이고 하다가 결국 누군가의 머리맡에 붙어있는 껌을 발견하곤 했다. 지금은 참 상상하기도 힘든 일이지만 말이다.

물론 형제들이 많을 때의 좋은 점도 있다. 하지만 형편이 어려운 시대라 식구가 많으므로 해서 좋은 점보다는 고생이 더 많았다. 그래서 나는 아이를 많이 갖고 싶지 않았다. 결혼해서 아이를 하나 밖에 낳지 않았다. 첫째를 낳고 7년이 지나도록 둘째를 낳지 않았다가 결국 아내의 사정에 의해서 아들 하나를 더 낳은 것이었다. 이토록 아이들이 싫은데 어떻게 아이들에게 전도를 할 수 있겠는가 하는 걱정이 들었다. 그러나 나는 새로운 일을 결단하였다.

하나님은 절대로 거짓말이나
빈말을 하시지 않는 분이시다.
하나님만 의지하는 자에게 하
나님은 반드시 도우심으로 응
답하신다.

희망의

씨앗을

뿌리다

2부

아이들을
사랑하는
마음

본격적인 사역의 시작

사랑하는 자들아
우리가 서로 사랑하자
사랑은 하나님께 속한 것이니
사랑하는 자마다
하나님으로부터 나서 하나님을 알고
_요일 4:7

아이들을 사랑하는 마음

사랑하는 자들아 우리가 서로 사랑하자 사랑은 하나님께 속한 것이니 사랑하는
자마다 하나님으로부터 나서 하나님을 알고 사랑하지 아니하는 자는 하나님을 알
지 못하나니 이는 하나님은 사랑이심이라(요일 4:7-8)

나는 신학교를 다니면서 전주에서 목회를 했다. 그래서 학기 중에는 수
원으로 통학을 해야 했다. 전주에서 신학교로 가기 위해 탔던 버스 안에
서 항상 기도했던 기억이 난다. 그리고 새벽기도 때도 기도했다. 그 때의
기도 제목은 바로 아이들을 사랑하는 마음을 달라는 것이었다. 그런 나
에게 하나님은 아이들을 사랑하는 마음을 부어주셨다. 하나님은 그 기도
에 신실하게 응답해 주셨다. 지금은 아이들을 보면 그렇게 사랑스러울 수
가 없다. 보고 또 보고 싶을 정도로 보고 싶다. 마치 엄마가 자기 자식을 보
면 볼수록 사랑스러운 것처럼 말이다. 예수 그리스도께서 나를 사랑하시
는 것처럼 나도 아이들을 사랑하기 시작했다. 그 사랑하는 마음으로 본
격적인 사역을 시작했다.

내가 너희를 사랑한 것같이(요 13:34)

야구 방망이 들고 운동장에

나는 매주 화요일과 목요일에 야구 방망이와 테니스공 그리고 글러브를 들고 전주 동신초등학교에 갔다. 그 학교는 우리 5학년 큰 아들이 다니는 학교였다. 큰 아들 하교 시간에 맞춰서 운동장에 가면 우리 아들과 친구들이 내게로 모여 들었다. 난 아들을 중심으로 해서 친구들을 불러 모아 놓고 야구를 가르치며 야구 게임을 했다. 반응이 매우 좋았다. 예나 지금이나 아이들은 야구를 매우 좋아했다. 그 무렵 프로야구가 생겨서 야구는 전국적으로 아이들한테는 최고의 인기를 누리고 있었다.

나는 큰 아들을 7살 때 잠실야구장에 데리고 간 적이 있었는데, 그때 아들은 아빠보다도 김재박 선수가 더 좋다고 말했었다. 이토록 아이들은 야구를 매우 좋아했다. 나는 아이들이 야구를 좋아한다는 것을 알고 방과 후에 그들이 좋아하는 야구게임을 하면서 그들과 가까워졌다. 야구 경기를 하면서 아이들과 같이 놀아 주고 음료수도 사주었더니 아이들이 무척 좋아했다. 이들에게는 이때가 천국과 같았다.

그때 난 아이들에게 한 가지 규칙을 말해 주었다. 야구경기를 하려면 반드시 내가 섬기고 있는 사랑의 교회에 다녀야 한다는 것이었다. 아무리 야구를 좋아해도 사랑의 교회를 다니지 않으면 선수가 될 수 없다고 못박았다. 이 사실을 안 아이들은 너나 할 것 없이 모두가 사랑의 교회에 다니겠다며 몰려들었다.

아이들은 나와 주말에 교회에 나오겠다는 약속을 했다. 토요일에는 반드시 교회에 와서 성경공부를 하고 그 후에 꼭 야구경기를 했다. 그랬더니 다음 주 주일날 주일학교 학생들이 예배당에 가득 찼다. 선생님들이 부족하여 대학생들을 투입시켰을 정도였다. 선생님들 역시 아이들을 가르치면서 자신들의 신앙이 성숙해지는 것을 보게 되었다. 정말 일거양득이었다.

교회를 다니는 아이들이 많아지자 야구게임 방식도 달라졌다. 나는 우리 교회를 다니는 아이들과 아직 다니지 않는 아이들로 편을 나누어 야구시합을 시켰다. 그러면 아이들은 더욱 소속감을 가지고 마치 야구 선수인 양 열심히 뛰었다. 그들의 얼굴은 희열로 가득 차 있었다.

야구경기를 하며 기뻐하던 아이들의 모습을 내 생애에 처음 보았다. 사실 이렇게까지 기뻐하며 좋아할 줄은 몰랐었다. 야구경기가 끝나면 어김없이 아이들에게 음료수와 먹을 것을 사주고 복음을 전했는데, 모두가 친구들을 교회로 데리고 오겠다며 좋아했다.

이렇게 1개월이 지나자 주일학교 학생 수가 120여 명으로 늘어났다. 대학생 50여 명, 장년 7명이었는데 아이들은 120여 명이나 되었다. 우리 교회 다니는 아이들이 더욱 많아지자 다시 새로운 방법을 강구했다. 그래서 나는 선생님들에게 아이들이 주일예배에 꼭 참석할 수 있도록 하고, 매주 토요일엔 성경공부를 하는 아이들만 체크해서 보고하라고 지시했다. 그리고 이렇게 선생님 말씀을 잘 듣고 신앙생활을 잘 하는 아이들에게만 선수로 뛸 수 있는 기회를 줬다. 토요일 성경공부와 주일 예배에 참석을 잘 하지 않는 아이들은 아무리 야구를 잘해도 뛸 기회를 주지 않았다.

그러자 아이들은 선수로 뛰기 위해서 모든 예배에 빠지지 않고 잘 참석하였다. 심지어 어떤 아이들은 토요일 날 모임 2시간 전에 벌써 교회당에 나와서 나를 기다리고 있을 정도였다. 또 어떤 아이들은 토요일 오후에 부모님께 허락을 받고 교회에서 자고 새벽기도와 주일학교 예배까지 참석했다. 이렇게 아이들은 야구를 너무너무 좋아했는데, 야구를 하면서 아이들의 신앙생활도 성숙해져갔다.

후에 동신초등학교뿐만 아니라 인근에 있는 금평초등학교에까지 가서 야구경기를 하면서 전도를 했다. 그 학교 역시 아이들이 야구경기를 좋아 했기 때문에 야구를 하려고만 하면 많은 아이들이 몰려들었고 결국 그들 도 사랑의 교회로 인도되었다. 이제는 두 학교로 나누어서 야구경기를 하 니까 경쟁이 붙어서 자기네 학교에서 야구를 잘 하는 아이들을 데리고 오 기 시작했다. 그러면서 아이들도 늘어나고 야구의 열기도 더해갔다. 아울 러 아이들에게는 야구경기와 더불어 예배가 축제의 시간으로 자리 잡기 시작했다. 두 학교 학생들이 모여 드니까 유년 주일학교는 2개월 만에 150 여 명으로 늘어났다. 그런데 문제는 모두가 남학생들이라는 점과 내 아들 또래인 5학년 학생들이었다는 것이다. 그래도 이 모든 일이 하나님의 은 혜였다.

예수님께서는 제자들에게 이렇게 말씀하셨다.

어린 아이들이 내게 오는 것을 용납하고 금하지 말라 하나님의 나라가 이런 자의 것 이니라(막 10:14)

이 말씀은 오늘날 우리 모두에게 하시는 말씀이다. 어린아이들에게 복 음을 전하는 것은 그리스도인의 사명이다.

탁구도 시작되다

한번은 초등학교 5학년 아이들을 데리고 탁구장에 가서 탁구를 가르쳤다. 당시에 탁구 또한 굉장한 인기를 누리고 있었다. 탁구가 인기 종목이었기 때문에 아이들은 야구뿐만 아니라 탁구 역시 좋아했다. 나는 아이들이 좋아하는 것을 알기만 하면 무조건 그것을 하면서 그들 속에 들어가서 같이 놀아주었다. 아이들의 세계를 알지 못하면 그들에게 복음을 전하기가 매우 어렵기 때문이다.

대부분의 아이들은 어른들이 자기들을 몰라준다며 불평한다. 사실이 그렇다. 부모님들이 이루지 못했던 꿈을 자녀들이 해주길 바라는 마음이 강하다 보니, 취미가 다르고 취향이 다르고 달란트가 다른 아이들에게 억지로 공부만 강요하는 일이 생기고 그러다 보면 아이는 빗나가게 된다.

나는 우리 큰 아들로부터 아이들이 좋아하는 것을 많이 배웠다. 우선 탁구를 좋아하는 아이들에게 탁구를 가르치며 복음을 전하기 시작했다. 아이들 가운데는 야구보다도 탁구에 소질이 있고 탁구를 잘하는 아이들이 의외로 많았다. 탁구를 잘 하는 아이들이 또 주변에 있는 친구들을 전도해서 데리고 오기 시작했다. 마침 교회 주변에 탁구장이 여러 곳 생겨나기 시작했다. 초등학교 아이들은 학원 수업이 끝나면 탁구장으로 몰려왔다. 사랑의 교회 아이들로 탁구장은 연일 북적였다. 장소가 부족할 정도로 탁구가 인기였다.

그러면서 교사들도 바빠졌다. 이 때 나는 교사들에게 강조한 점이 있다. 바로 아이들을 가르치는 것도 중요하지만 그들을 잘 관리하는 것이 매우 중요하다는 것이다. 일일이 심방도 다니고 매 주일 한 번씩은 반드시 전화 통화를 하라고 말했다. 그리고 성령님이 역사하시도록 아이들을 놓고 간절히 기도하라고 가르쳤다.

어떤 선생님은 아이들 생일날을 꼭 챙겨서 케이크를 사서 보내기도 했다. 그러자 부모님들이 좋아하면서 선생님이 어떤 분이신지 만나보고 싶다고 찾아와서 선물까지 주고 가는 부모님들도 생겨났다. 아니 그 정도에서 그치지 않았다. 어떤 부모님은 자기 자녀들에게 잘 해주고 관심을 가져주자 아이를 따라서 교회에 나오기 시작하였다. 하나님의 은혜로 사랑의 교회는 야구와 탁구를 통해서 주일학교가 부흥하기 시작했다.

야구와 탁구 실력에도 큰 향상이 있었다. 다른 교회 아이들과도 탁구 경기를 하면 우리 교회 아이들이 이겼다. 그래서 전주 시내에서 사랑의 교회 아이들은 운동을 잘하는 아이들이라고 소문이 나기 시작했다. 사도 바울이 고백한 것처럼 나는 어떻게 하든지 아이들이 좋아하는 것을 나도 좋아하기로 했다. 이것은 전적으로 한 영혼이라도 구원하기 위함이었다.

내가 모든 사람에게서 자유로우나 스스로 모든 사람에게 종이 된 것은 더 많은 사람을 얻고자 함이라 유대인들에게 내가 유대인과 같이 된 것은 유대인들을 얻고자 함이요 율법 아래에 있는 자들에게는 내가 율법 아래에 있지 아니하나 율법 아래에 있는 자 같이 된 것은 율법 아래에 있는 자들을 얻고자 함이요 율법 없는 자에게는 내가 하나님께는 율법 없는 자가 아니요 도리어 그리스도의 율법 아래에 있는 자이나 율법 없는 자와 같이 된 것은 율법 없는 자들을 얻고자 함이라 약한 자들에게 내가 약한 자와 같이 된 것은 약한 자들을 얻고자 함이요 내가 여러 사람에게 여러 모습이 된 것은 아무쪼록 몇 사람이라도 구원하고자 함이니 내가 복음을 위하여 모든 것을 행함은 복음에 참여하고자 함이라(고전 9:19-23)

나는 계속해서 어떤 방법으로든지 아이들이 좋아하는 것을 알고 배워서 그들에게 복음을 전하여 한 영혼을 구원하는 데 정진할 것이라 다짐했다.

운동에서 복음으로

야구와 탁구를 좋아하는 아이들도 있지만 축구를 좋아하는 아이들이 참 많았다. 그래서 축구공을 가지고 매주 월요일과 수요일에 동신초등학교 운동장에 갔다. 다행히 우리 큰 아들이 축구를 잘했다. 나는 그런 아들을 통해서 아이들에게 접근하기가 쉬웠다. 큰 아들은 믿는 가정에서 태어나서 그런지 역시 전도의 중요성을 알았다. 그래서 주의 사역에 큰 도움을 주었다.

축구공을 들고 학교에 나타나면 이번에는 축구를 좋아하는 아이들이 내 곁에 모여들기 시작했다. 그러면 우리 교회 축구하는 아이들과 전도 대상자들로 편을 나누어 축구경기를 했다. 경기가 끝난 뒤에는 반드시 음료수와 먹을 것을 사줬다. 이때 먹는 빵과 음료수는 아이들에게는 꿀맛과 같았을 것임이 분명하다. 하교 시간쯤 되면 아이들은 가장 배고프기 때문이었다. 같이 놀아 주고 먹을 것을 주며 복음을 전하면 그들은 이구동성으로 사랑의 교회에 나가겠다며 집 주소와 전화번호를 적어 주었다.

축구를 좋아하는 아이들 역시 토요일 날 오후에 교회에 와서 반드시 성경공부를 하도록 하였다. 또한 주일 예배에도 참석해야 그들은 선수로 뛸 수 있다는 것을 잘 알고 있었기 때문에 약속을 철저하게 지켰다. 그러고 나면, 나는 변함없이 교사들에게 전화를 해서 아이들이 교회에 나오게 하도록 관리해 주길 전하였다. 왜냐하면 이제껏 교회에 다니지 않았던 아이들인지라 누가 관리를 해주지 않으면 주일에 교회 나오는 것을 잊어버리곤 했기 때문이다.

순진한 이이들은 경기에 뛰지 못하고 후보가 되는 것을 싫어했다. 그렇기 때문에 매주 토요일과 주일 교회에 나왔고 성경을 배웠다. 아이들이 많아지자 토요일 오후에 성경공부가 끝나면 야구를 좋아하는 아이들은 야구를, 축구를 좋아하는 아이들은 축구를, 탁구를 좋아하는 아이들은 탁구를 하게 했다. 모두가 열심히 참석했다. 또 모여서 하나님의 말씀을 듣고, 기도와 찬송을 가르쳤다. 신앙의 성장과 성숙이 있게 된 아이들은 점차 그 변화가 가시적으로도 나타났다.

처음 나온 아이들은 선생님들이나 목사님이 무엇을 시키면 서로 미루기가 일쑤다. "왜 나만 시켜요? 다른 아이 시켜요!" 하였다. 하지만 신앙이 자라고 예수 그리스도가 누구인지를 알게 되면서 아이들은 서로 심부름을 하려고 하고 서로 섬기게 된다. 특히 예배 시간에 하나님의 말씀을 듣는 태도가 달라졌다. 심한 욕을 하던 아이들도 시간이 가면 갈수록 욕을 하지 않게 된다. 혹 친구끼리 욕을 하면 누군가가 나에게 알려주었고, 나는 훈육을 했으며 아이들의 생활 태도는 달라졌다. 또 인사도 잘하지 않던 아이들이 교회에서 어른들을 보면 큰 소리로 인사를 하기 시작했다. 버스를 타고 가다가도 할아버지, 할머니가 타시면 자리에서 일어나 할아버지, 할머니께 자리를 양보한다. 주일학교 아이들이 많다보니 버스 안에서 누군가가 자리를 양보하지 않았다는 사실을 내게 알려주게 되고, 나한테 훈계를 듣게 되다보니 나중엔 자리가 있어도 서서 가는 아이들도 생겨날 정도였다.

그리고 나는 무엇보다도 열심히 공부를 하라고 가르쳤기 때문에 공부 또한 열심히 했다. 세상 아이들보다는 너희들이 더 잘해야 한다고 일러주면 아이들은 열심히 하려고 노력했다. 학교에서 시험을 보면 서로가 전화로 나에게 자기 점수를 가르쳐 줘서 학생들의 점수를 앉아서 파악하게 되었다. 나는 잘하는 아이들한테는 칭찬을 많이 해주고 조금 못하는 아이들한테는 격려해 주었다. 열심히 하지 않은 학생들에겐 신앙생활과 더불어 학교생활도 열심히 하라고 가르쳤다. 사랑의 교회 나오면서 아이들이 공부를 잘하자 부모님들이 매우 좋아하며 나에게 전화까지 하며 고마움을 표시하는 경우도 있었다. 나는 아이들에게 이 말씀을 가르쳤다.

너희는 천지를 지으신 여호와께 복을 받는 자로다(시 115:15)

그래서 아이들은 자신들이 예수 안에서 천지를 지으신 하나님께 복을 받는 사람이라는 사실에 기뻐하며 삶의 모습을 바꾸어갔다.

아이들의 신앙이 자라나다

사랑의 교회 주일학교의 특징은 남학생들이 대다수라는 점이다. 여학생들은 믿는 부모님을 따라 나온 자녀들뿐이었다. 그것도 초등학교 5학년 아이들이 3분의2를 차지하고 있었다. 그래서인지 나는 지금까지도 여학생들을 전도하는 것에 대해서 미숙하다.

이 아이들과 함께 예배를 드릴 때 한 가지 문제가 생겼다. 예배를 드리기 전에 찬양을 몇 곡 부르고 싶은데 아이들이 부를만한 복음성가를 알지 못했다. 그래서 찬송가만 불렀다. 그런데 어느 날 아이들 몇 명이 "잠자리 날아다닌다"라는 동요를 재미있게 불러댔다. 곡을 들어보니 아이들이 부르기에 적당한 것 같아서 나는 토요일 아이들 성경공부를 할 때마다 이 동요를 부르게 했다. 지금 생각해 보면 웃음이 나는 에피소드이다.

아이들을 대상으로 하는 성경공부는 이렇게 했다. 아이들에게 하나님을 경외하도록 하나님의 말씀을 전하는 것이 나의 사명이기 때문에 성경공부 시간에는 엄격했다. 누구든지 듣는 자세가 바르지 못하면 반드시 일으켜 세우는 벌을 줬다. 그리고 아이들에게 이 점을 명심하게 했다. "잘 듣는 것이 지혜다. 솔로몬이 왜 지혜로웠느냐? 하나님의 말씀을 잘 들었기 때문이다." 매주 토요일마다 이렇게 가르치자 주위가 산만했던 아이들이 좋아지기 시작했다.

아이들은 주일 예배시간에도 매우 모범적이었다. 조용한 가운데서 예배를 드리기 때문에 선생님들이나 성도들이 보고 칭찬을 아끼지 않았다. 그래서 어떤 성도들은 아이들이 어른들보다 낫다고까지 했을 정도이다. 매주 성경도 읽어오고, 식사시간 때마다 기도도 했다. 이들은 부모님 말씀도 잘 듣고, 이웃을 사랑하기 시작하며 남을 배려하는 여유까지 가지게 되었다.

처음에는 아이들이 수동적으로 신앙생활을 하더니 날이 갈수록 능동적으로 신앙생활을 했다. 이것은 전적인 하나님의 은혜였다. 하나님께서는 나 같은 죄인을 통해서도 당신이 영생을 주기로 작정된 백성들에게 복음을 전하게 하시고, 가르치게 하셨다. 나는 그저 하나님의 청지기요, 도구에 불과할 뿐 오직 내 안에 계신 예수 그리스도께서 성령을 통해서 행하시는 일들이었다. 나는 그냥 하나님의 말씀에 순종하고 열정으로 일하기만 하면 된다는 사실을 깨달았다. 하나님은 나를 통해서 당신의 뜻을 이루어 가고 계셨다. 이토록 하나님 당신의 도구인 나를 통해서 어린아이들의 신앙을 성숙하게 키워가셨다.

해금장 사우나

우리 교회에서 200m정도 떨어진 곳에 해금장 사우나가 있었다. 이 해금장 사우나가 나의 또 하나의 사역지였다. 나는 항상 운동을 하고 나면 아이들을 데리고 해금장 사우나에서 목욕을 했다. 이때 사우나 사용료는 아이들 각자가 가지고 왔다. 교회에서는 전혀 도움을 주지 않았다. 나는 어려서부터 아이들에게 교회에서 도움을 받기보다는 교회를 섬기는 법을 가르치고자 했다. 예수님께서도 이렇게 말씀하셨다.

> 인자가 온 것은 섬김을 받으려 함이 아니라 도리어 섬기려 하고 자기 목숨을 많은 사람의 대속물로 주려 함이니라(막 10:45)

아이들이 어려서부터 그리스도인들은 주는 자[주]이지 받는 자가 아니라는 것을 명심하길 바랐다. 그래서 아이들도 받는 자가 아닌 주는 자가 되도록 가르쳤다. 예수님께서도 이렇게 말씀하셨다.

> 또 주 예수께서 친히 말씀하신 바 주는 것이 받는 것보다 복이 있다 하심을 기억하여야 할지니라(행 20:35)

이렇게 어려서부터 예수님의 말씀대로 잘 배워서 주는 자가 되어야 예수님께서 말씀하신 대로 복을 받을 것이기 때문이다. 교회에서 어린아이들에게 모든 것을 주면 아이들은 어려서부터 그것이 체질화되어 남에게 대접하거나 섬길 줄을 모르게 된다. 반면에 어려서부터 철저하게 주는 것을 배우게 되면 부모를 공경할 줄 알고, 이웃을 섬길 줄 알게 된다. 후자의 모습이 하나님께서 그리스도인들에게 원하시는 삶이다. 아이들은 많은 것을 나누어 주는 사람으로 바뀌어야 한다.

　수많은 아이들이 나와 함께 사우나에 들어가면 해금장 사장님은 반가운 얼굴로 어느 학교 선생님이냐고 물었다. 나는 사랑의 교회 목사라고 신분을 밝힌다. 사장님은 우리가 사랑의 교회 목사님과 아이들이라는 사실을 알고 놀라면서 매우 좋아했다.

　아이들과 목욕하는 일은 여러모로 유익했다. 물론 운동으로 더러워진 몸을 씻는 일이 일차적인 목적이었지만, 여러 유익한 점이 많았다. 목욕탕에 들어간 아이들은 넓은 수영장 같은 냉탕에서 난리가 난다. 마치 물고기가 물을 만난 것처럼 기뻐했다. 나는 한 아이 한 아이를 불러다가 몸의 때를 밀어주었다. 그러면 아이들은 나와 더욱 친밀해진다. 자기 아빠는 평소에 바쁘다고 함께 목욕하는 일도 없는데, 그 일을 내가 대신해 주는 것이다. 또 때를 밀어 주면서 그들과 대화를 하면 그들은 미주알고주알 살아가는 이야기를 모두 말해준다. 집안에 생긴 즐거운 일, 슬픈 일, 심지어는 자기 아빠와 엄마가 싸운 일까지 말하곤 하였다. 이 과정에서 나는 아이들의 신상 정보와 가정사를 자연스럽게 알게 되었다. 이렇게 그 아이 가정에 대한 정보를 입수한 후에 그 아이의 집에 방문해서 부모님들에게 또는 형제들에게 복음을 전한다. 모르는 상태에서보다 알고 복음을 전하는 것이 쉽다. 사실 이 방법은 원래 계획했던 방법이었다. 그러나 하나님이 지혜를 주시지 않았다면 실행으로 옮기지 못했을 것이다.

　예나 지금이나 부모님들은 당신의 자녀들에게 관심을 갖고 잘해주면 모두 좋아한다. 부모님들은 자기 자녀에 대해 오히려 부정적인 이야기를 하더라도 나는 긍정적인 말을 하며 아이의 장점을 말해주었다. 부모님들이 함께 예수 믿으시면서 기도를 많이 해주면 이 아이는 훌륭한 인물이 될 것이라고 말해주면 모두들 고마워했다. 그리고 아이를 따라서 교회에 나오시는 분들도 여럿 있으셨다.

나는 아이들에게 저주스러운 말을 하지 말라고 부모님들에게 가르쳤다. 이 아이가 장래에 어떤 인물이 될지 모르기 때문에 축복의 말을 해주라고 했다. 당시 전주 지역에서는 '빌어먹을 놈'이라는 욕이 습관처럼 사용되고 있었다. 난 그 부모에게 묻고 싶다. 당신의 아이가 빌어먹으면 좋겠는가? 그래서 오히려 '하나님께 축복을 받은 놈'이라고 말하라고 알려주었다.

> 우리 아들들은 어리다가 장성한 나무들과 같으며 우리 딸들은 궁전의 양식대로 아름답게 다듬은 모퉁잇돌들과 같으며(시 144:12)

이 하나님의 말씀을 부모들에게 들려주었고 또 들려주고 싶다.

목사님이 좋아요

초등학교 5학년인 형상이의 집에 심방을 갔다. 부모님과 그 아이의 형과 누나가 예수 그리스도를 믿지 않기 때문이었다. 형상이는 친구들을 통하여 사랑의 교회에 다닌지 3개월이 된 상태였다. 운동은 잘하지 못하지만 매우 귀여운 아이였다. 집안의 막내이기 때문에 부모님들로부터 사랑을 독차지하고 있었다. 아이를 만나러 간다고 하면서 가족들에게 복음을 전하려고 마음먹었다. 아이 집에 방문해 보니, 아이는 학원에서 아직 오지 않았다. 조금 있으면 온다고 해서 기다리겠다고 하자 부모님이 과일을 준비해서 대접을 했다. 부모님과 대화를 하는 중에 엄마가 아이의 일기장을 보여주면서 우리 형상이가 목사님을 너무너무 좋아한다고 했다.

나는 일기장을 보았다.

"나는 목사님이 너무너무 좋다. 왠지 좋다. 그냥 좋다. 매일매일 교회에 가고 싶다. 오늘은 목사님이 학교에 오셔서 우리와 운동을 하셨다. 운동을 마친 뒤에는 음료수도 사주셨다. 토요일에는 운동을 하고 나서 목욕탕에 가기로 했다. 나는 목욕탕에서 목사님이 때를 밀어줄 때가 제일 좋다. 그리고 우리와 늘 놀아준다. 나는 매일 매일 목사님과 함께 있었으면 좋겠다."

이런 내용의 일기였다. 이렇게 아이들이 나를 좋아하는 이유는 자기 부모가 잘하지 못하는 자기 이야기에 귀 기울여주는 것 함께 놀아주는 것 때문이리라 생각한다. 무엇보다도 내가 그들을 진심으로 사랑하기 때문이리라.

대부분의 부모님들은 공부하라며 야단을 치고 그들의 요구를 들어주지 않고 그들의 말을 무시한다. 항상 어린아이 취급을 하고 무슨 말을 하면 네가 무엇을 아냐며 가만히 있으라고만 한다.

아이들과 이야기를 나눠보면 아이들은 부모님들이 자기들을 몰라준다는 점에 대해 불만이 많다. 하지만 나는 그들이 교회에서만은 자유롭고 즐겁게 사랑받으면서 지내도록 했다. 아이들은 사랑받기 위해서 태어났기 때문이다.

우리 주변의 모든 사람들은 사랑의 대상자들이다. 특히 어린 아이들에게는 더욱 사랑이 필요하다. 예수 그리스도께서 나를 사랑하시는 것처럼 아이들도 사랑하신다.

새 계명을 너희에게 주노니 서로 사랑하라 내가 너희를 사랑한 것 같이 너희도 서로 사랑하라 (요 13:34)

예수님의 말씀이다. 나는 아이들에게 "너희들을 사랑해. 예수님이 나를 사랑한 것처럼 말이다."라고 자주 말해 주었다. 아이들에게 사랑한다는 말을 자주하기 때문에 그들 또한 나를 사랑한다고 말한다. 어떤 아이는 지금까지 부모님으로부터 사랑한다는 말을 들어보지 못하고 살았는데 교회에 와서 목사님으로부터 사랑한다는 말을 처음 들었다며 사랑이 무엇인지를 알게 되었다고 했다.

후에 형상이네 형과 누나가 사랑의 교회에 나와서 예수 그리스도를 믿고 구원 받아 하나님의 자녀가 되었다. 어머니도 나중에는 함께 나왔고 신앙생활을 잘하셨다. 한 아이를 통해 온 가족이 구원을 받아 하나님께 영광을 돌리는 모습에 다시 한 번 하나님께 나의 존재의 의미에 대해서 감사하게 됐다.

체련공원에서 팔이 부러진 아이

전주에는 덕진동에 체련공원이라는 넓은 장소가 있다. 나는 이 장소를 우리 아이들의 교제와 오락의 장소로 자주 이용했다.

한 번은 공휴일을 이용해서 초등학교 5학년 학생들을 데리고 체련공원으로 소풍을 갔다. 사실 사랑의 교회에는 5학년 남학생들이 대부분이었다. 왜냐하면 교회 나온 아이들 거의 다 운동을 통해서 나왔기 때문이다.

소풍 가는 날, 치과 의사인 집사님과 주일학교 교사들이 따라갔다. 이날은 체련공원에서 예배드린 후 보물찾기와 레크리에이션을 하며 즐거운 시간을 보냈다. 이렇게 시간을 보낸 뒤에도 약간 시간의 여유가 있자 아이들은 즉흥적으로 씨름을 하고 싶다고 했다. 나는 아이들이 좋아하는 씨름을 시켜보는 것도 재미있겠다 싶어 그렇게 하자고 했다. 대신 모두가 씨름을 하는 것이 아니라 씨름을 잘하는 사람만 대표로 뽑았다.

그런데 씨름을 잘하는 두 아이 영덕이와 기열이에게 결승전 중 뜻하지 않은 사고가 났다. 영덕이는 우리 교회를 오랫동안 열심히 다니던 아이였는데 모든 운동을 다 잘했다. 반면 기열이는 운동을 잘하는 아이였는데 교회에는 이제 겨우 두 번 나왔던 아이였다. 그런데 둘이 씨름을 하는 중에 넘어지면서 그만 영덕이의 팔이 부러졌다. 나는 지금도 그때 영덕이가 외친 비명소리가 귓가에 들리는 듯하다. "목사님 팔이 너무 아파요." 얼마나 팔이 아팠으면 그 씩씩하던 아이가 나를 보고 팔이 아프다고 했을까?

나는 불안했다. 마침 치과 의사 집사님이 따라가셔서 아이의 환부를 보시더니 팔이 골절되었으니 병원으로 데리고 가야겠다고 하셨다. 그 상황에서 기열이는 두려운 마음으로 나를 쳐다보고 있었다. 기열이는 운동을 매우 좋아해서 우리 교회에 호감을 가지고 있었지만, 부모님이 여호와 증인이셨기 때문에 강제로 왕국 회관에 나가던 아이였다. 하지만 우리 교회에서 하는 각종 운동 모임에 반해서 부모님 몰래 2주째 우리 교회에 나왔었고, 나는 그런 그 아이에게 왕국 회관에 가지 말라는 교육을 시키던 과정이었는데 그 즈음에 이런 사고가 벌어졌던 것이다. 걱정하는 기열이에게 나는 아무 일 없을 것이니 너무 염려하지 말고 주일학교 선생님의 지시에 따라 조심히 귀가하라고 일러주었다.

집사님과 나는 팔이 골절된 영덕이를 택시에 태워 예수병원 응급실로 갔다. 병원에서는 바로 수술을 해야 한다고 했다. 곧바로 영덕이 부모님께 전화 드렸다. 그러자 전화를 받으신 부모님이 급하게 병원으로 오셨다. 아직 수술이 시작되기 전에 도착해서 부모님은 영덕이를 볼 수 있었다.

그 당시 이 아이의 부모님은 예수를 믿지 않았기 때문에 혹시 아이의 팔이 부러졌다는 이유로 교회에 다니지 못하게 할까봐 근심이 되어 간절히 기도하면서 하나님의 은혜를 구했다. 아이는 놀라서 달려온 부모님께 자기 잘못으로 팔이 부러졌다고 얘기했다. 친구와 둘이 씨름을 하다가 넘어져서 팔이 부러졌는데 목사님이 병원에 데려다 주었다고 차근차근 상황을 설명했다. 부모님은 이야기를 듣더니 오히려 나에게 고마워했다. 하나님의 응답하심이었다.

수술 후 병원에 입원해 있는 동안 나는 아이들을 데리고 매일 병원에 심방을 갔다. 그런데 놀랍게도 하나님께서 그런 아찔했던 사고를 통해서도 영덕이 부모님을 사랑의 교회에 나오게 하셨다. 또한 동생까지도 교회에 나와서 함께 신앙생활을 잘하게 되었다. 이 사건을 통해 교회에 다니실 것 같지 않았던 영덕이 부모님과 그 가정이 주님께 돌아오는 일을 목도함으로써 오직 하나님의 일하심에 놀라움을 경험했고, 감사 하게 되었다. 하나님께서는 어렵고 힘들어 보이는 그런 상황에서조차도 영혼을 구원하시기에 열심 있으신 분이셨다.

우리가 알거니와 하나님을 사랑하는 자 곧 그의 뜻대로 부르심을 입은 자들에게는 모든 것이 합력하여 선을 이루느니라(롬 8:28)

의사들의 긴급회의

초등학교 5학년 남학생 중에 순식이가 있었다. 순식이는 주공아파트 5층에서 살고 있었는데, 엘리베이터가 없는 아파트인지라 오르내리기가 매우 힘이 들었다.

하루는 순식이가 어린이 주일예배에 참석하지 않았다. 교사들에게 물어보니까 아파서 교회에 나오지 못했다는 것이다. 나는 예배에 참석하지 않는 아이들에게 항상 전화나 직접 방문 심방을 했다. 그 이유는 하나님께서 사랑하는 아이들이며 또한 나에게 맡겨주신 아이들이기 때문이다.

그래서 그 주일에도 오후 예배가 끝난 후 아이들 5명과 함께 순식이네 집으로 갔다. 아이의 집에 갔더니 아이는 정말 아파서 누워있었다. 내가 왔는데도 일어나지를 못하고 있었다. 그 때 집에는 어머니와 아이만 있고, 아이 아버지는 이발소에 갔다고 했다. 아이는 어제 저녁부터 아파서 자리에 누워있다고 했다. 나는 아픈 아이를 보며, 기도해야겠다는 생각이 들어 옆에 앉아서 기도를 하려는데, 아이가 갑자기 온몸을 비틀면서 괴로워했다. 나는 직감적으로 아이가 심각하다는 것을 알 수 있었다. 아이를 등에 업었다. 5층에서부터 내려가며, 함께 갔던 5명의 아이들에게 먼저 내려가서 택시를 잡아 놓으라고 했다.

아파트에서 내려온 뒤, 택시를 기다리고 있는데 한 아이는 택시를 타고 4명의 아이들은 마치 영화에서 보는 것처럼 택시를 호위하며 뛰어오고 있는 상황은 풋풋한 웃음을 주었다. 하지만 그런 생각도 잠깐, 나는 얼른 택시에 아픈 아이를 태운 뒤, 내가 신뢰하는 예수병원 응급실로 향했다. 전주에 있는 예수병원은 병원 이름에서 알 수 있듯이 기독교 정신으로 세워진 병원일 뿐만 아니라 우리 교회 다니는 의사 선생님-외과·가정의학과·신경외과·치과-이 4명이나 계셔서 더욱 믿음이 갔다. 병원에 도착하자마자 빠르게 의사 선생님의 진찰을 받았다. 물론 우리 교회 의사 선생님들이 나서서 도와주셨다.

아이를 검사한 결과 뇌에 이상이 있어서 수술을 해야 한다는 진단이 나왔다. 그것도 빨리 수술을 하지 않으면 위험한 상태라고 했다. 그런데 문제는 수술 방법과 관련된 것이었다. 머리카락을 밀고 뇌를 열어 수술을 하는 방법과 머리를 드릴로 뚫어서 피를 뽑아내는 방법 중 하나를 택해야 한다고 했다.

잠시 후 부모님이 병원에 도착했다. 이 소식을 들은 아이 어머니는 도착하자마자 대성통곡하며 병원이 떠나가도록 울었다. 나는 의사들이 말해준 대로 부모에게 상황을 알렸다. 그들은 아이를 살려달라고 매달리며 애원했다. 이때 외과의사 선생님은 뇌를 열고 수술하려 했는데 이 방법이 매우 위험하다며 전문의들이 모여 긴급회의를 해야 한다고 했다. 중대한 결정이 필요한 시간이었다. 그래서 나는 교회에 연락하여 온 성도들에게 모두 예배당에 나와서 기도할 것을 부탁했다.

이 아이는 이 가정의 큰 아들인데 우리 교회에 나온지 불과 2개월 정도밖에 안 되었고, 이 아이의 가정은 부모님과 동생 모두 예수님을 믿지 않는 불신 가정이었다. 나는 병원에서 하염없이 울기만 하는 아이의 어머니에게도 울지만 말고 우리 교회당에 가서 성도들과 함께 기도하시라고 말씀을 드렸다. 무조건 하나님께 아들을 살려달라고 기도하며 아들만 살려주시면 가족이 교회에 나와서 예수님을 믿겠다고 약속하라고 말해주었다. 아이의 엄마에게는 이 방법밖에 가르쳐 줄게 없었다.

예수병원에는 예배당이 있다. 나는 의사들이 회의를 하는 동안 병원 예배당에서 하나님께 간절히 기도했다. 안타까운 사건이지만 이를 통해서 순식이네 가족이 다 예수님을 믿도록 그리고 이 아이를 불쌍히 여겨 달라고 하나님께 간절히 기도했다. 그리고 동시에 우리 교회에서는 성도들과 대학생들이 간절히 기도하고 있었다.

교회는 그를 위하여 간절히 하나님께 기도하더라 (행 12:5)

나는 하나님의 이 말씀이 기억나서 묵상하고 반드시 하나님의 역사가 있을 것이라는 확신을 갖게 되었다. 1시간 이상 회의를 한 의사들은 드릴로 머리를 뚫어서 피를 뽑아내는 방법을 택했다. 아이의 머리 일부를 면도날로 밀고 드릴로 머리를 뚫고 피를 뽑아내는 고도의 기술을 요하는 수술이 시작되었다.

얼마나 지났을까 수술이 끝났는지 의사 선생님이 나를 찾아왔다. 지친 모습이 역력했지만, 그분은 내게 미소를 지어 보였다. 그리고 수술이 잘 되었다고 말해 주었다. 앞으로 꾸준히 약만 잘 복용하면 건강하게 지낼 수 있다고 말했다. 만약 조금만 늦었다면 그 아이는 평생 장애를 가지고 살아갈 뻔 했다며 감사하다는 말까지 덧붙였다. 나는 안도의 한숨과 함께 기쁨과 감사가 밀려왔다.

하나님의 은혜를 체험하고 기적을 목도한 그 아이의 부모님은 교회에 아이와 같이 나와서 예수님을 믿겠다고 약속했다. 나는 하나님께서 우리의 기도에 응답해 주심을 감사했다. 사실 그 아이의 아버지는 애주가였는데 예수님을 믿기로 결심한 후 지금은 일체 술은 입에도 대지 않고 열심히 신앙생활을 하여 우리 교회의 장로님이 되셨고 그 어머니는 권사님이 되셨다.

개척교회 사역을 하면서 이런 기적을 수없이 체험했다. 하나님의 섭리하심은 감히 어떤 인간도 측량할 수가 없다. 소망 없는 절망의 상황, 거의 불가능한 상태에서도 구원하기로 작정된 하나님의 자녀를 끝까지 구원하시는 하나님의 능력을 직접 겪으며 이 말씀을 더욱 신뢰하게 되었다.

영생을 주기로 작정된 자는 다 믿더라(행 13:48)

울면서 나에게 온 11명

　뇌수술을 한 순식이는 원래 다른 교회를 다니는 아이였다. 공부를 잘하고 성격이 좋아서인지 그 아이 주변에는 친구들이 많았다. 그 아이는 특이한 축구 시합을 계기로 만나게 되었다. 하루는 우리 교회 5학년 아이들이 나에게 찾아와서 다른 교회에 다니는 아이들과 축구 시합을 하려는데 괜찮겠냐고 물었다. 우리 교회 아이들은 그들과 축구 시합을 하려는 목적이 그들에게 복음을 전하기 위해서라고 했다. 나는 우리 교회 아이들이 복음을 전하려는 모습이 기특하고 예뻐 보였다.

　그런데 문제는 조건이 있다는 것이었다. 시합의 승패에 따라 순식이가 속한 팀이 이기면 순식이가 다니는 교회에 나가기로 하고, 우리 아이들이 이기면 우리 교회로 나오기로 했다는 것이다. 나중에 안 사실이지만 상대 팀 아이들은 예수님을 믿지 않는 아이들이 대부분이었다. 우리 아이들은 그 전까지 한 번도 진 적이 없었기 때문에 그들 모두 우리 사랑의 교회로 데리고 올 것이라며 내 앞에서 승리를 자신했다. 하지만 이것은 어린 아이들에게 큰 모험이었다. 그럼에도 불구하고 나를 찾아 온 이유는 혹시 지게 되면 문제가 생기기 때문이었다. 나는 아이들에게 염려하지 말고 축구 시합 날짜를 잡고 하나님께 기도하라고 말해주었다.

　그런데 놀라운 일이 벌어졌다. 아이들은 시합 일주일을 앞두고 누가 말해주지도 않았는데 자기네들끼리 저녁마다 예배당에 모여서 기도하였다. 나는 이 광경을 보면서 하나님께 감사 기도를 드렸다. 지금 저 나이 때에는 부모님의 속이나 썩힐 아이들인데도 불구하고 축구 시합을 앞두고 자기들이 믿는 하나님께 기도하며 하나님의 뜻을 구하는 그 모습이 대견스럽게 보였다. 이것이 복음의 능력이라고 생각했다.

더 놀라운 것은 시합 당일 날은 교회에서 자고 아이들이 새벽기도까지 참석했다는 점이다. 나는 반드시 저 어린 아이들의 깨끗하고 순전한 마음을 하나님께서 받으시리라는 확신이 생겼다. 오직 하나님만 바라보고 축구 시합을 통해 믿지 않는 아이들에게 복음을 전하게 해 달라는 기도에 하나님께서 응답하시리라.

나의 왕, 나의 하나님이여 내가 부르짖는 소리를 들으소서 내가 주께 기도하나이다 여호와여 아침에 주께서 나의 소리를 들으시리니 아침에 내가 주께 기도하고 바라리이다(시 5:2-3)

다윗이 아침에 하나님을 바라며 기도한 것처럼 아이들이 새벽에 기도하는 아름다운 모습에 나도 가슴이 찡함을 느꼈다. 축구 시합하는 날, 나는 음료수와 먹을 것을 사가지고 응원 차 학교 운동장에 갔다. 운동장에서 우리 아이들이 열심히 뛰고 있는데 예전에는 볼 수 없었던 모습이 보였다. 선수들의 손발이 척척 맞았다. 어느 누구 할 것 없이 최선을 다하는 모습이었다.

승부는 쉽게 끝났다. 솔직히 상대가 안 되는 시합이었다. 나는 모든 아이들을 불러놓고 음료수와 먹을 것을 나누어주었다. 한쪽에서는 시합에 패한 아이들이 모두 슬퍼서 울고 있었다. 나는 그들에게 다음에 다시 한 번 더 하자고 제안하면서 위로했다. 패한 아이들 11명 모두가 나에게 와서 울며 이번 주일부터 사랑의 교회에 다니겠다고 약속했다. 그때 우리교회 다니는 한 아이가, "물론이지. 패했으면 약속을 지켜야지. 사내대장부가 한 입 가지고 두말할 수 있니?"라며 시골 어른들의 말을 흉내 내며 능청스럽게 말했던 기억이 떠오른다. 그런데 그 아이가 바로 씨름하다가 팔이 부러졌던 영덕이었다.

　나중에 순식이가 이런 고백을 했다. 사실 전부터 사랑의 교회에 다니고 싶었는데 용기가 나지 않아서 다니지 못했다고 말했다. 그런데 축구 시합을 계기로 우리 교회에 나오게 됐고, 우리 교회에 나왔다가 뇌수술을 받게 된 것이다. 결과적으로 그 아이와 가족이 모두 사랑의 교회 가족이 되었다. 하나님의 은혜는 측량할 수가 없다.

아빠는 먼데 가셨어요

　금평초등학교 5학년 권훈이의 이야기다. 이 아이는 길에서 나를 만났다. 다른 아이들에 비해 눈이 작았는데 거기에다 눈웃음까지 쳤다. 겉으로 보기에는 잘생겨 보이진 않았지만 왠지 호감이 갔고 마음이 참 예쁘게 보였던 아이였다.

　어느 날, 나는 그 아이에게 다가가서 "너는 눈은 작은데 마음이 참 아름답게 보인다. 너 예수님을 믿니?"라고 물었다. 그 아이는 예수님을 안 믿는다고 말했다. 사랑의 교회에 나와서 예수님을 믿고 함께 운동도 하자고 제안하자 그러겠다고 약속했다. 아이스크림 하나를 사주며 전화번호와 집 주소를 받았다. 엄마 아빠는 예수님을 믿느냐고 물어보았다. 모두가 믿지 않는다고 했다. 그리고 뜻밖의 말을 했다. 아빠는 사업하다 실패를 해서 먼데 가셨고, 엄마는 생활비 때문에 다른 지방에서 일하신다고 말했다. 지금 집에는 친할머니가 오셔서 밥해주신다고 했다.

　그러자 갑자기 이 아이가 불쌍해 보였다. 옛날 같으면 아이들을 싫어하기 때문에 그냥 지나쳤을 텐데 그땐 하나님께서 나에게 아이들을 사랑하는 마음을 주셨기 때문에 그 아이 역시 무척 사랑스럽게 느껴졌다. 하나님께서 나에게 베푸신 은혜를 생각하면 그 은혜를 무엇으로 보답할 수 있을까 생각한다. 예수 그리스도 십자가의 보혈로 내 모든 죄가 용서받고 하나님의 자녀가 된 것도 감사한데 어린 아이들까지 나에게 맡겨주신 것을 생각하면 아이들을 그냥 지나칠 수가 없었다.

이 아이는 약속대로 주일날 사랑의 교회에 나왔다. 그런데 아이는 남루한 옷을 입고 다녔다. 나는 그 모습이 안쓰러워 개척교회 목사로서 나 역시 경제적으로 어려웠지만 아내 모르게 티셔츠 하나를 사주었다. 나중에 이 일이 들통이 나서 아내와 다툼을 하기도 했다.

사실 아내의 마음을 나는 잘 이해한다. 내 자식들에게도 제대로 사주지 못하는 티셔츠를 다른 아이에게 사주었다는 것을 아내로서 납득하기 어려웠을 것이다. 하지만 나는 부모님이 안 계시는 그 아이가 왜 그리 불쌍하게 보였는지 모르겠다. 어렸을 때는 친척 동생을 따라 교회당에 갔을 때 선생님들이 내게 얼마나 잘해주셨는지를 지금도 기억하고 있는데, 아마 그때의 행동은 그분들을 통해 하나님의 사랑을 체험했던 것의 연장선상에 있지 않나 싶다.

나는 그 아이의 집에 자주 갔었다. 아이를 돌보기 위해서였다. 갈 때마다 그 아이의 할머니는 고맙다며 눈시울을 적시었다. 나는 기회를 놓치지 않고 그 아이의 할머니께도 복음을 전했다. 하나님의 은혜로 할머니께서 새벽기도회에 나오기 시작했다. 나와서 아들과 손자들을 위해 기도하셨다.

나중에 할머니께서 집안의 일을 나에게 상세히 들려주셨다. 그 아이의 아버지는 사업에 실패하여 교도소에 있다고 했다. 그래서 아이에게는 먼 곳에 갔노라 거짓말을 했던 것이었다.

할머니는 교회에 처음 나오신 분이신데 성경도 잘 따라 읽으시고 찬송도 잘 따라 부르셨다. 그래서 성도들은 이 할머니가 같은 연배의 할아버지나 할머니와는 달리 글자를 읽을 줄 아는 줄 알았다. 그런데 나중에 권훈이가 자기 할머니는 글씨를 읽을 줄 모르신다고 해서 깜짝 놀랐다. 글씨는 배우지 못했지만, 머리가 좋으신 분이란 건 느낄 수 있었다.

사실 그 할머니의 아들들은 모두 전주고등학교를 졸업했다. 그 당시 전주고는 전라북도에서 제일 수재들만 들어갈 수 있는 학교였다. 아들들 모두가 공부를 잘했다. 큰 아들은 육군사관학교를 나와 육군 대령이었다.

권훈이와 할머니는 신앙생활을 잘 했다. 나도 그들을 사랑으로 품었다. 그러자 가끔 집에 오는 권훈이의 어머니도 우리 교회에 출석했다. 나중에 그 아이의 아빠, 그리고 형까지 모두 사랑의 교회 성도가 되었다.

> 이르되 주 예수를 믿으라 그리하면 너와 네 집이 구원을 받으리라 하고 주의 말씀을 그 사람과 그 집에 있는 모든 사람에게 전하더라(행 16:31-32)

하나님께서는 작은 아이 한 사람을 통해서 온 가족을 구원하시는 너무도 좋으신 하나님이시다.

찢어진 우산

나는 항상 아이들만 보면 가만히 있지를 못한다. 어떻게 해서든지 아이들에게 접근하여 복음을 전하고 싶어 하는 열망이 솟아 나왔다. 그래서 아이들을 만나면 그냥 지나치지 못하고 아이를 불러 세우고 복음을 전하게 된다.

어느 비 오는 날이었다. 나는 금평초등학교 방향으로 가는데 정말 동요 가사처럼 우산 셋이 나란히 걸어오고 있었다. 그 가운데 찢어진 우산을 쓰고 오는 아이가 있었다.

왠지 찢어진 우산을 쓰고 오는 아이에게 마음이 끌렸다. 그 아이에게 접근해서 말을 걸었다. "우산 셋 중에 네 우산이 가장 멋지구나." 이 아이는 미소를 지으며 나를 바라보았다. 자기는 찢어진 우산을 쓰고 있기 때문에 창피하다고 여겼는데 내가 가장 멋지다고 말했기 때문이다. 나는 아이를 놀리기 위해 한 말이 아니라 진심이었으므로 아이도 미소를 지을 수 있었다.

그 아이에게 교회에 다니느냐고 물었다. 전에는 다녔는데 지금은 안 다닌다고 했다. 내가 아는 금평초등학교 5학년 아이들 몇 명의 이름을 말해 주었더니 자기 친구들이라고 했다. 내가 이름을 댄 아이들은 모두 사랑의 교회에 다니는 아이들 중에서 모범생들이었다. 물론 학교에서 공부도 잘했다.

"사랑의 교회에 다니는 친구들 다 착하지?"

라고 말하자 그렇다고 하면서 그 아이들 공부도 잘한다고 대답했다.

"너도 친구들 따라서 사랑의 교회에 다녀라."

라고 말하자 다니겠다고 흔쾌히 약속했다. 함께 우산을 쓰고 오던 두 아이들에게도 복음을 전하며 먹을 것을 사주었다.

이제 이 아이들은 내가 던진 그물에 잡힌 귀한 물고기들이 되었다. 그들은 이제 나를 만났으므로 교회에 나오지 않을 수 없게 된다. 나는 아이들의 이름과 함께 전화번호와 집주소를 물었다. 아이들의 이름과 연락처를 빠짐없이 묻는 이유는 교회에 이미 다니는 다른 친구들에게 알려주기 위함이었다. 먼저 다닌 친구는 이 아이들을 잘 이끌어 교회에 나올 수 있도록 하는 안내자가 된다. 또한 주일학교 교사들에게도 가르쳐 준다. 그러면 교사들이 아이들을 잘 돌볼 수 있게 된다. 전도하는 것도 중요하지만 관리하는 것도 중요하다. 세 아이들에게 운동을 잘하느냐고 묻자 찢어진 우산을 든 아이만 운동을 잘 할 뿐 나머지 아이들은 잘 못한다고 말했다.

찢어진 우산을 든 아이는 성진이었다. 이 아이는 특히 야구를 잘했는데, 어깨 힘이 얼마나 좋은지 야구장 외야에서 공을 던지면 홈까지 들어올 정도이다. 이 아이들은 다음 주일 날 몇 명의 친구들을 더 데리고 약속대로 교회에 나왔다. 나는 아이들에게 운동을 잘 하는지, 같이 하고 싶은지 반드시 묻는다. 그리고 그 아이들과 함께 토요일 오후 함께 운동을 했다. 아이들에게 세상보다 더 재미있는 곳이 교회라는 것을 알려주고 싶고 그 도구로 운동을 사용했던 것이다.

그러나 무엇보다도 교회에 나오면 말씀으로 양육해야 한다. 그래서 아이들은 먼저 예배와 성경공부에 반드시 참석해야 했다. 왜냐하면 말씀으로 아이들을 양육할 때에만이 아이들 삶에 진정한 기쁨이 생겨나기 때문이다. 하나님이 말씀하신 대로 아이들에게 부지런히 하나님을 경외하는 것을 가르치는 것이 나의 사명이다.

또 아비들아 너희 자녀를 노엽게 하지 말고 오직 주의 교훈과 훈계로 양육하라

(엡 6:4)

어려서부터 아이들을 하나님의 말씀으로 잘 양육해야 이들이 정직하게 말씀대로 살아갈 수가 있다.

> 오늘 내가 네게 명하는 이 말씀을 너는 마음에 새기고 네 자녀에게 부지런히 가르치며 집에 앉았을 때에든지 길을 갈 때에든지 누워 있을 때에든지 일어날 때에든지 이 말씀을 강론할 것이며(신 6:6)

성진이 역시 나날로 신앙이 성숙해지면서 변해가기 시작했다. 나중엔 자기 누나와 엄마에게까지 복음을 전해서 교회에 온 가족이 나와서 예수 그리스도를 믿고 구원받은 복된 가정이 되었다.

간이 정거장에서 돌아온 아이

금평초등학교 5학년인 영진이에 대한 이야기다. 이 아이의 부모님은 교사셨다. 영진이는 책읽기를 좋아했는데, 책을 너무 많이 읽어서 부모님이 책을 읽지 못하도록 감추기까지 할 정도였다. 왜냐하면 영진이는 시력이 나쁜데다가 책을 보기 시작하면 아무것도 하지 않기 때문에 부모님이 그렇게 하셨던 것이다.

한 번은 이런 일도 있었다고 한다. 부모님이 책을 읽지 못하게 하자 몰래 장롱 속에 들어가서 책을 읽다가 그만 잠이 들어버렸는데, 온 가족들이 아이를 찾았지만 밤이 늦도록 찾지 못했고, 밤새 가족들이 걱정하고 있을 때 장롱 안에서 인기척이 나서 장롱을 열어 보니 영진이가 세월 모르고 그 안에서 잠자고 있었다는 것이다. 이 아이는 우리 아들처럼 전주로 전학을 와서 아들과 한반이 되었다. 우리 아들이 전도를 해서 교회에 나와 신앙생활을 시작했다.

　사실 그 아이 가족들 모두가 불교신자이기 때문에 혼자 예수 그리스도를 믿는다는 것이 쉬운 일이 아니었다. 그러나 부모님들의 반대에도 불구하고 꾸준히 신앙생활을 하면서 형과 누나까지 전도를 했다. 이 아이의 소원은 자기가 학교 갔다 왔을 때 엄마가 집안에서 뜨개질을 하다가 반갑게 맞아주는 것이라고 했다. 부모님은 아침에 출근하면 저녁에야 들어오시기 때문에 외로움이 있었고, 부모님과 함께 하는 사랑에 목말라 있었던 것이다. 그래서 더 우리 아들과 친하게 지내며 교회에서 생활하다시피 했다.

　하루는 자기 엄마와 함께 정읍에 있는 외갓집에 가야 한다고 했다. 그날은 성경공부가 있는 날이었는데, 그래서 나는 당연히 그 아이가 참석 못하는 걸로 생각했다. 그런데 그 아이가 성경공부 시간에 나타났다. 내가 의아하게 생각하여 어떻게 올 수 있었는지 묻자 외가에 가다가 다시 왔다고 대답했다.

　나중에 영진이의 엄마한테 들은 이야기이다. 전주에서 시외로 나가는 버스는 종합터미널에서 출발하여 중간에 간이 정류장을 들렀다가 목적지로 간다. 승객을 더 태우기 위해 만들어 놓은 것이다. 엄마는 아이랑 함께 친정에 가려고 버스를 탔는데, 완산동에 있는 간이 정류장에 버스가 잠시 정차하자 아이가 엄마에게 이렇게 말했다는 것이다.

　"엄마 오늘 내가 목사님과 성경공부하는 시간인데 깜빡 잊었어. 교회에 가야겠어."

　라며 혼자 버스에서 내려 교회로 왔던 것이다. 영진이가 처음 교회에 왔을 때 정서적으로 불안한 태도를 보였다. 그래서 성경공부 시간이나 예배

시간에 주위가 산만하여 나한테 종종 야단을 맞기도 했었다. 그러나 하나님의 말씀을 배우고 듣는 과정 속에서 신앙이 자라며, 자세도 바르게 되었으며 정서적으로도 매우 안정 되었다.

그 변화를 부모님도 느끼셨는지 나에게 감사하다는 전화를 하시기도 했다. 영진이는 형과 누나에게 전도를 해서 교회에 데리고 나왔지만 형과 누나가 중·고등부 예배를 어색해하자 초등학생인 자기가 형과 누나와 함께 중·고등부 예배를 드린 후 또 유년주일학교 예배에도 참석할 정도로 대견한 아이였다.

이 아이의 꿈은 과학자가 되는 것이었는데 후에 과학 고등학교에 진학하더니 카이스트에 진학까지 했다. 그런데 고등학교 때, 중·고등부 예배에 참석하여 주일을 지키자 선생님들이나 친구들은 영진이의 행동을 말렸다. 어떤 친구들은 "네가 그렇게 교회에 가면서 어떻게 카이스트에 갈 수 있겠냐?"고 말하며 걱정 반 조롱 반으로 비웃었지만 그 친구들이 카이스트에 가지 못했고, 영진이는 당당하게 카이스트에 입학했다. 그러나 훗날 자기는 과학자가 되는 것보다 의사가 되는 것이 소명이라 생각하고 경희대 한의대에 입학하여 지금은 한의사가 되었다. 이 아이는 자기의 믿음대로 되었다.

믿음은 바라는 것들의 실상이요 보이지 않는 것들의 증거니 (히 11:1)

아빠, 엄마 싸워요

우리 교회에 나왔던 또 다른 남자 아이 이야기를 하려고 한다. 한 아이에게 야구게임 하자고 말하며, 전도도 했는데 그 아이가 나중에는 자기 동생까지 교회에 데리고 나왔다. 운동을 잘했다. 야구, 축구, 탁구 모두 탁월해서 나에게 칭찬을 많이 받았던 아이다. 그런데 문제는 부모님이었다. 아빠가 술만 먹으면 약간의 의처증 증세를 보여 엄마를 의심하여 부부싸움을 자주한다고 했다. 술을 먹지 않으면 그렇게 좋은 분이 또 있을까 할 정도로 괜찮은 분이셨는데 말이다. 저녁에 부부싸움을 하면 엄마는 집을 뛰쳐나가고 아이들은 겁에 질려 울면서 나에게 전화를 했다.

"목사님! 아빠, 엄마가 또 싸워요. 빨리 오세요."

나는 전화를 받자마자 달려갔다. 이런 일은 한 두 번이 아니었다. 물론 남의 가정사였지만, 두 아이들을 위해서 아이들의 요청이 있으면 그 집에 꼭 찾아갔다. 집에 가보면 엄마는 집을 나간 상황이었고, 아빠는 술에 취해 고래고래 소리를 지르고 있었다. 내가 무슨 말을 해도 그 아이들의 아빠는 소용이 없었다. 술에 취해 자기 아내를 의심하는 말을 계속 내뱉었다. 나는 그때마다 아이들을 우리 집으로 데리고 와서 재웠다.

이 아이들로 인해 밤에 같이 자면서 울기도 많이 했다. 아이들이 너무나 불쌍했기 때문이었다. 특히 걱정이 되었던 점은 이 아이들이 부모님의 사랑을 받지 못하고 나쁜 것만 보고 자라서 빗나갈까 하는 것이었다. 기도하면서 아이들을 그리스도의 사랑으로 품었다. 아빠에게 사랑을 받지 못하는 아이들인지라 더욱 깊은 관심을 가졌다.

목회를 하면서 점점 더 깨닫게 되는 것은 하나님께서 이런 아이들을 나에게 보내주셨다는 믿음이다. 하루는 이 아이들이 또 다급한 목소리로 나에게 전화를 했다.

"목사님! 아빠랑 엄마가 이혼한다고 법원에 갔어요."

나는 전화를 끊자마자 택시를 타고 급히 법원으로 향했다. 다행히 아이들의 부모님은 법원에 아직 오지 않은 상태였다. 잠시 기다리자 아이의 부모가 도착했다. 나는 그들의 차에 올라타고 급히 가야할 곳이 있으니까 함께 간 후에 여기에 다시 오자고 말해주었다. 그들은 무슨 영문인지도 모르고 어안이 벙벙한 눈초리로 나를 보더니 이내 내 말을 따랐다.

일단 집으로 돌아가자고 했다. 집으로 가서 아이들 역시 차에 태웠다. 그리고 우리 교회가 매월 방문하는 보육원으로 향했다. 이들과 함께 가서 보육원에 있는 아이들 모습을 보게 하고 싶었다. 보육원에 도착해서 아이의 부모에게 당신의 아들들도 이 아이들처럼 맘 아프게 만들고 싶으면 지금 법원에 가서 이혼을 하시라고 강하게 말했다. 엄마가 먼저 울면서 잘못했다고 했다. 아버지의 눈시울도 붉어졌다. 만약 두 분이 이혼을 하면 이 아이들은 타락해서 평생을 고통 가운데 살 것이며, 당신들 역시 그 죄가 평생 따라다녀서 고통 가운데 살 것이라고 엄하게 말해 주었다. 그리고 나는 그들에게 복음을 전하며 이렇게 다독였다.

"이 가정과 자녀들은 하나님이 주신 선물이므로 행복하게 사는 것이 하나님의 뜻입니다."

가정의 참된 행복은 예수 그리스도 안에서만이 가능하다는 점도 얘기해 주었다. 이들은 내 말을 듣더니 마음에 변화가 생겨났다. 아이들과 같이 사랑의 교회에 다니면서 목사님이 시키는 대로 하겠다고 약속했다. 나는 이들에게 성경 말씀을 들려주었다.

창조 때로부터 사람을 남자와 여자로 지으셨으니 이러므로 사람이 그 부모를 떠나서 그 둘이 한 몸이 될지니라 이러한즉 이제 둘이 아니요 한 몸이니 그러므로 하나

님이 짝지어 주신 것을 사람이 나누지 못 할지니라 하시더라(막 10:6)

하나님이 짝지어 주신 것을 사람이 함부로 나누어선 안 된다고 훈계했다. 그 이후 이들은 사랑의 교회에 출석했다. 그리고 열심히 신앙생활을 했다. 부부싸움도 하지 않고 예수 그리스도를 믿고 변화되어 행복하게 살았다.

마른 떡 한 조각만 있고도 화목하는 것이 제육이 집에 기득하고도 다투는 것보다 나으니라(잠 17:1)

훗날 그 아이의 아빠가 나에게 말하기를 전에는 싸움을 하고 나면 화해하는 의미에서 가구도 사다 놓고 좋은 환경으로 꾸며도 보았지만 별로 달라지는 게 없더라고 했다. 그래서 나는 "환경이 사람을 바꾸는 것은 아니다. 오직 예수 그리스도만이 우리 인간을 바꿀 수가 있다"고 말하며 예수님께만 있는 진정한 소망을 나누었었다.

포수하기 싫어요

사랑의 교회 주일학교는 금평초등학교 아이들과 동신초등학교 아이들로 구성되었었다. 그 중 금평초등학교 5학년인 기원이라는 아이의 이야기이다.

그 아이는 야구를 좋아해서 전도되어 사랑의 교회에 다녔다. 살이 통통하게 찐 기원이를 내가 가끔 돼지라고 놀렸다. 야구경기를 할 때마다 이 아이는 뚱뚱하다는 이유로 포수 역할을 했다. 내가 보기에 그 아이는 누구보다도 포수를 잘 봤다. 투수에 따라 공의 위력이 다른데도 공을 잘 받아냈다. 그런데 야구 포지션 중에서 포수는 아이들이 기피하는 자리였다. 수비 시간 내내 쪼그려 앉아서 공을 받아내야 하는 것도 고역이지만, 힘 있는 투수가 공을 던지면 손바닥이 아프고 가끔 공이 얼굴에 맞아 멍이 들기도 하기 때문이었다. 이럴 때마다 이 아이는 포수를 안 하겠다고 하였다. 이유는 공에 맞아 아픈 것도 싫었지만, 공에 맞아 멍이 들면 예수님을 믿지 않는 부모님으로부터 꾸중을 듣고 교회에 다니지 말라는 소리 듣는 것이 더 싫기 때문이라고 했다.

우리 교회는 매주 토요일 성경공부를 하고 나면 반드시 야구든 축구든 경기를 꼭 했다. 이 재미에 아이들은 예배와 성경공부에 열심히 참석하고 있었다. 무엇보다 감사한 것은 아이들의 신앙이 눈에 띄게 성장했다는 것이었다.

또한 평일에는 공부를 열심히 했다. 아이들이 공부를 게을리해서 성적이 떨어지면 신앙생활하는 아이들에 대한 믿지 않는 부모님의 핍박이 심해짐을 알았기 때문에 이 사실을 잘 아는 아이들은 교회에 다니기 위해서는 열심히 공부했다. 그로 인해 성적이 향상되고 부모님들로부터 칭찬을 듣는 아이들이 날로 늘어났다.

심지어는 사랑의 교회에 다니는 아이들은 공부를 잘 한다는 입소문이 나서 자발적으로 아이들을 데리고 오시는 부모님들도 있었다. 기원이의 경우, 기원이 아버지는 술을 좋아하는 분으로서 교회에서 늦게 오거나 아이의 눈이 시퍼렇게 멍이 든 것을 보면 교회를 욕하고 온 식구를 괴롭혔다고 한다. 기원이 엄마도 처음에는 아빠와 똑같은 생각을 했었는데 아이가 점점 공부도 잘하고 착해지니까 교회에 대한 생각을 바꿨다. 교회를 비방하기보다 오히려 교회에 열심히 다니라고 할 정도로 태도가 달라졌다. 그런데 어느 날 기원이가 야구를 하다가 공에 맞아 아프니까 또 말했다.

"목사님 나 포수 안 할래요."

"우리 교회에서 너 말고 누가 포수를 너만큼 잘하는 아이가 있느냐? 다른 교회와 시합을 앞두고 네가 포수를 안 하면 우리 교회는 패한다."

라고 말하자 아이는 그 칭찬에 힘을 내어 계속 포수를 하겠다고 했다.

선한 말은 꿀 송이 같아서 마음에 달고 뼈에 양약이 되느니라 (잠 16:24)

이 아이는 가족들에게도 전도하여 엄마와 누나가 교회에 열심히 다녔다. 엄마의 경우는 사랑의 교회 집사님이 되셨다. 한 아이를 통해서 가족이 예수님을 믿게 되는 것은 크신 하나님의 은혜이다. 나는 이 은혜를 바라고, 기대하는 마음으로 아이들에게 복음을 전했다.

아빠가 영안실에 있어요

우리 교회 주일학교 선웅이 이야기이다. 아이들과 운동을 하기 때문에 나는 피곤하여 일찍 잠을 잘 때가 많았다. 하루는 운동을 하여 피곤해서 일찍 잠이 들었다. 자고 있는데 전화벨 소리가 요란하게 났다. 피곤한 몸을 일으켜 전화를 받자 선웅이의 울음소리와 함께,

"목사님! 아빠가 영안실에 있어요."

라는 슬픔의 목소리가 들려왔다. 나는 그 소리에 정신이 번쩍 들어서 아이에게 어느 병원인지 묻고 얼른 옷을 챙겨 입고 병원으로 갔다. 영동병원 영안실에 도착해서 시간을 보니 벌써 밤 12시가 넘어있었다.

아이의 아빠는 택시 기사였는데 교통사고로 사망했다고 했다. 사실 그 사건은 지금도 미궁에 빠져있다. 강도가 돈을 뺏고 기사를 살해한 후 차를 낭떠러지 아래로 밀어버렸을지도 모른다는 의심이 있었으나 경찰은 단순 교통사고로 처리한 후 사건을 종결했다.

나는 장례식이 끝날 때까지 교회 아이들과 성도들을 데리고 영안실에 가서 예배도 드리고, 위로도 했다. 사건은 어느 정도 정리되어 보였다. 하지만 문제는 앞으로 아빠가 없는 이 아이를 어떻게 양육하며 올바르게 자라도록 가르칠 수 있을까였다.

평소 이 아이는 자주 마음을 닫아버리곤 하여 늘 조심스러웠다. 게다가 아이는 자기가 무엇이든지 제일 잘 하는 줄로 생각하며 행동하는 점이 있었다. 이 아이는 다른 아이들보다 키도 크고 힘도 셌기 때문에 평소 야구를 할 때 투수를 했다. 어찌나 힘이 세든지 웬만한 아이들은 공을 잘 받아내지 못했다. 물론 타자들도 그의 공을 잘 치지 못했다. 그런데 그는 자신의 실력만을 믿고 자주 마음이 토라졌다. 어르고 달래도 마음을 잘 돌이키지 않았다. "나 안 할래요."하면 그만이었던 아이였다.

그래서 한 번은 이 아이의 이런 버릇을 고쳐주어야겠다고 생각했다. 나는 평소와 달리 선웅이 대신 민혁이라는 왼손 투수를 기용했다. 힘은 선웅이에 미치지 못했지만 이 아이도 나름대로 공을 잘 던졌다. 선웅이를 뺀 상태에서 다른 교회 아이들과 재미있게 야구 경기를 했다. 그러자 선웅이가 내 눈에 잘 보이는 곳에 서서 자신을 다시 불러주기를 바라는 눈빛을 보냈다. 나는 그 아이의 마음을 읽고 그를 불렀다.

"선웅아!"

"네."

그는 얼른 내게로 달려 왔다.

"앞으로 또 다시 삐치거나 투수를 안 하겠다는 말을 하지 않겠다고 약
속하면 너를 지금부터 투수로 기용하겠다."

그는 시무룩했던 표정이 밝아지면서 다시는 삐치지 않겠다고 다짐했다.
나는 그 아이에게,

"교만은 패망의 선봉이다. 예수님을 믿는 사람은 겸손한 사람이다. 겸손
한 사람을 하나님은 높이시고 교만한 자는 하나님이 쓰지 않는단다."

라고 가르쳐 주었다.

하나님은 교만한 자를 물리치시고 겸손한 자에게 은혜를 주신다 하였느니라
(약 4:6)

나는 아빠가 없는 이 아이에게 더 큰 관심과 사랑을 가지고 양육했다.
아이는 그 슬픈 사건 이후로 점점 더 신앙이 성숙하고 겸손한 아이로 변
화되기 시작했다. 동생도 전도해서 사랑의 교회에 다니고, 엄마까지 전도
하여 함께 신앙생활을 잘 하였다.
중·고등학교 사춘기를 잘 넘기고 중앙대학교에 진학했다. 이 아이가

서울로 진학할 때 나는 서울에 있는 동기 목사에게 아이를 부탁했다. 그 교회 대학부에서 양육하고 장학금도 지급해 주면 좋겠다고 했다. 너무 감사하게도 그 교회에서는 약속한 대로 선웅이에게 장학금을 4년간 주었다고 한다. 언젠가 성인이 된 선웅이에게 아직도 그 교회에 다니느냐고 물었는데,

"목사님이 시골 아이의 손을 붙잡고 직접 그 교회에 부탁해서 다니게 된 교회인데, 어떻게 목사님의 뜻을 저버리고 다른 교회에 다니겠어요."

라고 말해서 오히려 내가 민망했던 기억이 난다. 지금은 그 교회에서 잘 믿는 자매와 결혼하여 두 남매를 두었으며 대기업에 다니고 있다.

얼마 전 나와 내 아내가 캐나다로 가기 전 잠시 만남을 가졌다. 그는 나와 내 아내를 보자 눈시울을 적시며 자신이 두 아이의 아빠가 되어보니 목사님과 사모님을 이해할 수 있다고 했다. 아빠 없이 자라 비뚤어질 수 있었던 아이였는데, 하나님께서 믿음 안에서 잘 성장하게 해 주셨으니 그저 감사할 뿐이었다.

암탉이 병아리를 몰듯이

우리교회 아이들이 서울 청담동에 있는 G교회 초청을 받아 서울에 올라간 적이 있었다. 전주역에서 무궁화호 기차를 타고 영등포역까지 갈 계획을 세웠다. 아이들에게 자비 부담을 조건으로 서울에 가자고 제안했다. 교회에서는 아이들에게 전혀 도움을 주지 않았다. 나는 어려서부터 아이들이 받는 것보다 주는 것을 연습하길 원했기 때문이다.

열차에 타보니 무궁화호 한 칸이 거의 사랑의 교회 초등학교 5학년 아이들로 가득했다. 열차 안에서 나는 아이들과 가위바위보 게임을 했다. 열차 안이 시끄러웠지만 차표 검사하는 분과 몇몇 다른 손님들이 너그럽게 이해해 주셨다. 마치 아이들이 수학여행을 가는 것으로, 나를 선생님으로 이해하시는 것 같았다.

그렇게 웃고 떠드는 사이에 어느덧 열차는 영등포역에 도착했다. 나와 아이들은 시내버스를 타고 청담동에 있는 G교회로 가야했기 때문에 나는 앞에서 가고 아이들은 두 사람씩 손을 잡고 내 뒤를 따라오도록 했다. 내 아내는 맨 뒤에서 아이들을 살폈다. 그 장면은 마치 따뜻한 봄에 어미 닭이 앞장을 서고 병아리들이 졸졸졸 그 뒤를 따르는 풍경과도 같았다.

50명의 학생들이 나와 내 아내의 인솔에 따라 서울 구경을 했다. 영등포역 주변에 있는 수많은 사람들이 이 광경을 바라보며 웃기도 하고 부러운 눈으로 쳐다보기도 했다. 많은 사람들의 시선이 나에게 집중되는 것을 느꼈다. 청담동 가는 시내버스 안에 우리 아이들이 가득 차자 동승한 승객들이 웬 아이들이 이렇게 많으냐고 나에게 물었을 정도였고, 아이들은 너나 할 것 없이 토속적인 전라도 사투리를 사용하여 버스 안의 다른 승객들을 웃게 만들었다. 전주지방 사람들은 "거시기"라는 사투리를 많이 사용한다. 아이들 역시 말하면서 "거시기"를 사용했기 때문에 서울 사람들 귀에 재미있게 들렸을 것이다.

청담동에 있는 G교회에 무사히 도착했다. 순박함 많은 우리 아이들을 집사님들은 그리스도의 사랑으로 정성껏 섬겨주셨다. 저녁 식사 대접도 잘 받았다. 음식도 아이들이 좋아하는 것으로 해주셨다. 오직 그리스도 안에서만 가능했던 섬김의 시간이었다. 저녁 시간에 그 교회 부목사님이 아이들과 함께 레크리에이션 게임을 진행해 주셨는데 얼마나 아이들이 재미있어하는지 내가 기분이 좋았다. 내가 해주지 못하는 것들을 그 교회에서 해주었기 때문이었다. 나중에 그 목사님이 러시아 선교사로 가셨을 때, 우리 아이들은 그 때의 은혜를 기억하며 중·고등부 때까지 선교헌금을 보내드렸다.

저녁 모임 후에는 그 교회 유년주일학교 아이들이 우리 교회 아이들 두 명씩을 자기들의 집으로 초청하여 먹고 자게 했다. 각자가 아이들의 집으로 가서 자고 그 다음날 교회에 모였다. 이구동성으로 아이들은 너무나 즐거웠고 맛있는 것을 많이 먹었다고 자랑했다. 계속 서울에서 살았으면 좋겠다고 해서 나도 웃음이 났다.

그 교회 집사님들은 우리 아이들이 인사도 잘하고 예의도 바르며 착하다고 칭찬해 주셨다. 어떻게 아이들을 지도하느냐고 물어보는 말에 뿌듯함으로 흐뭇하기도 했다. 나는 아이들과 같이 놀아주고 예배와 성경공부를 귀하게 여기도록 가르친다고 했다. 어려서부터 하나님의 말씀으로 양육하니 하나님의 은혜로 아이들이 착하고 정직하게 자라고 있다고 답했다.

마땅히 행할 길을 아이에게 가르치라 그리하면 늙어도 그것을 떠나지 아니하리라
(잠 22:6)

나는 위의 말씀대로 아이들을 어려서부터 하나님을 경외하는 법과 부모를 공경하는 자 되도록 가르쳤다. 내 부모만이 아니라 머리가 하얀 할아버지, 할머니도 내 부모님처럼 공경하라고 귀가 따갑도록 가르쳤기 때문에 인사도 잘하고 예의도 바르다.

나는 하나님의 은혜에 감사했다. 나같이 부족한 자를 통하여 하나님께서 선택한 백성들, 특히 어린 아이들을 어려서부터 하나님의 말씀으로 양육할 수 있는 특권을 주신 것에 대한 감사함 말이다.

버리는 자의 평안

금평초등학교 5학년인 문규의 이야기다. 어느 날 문규가 교통사고로 인해 예수 병원에 입원했다. 혼수상태로 사경을 헤맸다. 다리도 부러져서 수술을 해야 하는 급박한 상황이었다. 설상가상으로 가정 형편이 좋지 않아 수술비를 마련하기가 매우 어려웠다. 병원에 사정을 해봤지만 뾰족한 수가 없었다. 일단 국민 건강보험에 호소하여 보험 혜택을 받게 되었다. 나머지 돈이 문제가 되었다. 그러나 우여곡절 끝에 하나님의 은혜로 동사무소를 통해 후원자가 연결되어 수술을 받게 되었다. 아이도 깨어나고 다리 수술도 잘 되어서 얼마 후에 퇴원을 했다. 모든 일이 어느 정도 수습될 즈음에 오히려 그 아이의 엄마가 기력이 없어 병원에 입원했다.

문규는 야구와 축구를 하다가 금평초등학교 운동장에서 만난 아이다. 엄마가 알면 교회에 다니지 못하게 하니까 나한테 전화를 하지 말라고 하며 알아서 잘 다니겠다고 약속을 했었다. 그리고 약속을 잘 지켰다. 그러던 어느 날 교통사고가 난 것이다. 그것도 뺑소니차에 사고가 나서 병원비를 피해자가 고스란히 부담해야 했었다. 아이가 퇴원한 후 나는 아이의 집에 내 아내와 함께 심방을 가기로 하고 준비 중에 있었다. 문규의 엄마가 허락을 하면 심방을 가려고 했다. 그러나 문규로부터 아무런 소식이 없었다.

나는 더 이상 기다릴 수가 없어 아내와 함께 아이의 집에 심방을 갔다. 엄마의 눈치를 보니 반가워하는 눈빛이 아니었다. 부담스러워하기도 하고, 불안해하기도 했다. 기도를 하고 대화를 시작하자 아이의 엄마는 자신의 삶을 이야기하면서 앞으로 아이도 교회에 보내지 않겠다고 했다.

문규 엄마는 처녀 때 시골에서 아주 신앙생활을 잘했다고 하였다. 심지어 하나님께 서원기도까지 했다고 했다. 여전도사가 되어서 예수 그리스도를 위해 평생을 헌신하겠다고 약속했다는 것이다. 하지만 믿지 않은 남편을 만나서 신앙생활도 하지 못하고 가정은 점점 더 어려워지자 우상을 섬기기 시작했다. 그 이후 우상을 만들어서 장롱 위에 모시고 그 우상을 섬기기로 했다며 장롱 위에 있는 우상 보따리를 꺼내 나에게 보여주었다. 그런데 아이가 교회를 나가면서 이 아이에게 어려움이 찾아왔고, 그 이유는 자기가 섬기는 우상이 벌을 내렸기 때문이라고 했다. 나는 어처구니가 없었다. 나는 아이의 엄마에게 하나님이 누구신가를 분명히 말해줄 필요를 느꼈다. 우리가 믿는 하나님은 천지를 지으신 분이다.

태초에 하나님이 천지를 창조하시니라(창 1:1)

전에 예수 그리스도를 믿었었기 때문에 이 말씀은 믿느냐고 묻자 믿는다고 말했다. 그러면 내가 섬기는 하나님이 우주의 주인이시다. 그러므로 이 하나님이 우리 인생을 주관하시는 분이시다.

여호와여 위대하심과 권능과 영광과 승리와 위엄이 다 주께 속하였사오니 천지에 있는 것이 다 주의 것이로소이다 여호와여 주권도 주께 속하였사오니 주는 높으사 만물의 머리이심이니이다 부와 귀가 주께로 말미암고 또 주는 만물의 주재가 되사 손에 권세와 능력이 있사오니 모든 사람을 크게 하심과 강하게 하심이 주의 손에 있나이다(대상 29:11-12)

나는 이 말씀을 전하며 다시금 회개하고 예수 그리스도 앞으로 나오라고 말했다. 그녀는 지금도 마음으로는 하나님을 믿기는 하지만, 저 우상 때문에 두려워서 교회를 다니지 못한다고 고백했다. 우상이 자기에게 벌을 내릴까봐 두렵다고 했다. 나는 단호하게 말했다.

"인간은 두 주인을 섬길 수가 없다. 우주의 주인이 하나님이시기 때문에 하나님만 섬길 때, 그 하나님이 두려움을 몰아내고 평안을 주신다."

그러자 아이의 엄마는 예수님을 다시 믿자니 집 장롱 위에 있는 우상이 마음에 걸린다고 하였다. 우상을 버리면 저주를 받을까봐 버리지 못한다고 했다. 나는 적극적으로 우상을 버리기만 하면 하나님께서 평안함과 복을 주실 것이라고 설득하며 하나님의 말씀을 전했다.

평안을 너희에게 끼치노니 곧 나의 평안을 너희에게 주노라 내가 너희에게 주는 것은 세상이 주는 것과 같지 아니하니라 너희는 마음에 근심하지도 말고 두려워하지도 말라(요 14:27)

하나님을 믿는 자에게만이 이런 평안함이 온다는 것을 확신시켜 주었다. 아이의 엄마는 어느새 두려워하는 마음이 사라졌는지 장롱 위에 있는 우상 보따리를 들고 밖에 나가서 모두 불로 태워버렸다. 성령 하나님의 역사였다. 그 엄마는 우상 숭배가 주는 두려움으로부터 벗어나 하나님께서 자유를 주시는 것을 느낀다고 했다.

이렇게 우상을 붙들고 있으면 진정한 평안이 없지만 그 우상을 버리면 하나님이 주시는 참 평안함을 얻는다. 인간은 하나님 한 분만이 인생의 주인이심을 알 때 참 평안을 얻는다. 그 이후 이 가족은 사랑의 교회에서 열심히 신앙생활을 하고 타 지방으로 이사한 후에도 변함없이 하나님을 의지하며 하나님으로부터 복을 누리며 살고 있다는 연락을 받았다. 나는 하나님께 감사했다.

감상문을 써라

여름성경학교를 마치고 초등학교 5-6학년 50여 명을 데리고 변산 기도 원으로 수련회를 갔다. 교회 차량이 없었기 때문에 우리 모두는 시외버스 를 타고 이동했다. 물론 경비는 각자가 부담했다. 개척교회로서 경제적으 로 어렵기도 했지만 자립할 형편이 되었더라도 나는 아이들에게 경비를 지원하는 것을 원치 않았을 것이다. 간식 정도는 몰라도 말이다. 아이들은 어려서부터 물질로 몸으로 섬기는 것을 배워야 한다. 예수님께서도 "주는 자가 받는 자보다 더 복이 있다"고 말씀하셨는데, 이들이 어려서부터 받 는 것만 좋아하면 그것이 습관이 되어 주는 것에 대해서는 인색하게 되면 안 된다고 생각했기 때문이다.

우리는 식사 도구를 개인 가방에 넣고 먹을 음식들은 각자 집에서 싸왔 다. 내 아내와 할머니 집사님 한 분만 나를 도와 기도원에 함께 갔다. 그분 들은 아이들 밥을 해 주셨다.

수련회에서는 조별로 아이들을 나눠준 뒤, 각 조 조장들을 세워주고 조 장들의 지도하에 행동하게 했다. 조장들은 나와 함께 의논하고 기도하면 서 하나가 되었다.

기도원에 도착하여 저녁식사를 하고 그날 저녁부터 부흥회를 열었다. 예배를 드릴 때에 자세가 좋지 않으면 경건의 훈련으로 무릎을 꿇고 손뼉 을 치며 찬송을 연속적으로 부르게 했다. 훈련이 된 아이들은 예배시간에 자세가 바르지만 전도가 되어 수련회를 처음 온 아이들은 예배의 자세가 바르지 못하여 단체로 함께 경건의 훈련을 시켰다. 그렇게 해야 바르게 하 나님께 드리는 예배 자세를 갖게 된다고 보았기 때문이다.

아버지께서는 자기에게 이렇게 예배하는 자들을 찾으시느니라 하나님은 영이시니 어려서부터 아이들에게 하나님께 예배드리는 것을 귀하게 여기도록 가르쳐야 한다. 경건의 훈련을 통하여 이들이 성령 충만하면 통성으로 기도하게 되고, 찬송도 힘 있게 부르며 예배드리는 자세 또한 바르게 된다. 하나님의 말씀을 전하고 나서 통성 기도를 시키면 아이들 모두가 눈물 콧물 범벅이 되어 울부짖는다. 그러고 나서 하나님께 예배 드렸을 때 받았던 감동을 그대로 글로 쓰게 했다. 어떤 아이들은 자신들의 꿈을 자세히 기록했다.

목사님이 되겠다.
선교사가 되겠다.
의사가 되어 가난한 사람들을 돌보며 전도하겠다.
사회 여러 분야에서 하나님의 영광을 위해 일하겠다.

나는 아이들의 글을 보고 감격하며 하나님께 감사기도를 드렸다.

"하나님 이 아이들의 꿈이 그대로 이루어지기를 바랍니다."

한 여자 아이의 바라봄

유년주일학교 선생님들은 모두가 우리 교회에 처음 나와서 예수 그리스도를 영접한 대학생들이었다. 그들은 모두 처음 사랑으로 열정적이었다.

여름방학이 시작될 무렵 교사들은 조별로 나누어서 각 초등학교로 전도하러 갔다. 이들에게는 각자의 재능들이 있어 좋은 아이디어로 아이들의 환심을 살 수 있도록 여러 가지 프로그램으로 전도를 했다. 나는 우리 교회 교사들의 열정과 헌신을 생각할 때 다시금 감사하게 된다. 그리고 여름성경학교가 시작되면 축제 분위기를 만들었다. 내가 상상할 수 없는 기발한 방법으로 아이들을 초청했다. 그러므로 여름성경학교 때만 되면 아이들이 몰려왔다. 교사들의 헌신이 결실을 맺은 것이다. 운동을 좋아하는 아이들이 모여들어 마치 우리 교회가 학교처럼 보일 때가 많았다.

어느 해인가 나도 교사들과 같이 초등학교 운동장에 가서 아이들에게 초청장을 나누어주며 전도를 했다. 그 때 한 어린 여자 아이를 보았다. 외모는 매우 초라해 보였다. 그 여자 아이는 자기에게도 초청장을 주어 자기를 교회로 초대해 주길 바라는 눈치였다. 그러나 나는 그 여자 아이에게 초청장을 주지 않았다. 그냥 지나쳐버렸다. 왜 그랬는지 지금도 내 마음을 알 수가 없다. 남자 아이들과만 상대를 하다 보니 여자 아이라는 것 때문이었는지 그때 내 행동을 지금까지도 잘 모르겠다. 그런데 나는 가다가 아차 하고 다시 그 아이에게로 갔지만 이미 그 아이는 사라지고 말았다. 두리번거리며 찾아보았지만 아이를 찾을 수가 없었다.

지금도 나는 후회가 된다. 평생 내 마음 속에 그때 그 아이에게 행한 나의 실수를 지울 수가 없었다. 만약 예수님이 그런 모습으로 나에게 다가오셨다면 어떻게 했을까 하는 생각에 괴로웠다. 몇 달 동안 아니 그해 여름성경학교가 끝날 때까지 괴로웠다. 그 이후부터 나는 절대로 사람을 외모를 보지 않았다. 하나님께서는 나에게 평생 동안 살면서 이런 실수를 하지 않도록 하신 것 같았다. 그런 경험으로 인해 나는 모든 아이들이 사랑의 대상임을 다시 깨달았다. 하나님께서도 "사람은 외모를 보지만 하나님은 중심을 보신다."고 말씀하셨다.

> 내가 보는 것은 사람과 같지 아니하니 사람은 외모를 보거니와 나 여호와는 중심을
> 보느니라(삼상 16:7)

목사님은 도사님

초등학교 5-6학년 아이들 가운데 구멍가게 앞에 설치된 오락기를 좋아하는 아이들이 많았다. 나는 아이들에게 그 오락을 하지 못하도록 했다. 왜냐하면 그 오락은 공부하는 데에도 신앙생활하는 데에도 도움을 주지 못하는 것이기 때문이었다. 특히 부모님들이 그 오락을 싫어하였다. 그럼에도 불구하고 나 몰래 오락을 하다가 들키면 나는 여지없이 회초리로 종아리를 때렸다. 토요일 성경공부에 늦게 참석하거나 아예 오지 않는 아이들도 가끔 있었다. 어떤 아이들은 학원에도 가지 않았다는 정보를 다른 아이로부터 듣기도 했다. 나는 이 아이들을 반드시 추적을 해서 그 이유를 밝혀냈다.

오락을 즐겨하는 아이들 주변에는 열심히 교회에 참석하는 아이들까지 오락에 물들이는 경우가 있다. 그로 인해 간간히 성경공부에 참석하지 못하게 되는 상황이 발생한다. 그러면 나는 잘 알지도 못하면서 아이들 한 명씩 불러다놓고 형사가 심문하듯이 심문을 했다. 누가 그러던데 너하고 같이 오락을 했다고 하더라고 하면 순진한 아이들은 순순히 자백했다. 나에게 자백한 아이를 통해 함께 오락을 한 아이들은 줄줄이 우리 집에 불려왔다. 대부분의 아이들이 나에게 매를 맞을까봐 거짓말을 했다. 그러면 나는 누가 너하고 같이 오락을 했다고 하더라며 결정적 증거를 제시하면

꼼짝없이 사실대로 말한다.

아이들이 잘못을 인정하면 즉시 벌이 주어지는데 그것은 자신들이 우리 집밖에 나가서 회초리를 가지고 오는 것이었다. 그리고 자신들이 원하는 만큼 회초리로 종아리를 때린다. 내가 먼저 물어본다.

"몇 대를 맞겠니?"

하면 마음이 여린 아이들은 다섯 대를 맞겠다고 하고 어떤 아이들은 열대를 맞겠다고 한다. 다섯 대를 맞겠다고 한 아이들은 남자가 다섯 대가뭐냐, 일곱 대 맞아라 하고, 그리고 열 대를 맞겠다는 아이들에게 열대는너무 아프니까 일곱 대를 맞으라며 공평하게 일곱 대씩 때린다. 회초리는눈물이 핑 돌도록 때린다. 그다음 성경을 펼쳐놓고 성경적 근거를 제시하면서 왜 죗값에 따라 맞아야 하는지 이유를 말해준다.

아이를 훈계하지 아니하려고 하지 말라 채찍으로 그를 때릴지라도 그가 죽지 아니하리라 네가 그를 채찍으로 때리면 그의 영혼을 스올에서 구원하리라(잠 23:13-14)

회초리로 종아리를 때리면 그 버릇을 고쳐 죄를 짓지 않게 된다는 것을말해준다. 그리고 다시는 오락을 하지 않겠다는 약속과 함께 회개 기도를시킨다. 그리고 내가 축복기도로 마치고 나서 그들에게 먹을 것을 사주면기분이 풀어지고 마음이 좋아진다.

매를 아끼는 자는 그의 자식을 미워함이라 자식을 사랑하는 자는 근실히 징계하느니라(잠 13:24)

아이의 마음에는 미련한 것이 얽혔으나 징계하는 채찍이 이를 멀리 쫓아내리라

(잠 22:15)

나는 아이들에게 회초리로 종아리를 때리기 전에 반드시 하나님의 말씀을 읽어 준 후에 때렸다. "내가 너를 사랑하지 않으면 채찍으로 때릴 이유가 없다. 그리고 내가 너를 채찍으로 때림으로 인하여 네 마음속에 있는 미련한 것들이 사라지는 것이다."라고 말해주었다. 이렇게 많은 아이들이 잘못하면 나에게 회초리로 종아리를 맞아야 하기 때문에 나중에는 우리 집에 박달나무로 만든 회초리가 생겼다.

그리고 아이들이 나에게 붙여준 별명이 있는데 바로 '목사님은 도사님'이었다. 자기가 몰래 가서 오락을 했든 다른 잘못을 했든 내가 다 알고 있었기 때문에 아이들 눈에는 내가 도사처럼 보였나 보다. 사실은 자기들과 같이 잘못을 한 아이들이 다 알려 주어서 내가 알게 되었는데도 말이다. 아마 요즈음 아이들을 데려다 놓고 종아리를 회초리로 때리면 아이들은 몽둥이로 때렸다고 경찰에 고발할지도 모르겠다. 이토록 아이들이 악하게 변해가고 있다. 이제는 모두 자기중심적이고 자기만 사랑하는 시대로 변해가고 있다. 하나님은 이것이 말세의 증거라고 말씀하셨다. 이런 아이들에게도 변함없이 시급한 것이 바로 복음이다.

너는 이것을 알라 말세에 고통 하는 때가 이르러 사람들이 자기를 사랑하며 돈을 사랑하며 자랑하며 교만하며 비방하며 부모를 거역하며 감사하지 아니하며 거룩하지 아니하며(딤후 3:1-2)

세뱃돈

구정 때는 아이들이 부모님과 친척 어른들께 세배를 하고 세뱃돈을 받는다. 많이 받는 아이들도 있고 적게 받는 아이들도 있다. 나는 구정이 지나고 아이들이 교회에 오면 세뱃돈 얼마나 받았느냐고 묻곤 했다. 순진한 아이들은 이구동성으로 얼마를 받았다고 자랑한다. 그러면 나는 그 돈의 주인이 누구냐고 다시 묻는다. 믿음이 있는 아이들은 하나님의 것이라고 큰 소리로 말한다. 나는 즉시 아이들에게 성경의 이곳을 펴보라고 말한다.

여호와여 위대하심과 권능과 영광과 승리와 위엄이 다 주께 속하였사오니 천지에 있는 것이 다 주의 것이로소이다 여호와여 주권도 주께 속하였사오니 주는 높으사 만물의 머리이심이니이다(대상 29:11)

아이들로 하여금 모든 것, 특히 자기들이 받은 세뱃돈 역시 하나님의 것임을 확신시켜주고 십일조를 하나님께 드리라고 가르친다. 그리고 십일조 생활을 잘하는 사람에게 하나님은 복을 주신다는 사실도 확인시켜준다.

만군의 여호와가 이르노라 너희의 온전한 십일조를 창고에 들여 나의 집에 양식이 있게 하고 그것으로 나를 시험하여 내가 하늘 문을 열고 너희에게 복을 쌓을 곳이 없도록 붓지 아니하나보라(말 3:10)

이 세상에서 가장 어리석은 사람은 하나님의 것을 자기 것이라고 우기는 사람이며 또한 하나님의 것을 떼어먹는 사람이다. 이런 사람을 성경에서는 도둑이라고 말씀한다.

사람이 어찌 하나님의 것을 도둑질하겠느냐 그러나 너희는 나의 것을 도둑질하고
도 말하기를 우리가 어떻게 주의 것을 도둑질 하였나이까 하는도다 이는 곧 십일조
와 봉헌물이라(말 3:8)

하나님께서 다 내 놓으라고 하셔도 우리는 할 말이 없지만 십분의 일을
내 놓으라고 하신다. 이렇게 십일조를 가르치면 다음 주일 날 아이들은 모
두가 세뱃돈 받은 것에서 십일조를 하나님께 드리는 아름다운 광경을 볼
수 있었다.

그리고 한 걸음 더 나아가서 아이들에게 감사헌금과 선교헌금 구제헌
금까지 강조하였다. 믿음이 있는 아이들은 십일조, 감사, 선교, 구제헌금까
지 어릴 때부터 실천하였다. 어릴 때부터 십일조를 가르치지 아니하면 이
아이들은 평생에 십일조 생활을 하지 못할 가능성이 높다. 어떤 해에는
유년주일학교 아이들이 드린 십일조가 어른들보다 더 많은 주일도 있었
다. 이 아이들은 커서도 여전히 십일조 생활을 잘하고 있다. 하나님께 감
사한다.

목사님이 좋은 걸 어떡해

연년생 삼형제가 있었다. 형 이름은 성호, 쌍둥이 동생 이름은 성과 훈
이였다. 이 아이들은 금평초등학교에서 축구를 하다가 나를 만나 사랑의
교회에 다니게 되었다. 친구들과 축구를 하는데 삼형제의 실력이 출중해
서 내가 다가가서 칭찬을 해 주었다.

"너희들 축구를 매우 잘하는구나. 너희가 사랑의 교회에 나오기만 하

면 내가 호나우두 같은 선수를 만들어 주겠다."

라고 했다. 그때는 호나우두가 세계 최고의 축구선수라서 아이들 모두가 알고 있었고 좋아했다. 나는 그것을 이용하여 전도했다. 우리 교회에는 이 아이들보다 2-3년 선배들이 많고 축구를 잘한다는 것을 아이들은 이미 알고 있었다. 아이들은 모두가 좋다면서 사랑의 교회에 다니겠다고 했다.

이들은 약속을 지켰다. 나도 그들에게 약속을 지키기 위해 그 더운 여름 오후에 금평초등학교에 불러놓고 1시간씩 축구를 가르쳤다. 자기들도 축구는 여러 명이 해야 된다는 것을 알고 친구 3-4명을 더 데리고 왔다. 그리고 주변에 있는 아이들 역시 함께 축구하다가 전도되어 한 팀이 될 정도였다. 축구경기를 마치고 나면 반드시 시원한 음료수를 사주면서 축구 실력을 칭찬해 주었다.

나중에 이 삼형제는 중학교와 고등학교를 다니고 있던 누나 두 명도 전도해서 함께 교회에 다녔다. 하루는 삼형제가 부모님 손을 잡고 어디를 갔다 오다가 나를 보자마자 붙잡았던 부모님의 손을 뿌리치고 내게로 달려와서 내 손을 붙잡았다. 순간 아빠의 얼굴을 보니 당황함과 섭섭함이 역력했다. 엄마 역시 실망한 눈치였다. 나는 미안해서 얼른 아이들의 손을 떼며 아빠 엄마 손을 잡으라고 말하자 삼형제는 이구동성으로,

"목사님이 좋은 걸 어떡해요."

라고 말했다. 그리고 이들은 어느샌가 복음성가에 나오는 "예수님이 좋은걸 어떡해"를 "목사님이 좋은걸 어떡해……"로 바꿔서 길에서 부르고 있었다. 그 아이들의 아빠는 자녀가 5남매임에도 불구하고 더 낳았으면 좋겠다고 할 정도로 자식들을 무척 사랑하는 분이시다. 이런 아빠의 마

음을 헤아리지 못하고 내 손을 잡으며 "목사님이 좋은걸 어떡해요"하며 노래까지 불렀다. 이 삼형제는 커서도 나만 보면 길에서도 나를 끌어안고 내 볼에 뽀뽀를 할 정도로 정이 많은 아이로 자랐다. 그리고 다른 사람들에게도 사랑으로 대했다. 이는 아이들을 하나님의 말씀과 기도로 양육한 결과라고 말하고 싶다.

나쁜 버릇

초등학교 4학년인 길호는 금평초등학교에 다녔다. 그의 아버지는 경찰관이었다. 길호의 아버지는 처음 만났을 때에는 예수 그리스도를 믿지 않았지만, 후에 뇌종양 때문에 고생하다가 예수 그리스도를 영접하고 병든 몸으로 사랑의 교회 출석하는데, 시간이 좀 지나서 소천 받으셨다. 서울 삼성병원에 입원했을 때 내가 심방을 가겠다는 소식을 듣고 목사님이 심방오신다고 좋아하며 미리 내 교통비까지 준비해놓고 기다리던 분이셨다.

그런데 길호는 집안이 경제적으로 어렵지 않음에도 불구하고 남의 것을 훔치는 나쁜 버릇이 있었다. 경찰관인 아버지한테 아무리 야단을 맞고 매를 맞아도 고쳐지지가 않았다. 어느 집이든 길호만 왔다 가면 반드시 무엇이든지 없어졌다. 그래서 사람들은 이 아이가 집에 오는 것을 싫어할 정도였다. 이로 인해 길호 엄마는 사랑의 교회에 다니면서 나에게 상담을 해왔다. 아들이 나쁜 버릇이 있는데 고칠 방법이 없다는 것이다. 나는 그 아이를 사랑의 교회에 보내라고 말했다. 엄마는 강제로 아이를 끌고 와서 나를 만나게 했다.

내가 처음 만나 겪어본 길호는 착한 아이였다. 그 아이와 대화를 하고 나서 네가 좋아하는 것이 무엇이냐고 묻자 축구를 좋아한다고 했다. 그러면 나와 함께 축구를 하되 내가 시키는 대로 하겠느냐고 묻자 그렇게 하겠다고 약속을 했다. 매주 토요일 성경공부를 하고 난 후에 교회 형들과 같이 축구를 하자고 했다. 주일 예배는 꼭 참석해야한다고 하니까 그렇게 하겠다고 했다.

토요일이 되었다. 이 아이는 약속대로 성경공부에 참석했다. 그리고 축구를 하러 형들과 같이 운동장에 갔는데 5-6학년 아이들이 길호와 수준 차이가 나니까 불평이 이만저만이 아니었다. 그래도 나는 이 아이와 약속을 했기 때문에 축구를 잘 못해도 나와 같은 편으로 만들어서 축구를 했다.

그렇게 시간이 가면서 이 아이는 점점 변해가기 시작했다. 나는 축구는 물론이거니와 가끔 그 아이한테 전화를 해서 같이 놀아주고 목욕탕에도 데려가고 음료수도 사주면서 얘기를 나누었다. 자기 아빠가 하지 못한 것들을 내가 대신 해주었다. 남의 것을 훔치는 것보다 축구를 더 좋아하게 되었다. 집에서나 학교에서나 일어난 일을 나에게 미주알고주알 다 말할 정도로 가까워졌다.

그리고 어느 날 나에게 이런 고백을 했다.

"목사님을 만나고 나서는 나의 나쁜 버릇이 고쳐졌어요. 이제는 남의 것을 훔치지 않아요."

나는 귀가 번쩍 뜨였다. 그리고 얼마나 감사한 일인가 생각했다. 도둑질을 하는 아이는 때려서 고쳐지는 것이 아니다. 방향을 바꾸어서 운동을 하게 하고 선한 일을 하게 하며 하나님의 말씀으로 양육하는 방법이 적중했던 것이다.

도둑질하는 자는 다시 도둑질하지 말고 돌이켜 가난한 자에게 구제할 수 있도록 자기 손으로 수고하여 선한 일을 하라(엡 4:28)

이 하나님의 말씀을 길호에게 가르쳐주었다. 새삼 하나님의 능력이 아니고는 사람은 변화되기가 어렵다는 것을 실감하는 일이었다.

친 엄마가 아니에요

운동장에서 축구를 하다가 만난 훈재의 이야기다. 그는 북초등학교 6학년이었는데 얼마나 축구를 잘하는지 모른다. 나는 그 아이에게 접근하여 너 어디서 축구를 배웠느냐고 묻자 1학년 때부터 축구 클럽에서 배웠고 지금은 축구를 배우지 않는다고 했다. 그 이유는 선천성 심장병을 앓고 있기 때문이라고 했다. 난 자동적으로 교회는 다니느냐고 물었다. 그는 안 다닌다고 말했다. 지금까지 교회에는 간 적이 없다며 교회에 가면 엄마한테 야단맞는다고까지 말했다. 나는 처음엔 축구 쪽으로 전도할 계획을 했지만 즉시 생각을 바꿨다. 선천성 심장병을 앓고 있다고 했기 때문이다. 공부 쪽으로 화제를 전환했다. 공부를 잘하느냐고 묻자 반에서 상위권이라고 말했다.

"그러면 축구는 취미로 하고 공부를 열심히 해라. 내가 보니까 너는 상당히 똑똑한 아이인 것 같다."

라며 칭찬을 해주고, 거기에 예수 그리스도를 믿으면 너는 반드시 성공하여 위대한 인물이 되겠다며 구체적으로 복음을 전했다. 예수 그리스도를 믿는 위대한 인물들의 이름을 언급해 가면서 말이다. 그리고 우리 교회인 대언교회(우리 교회는 장년이 100여 명을 넘어서자 교회 이름을 사랑의 교회에서 대언교회로 바꿨다)에 나와서 나와 함께 축구를 하자고 말했다.

아이는 약속했고, 약속을 지켰다. 토요일 성경공부와 주일예배에 참석했다. 그리고 신앙생활을 열심히 했다. 순종하는 아이였다. 축구를 잘하고 공부도 잘하니까 주변에 친구들이 많아졌다. 매주 한 아이씩 전도해서 일곱 명이나 데리고 왔다. 나는 그 아이에게 축구화를 사주었다. 우리 교회에서는 다섯 명을 전도해서 한 달 동안 출석하게 하면 축구화를 사주기로 예배시간에 했던 약속을 지킨 것이다.

사실 훈재의 가정은 가난했다. 아버지가 파킨스 병으로 투병생활을 하고 있었으므로, 그 가족은 기초생활 수급자로 힘들게 살아갔다. 그러나 훈재는 신앙이 점점 좋아지면서 공부도 더 잘했다. 어두웠던 얼굴도 밝아지고 친구들과 농담도 곧잘 했다. 훈재가 중학교에 진학하면서 아이의 엄마가 나를 찾아왔다.

목사님께 감사할 일이 있다면서 말문을 열었다. 사연을 들어보니까 자기는 이 아이의 친엄마가 아니라고 했다. 그러면서 훈재가 교회에 다니면서 나쁜 버릇이 고쳐졌다고 했다. 그동안 도둑질을 해서 마음고생이 심했었는데 도둑질 대신 교회에 열심히 나가고 공부 또한 열심히 한다는 것이었다. 예전에 도둑질을 하면 밥도 제대로 안 주고 매도 많이 때렸다고 했다. 친척들은 사정을 잘 모르고 계시니까 아이를 때린다고까지 오해를 했었다고 말하면서 울었다. 미워서 아이를 때린 것이 아니라 버릇을 고쳐주기 위해서라고 말했다. 그러던 아이였는데 교회를 다니면서 그 나쁜 버릇이 바뀌었기 때문에 감사하다고 했다. 그리고 투병생활을 하고 있는 아이 아빠와 같이 교회에 다니겠다고 약속까지 했다. 약속대로 다음 주일 날 3층까지 불편한 몸을 이끌고 예배에 참석하는 아름다운 가족의 모습을 보면서 하나님께 감사했다. 나는 그저 하나님의 도구로써 순종했을 뿐인데 하나님께서 나 같은 사람을 통해서 아이를 변화시키시더니 남은 가족까지 예수 그리스도를 믿게 하였다.

목회를 하면서 느낀 점은 그리스도인들은 누구나 점진적 성화가 되어야 전도할 수 있다는 것이다. 하나님의 나라는 말에 있지 아니하고 능력에 있다는 하나님의 말씀이 묵상되었다.

하나님의 나라는 말에 있지 아니하고 오직 능력에 있음이라(고전 4:20)

늦게 낳은 아들인데

강원도에서 이사 온 6학년 명훈이라는 아이가 있었다. 이 아이 역시 북초등학교 운동장에서 축구를 하다가 나를 만나게 되었다. 아이의 첫인상은 귀여웠다. 가냘픈 몸매지만 축구를 재치있게 하는 것을 본 나는 그냥 지나치지를 못했다. 아이에게 다가가서 너 몇 살이냐고 물었다. 초등학교 6학년이라고 했다. 말투가 전라도 사투리가 아니라 강원도 사투리였다.

"너 이사 왔니?"

라고 묻자 강원도 춘천에서 이사 왔다고 말했다. 교회는 다니느냐고 묻자 춘천에서 5학년 때까지 다녔는데 이사와서부터는 다니지 않는다고 대답했다. 나는 명훈이에게 대언교회에 나와서 나와 함께 축구도 하고 신앙생활을 하자고 제의하자 그러겠다고 약속했다. 그 후 명훈이도 열심히 대언교회에 나와서 신앙생활을 잘했다. 엄마는 타 교회에 다니고 아빠는 사업관계로 교회에 다니지 않던 상황이었다.

어느 날 새벽예배를 드리기 위해 강대상 의자 밑에서 기도하는데 어디서 갑자기 술 냄새가 나면서 인기척이 났다. 뒤돌아보니 어떤 남자 한 분이 한숨을 쉬면서 나를 쳐다보고 있었다. 나는 깜짝 놀라 누구냐고 물었다. 그 사람은 아이의 이름을 대며 여기 있느냐고 나에게 물었다. 나는 지금 그 아이는 다른 아이들과 같이 교육관에서 자고 있는데 오전 4시30분 새벽예배 때 일어난다고 말했다. 그러자 그분은 자신의 속이야기를 나에게 털어 놓았다.

"자면 다행입니다. 사실은 그 아인 늦게 낳은 아들인데 공부는 안 하고 컴퓨터 게임과 PC방에서 게임만 하며 지내다가 이제는 내 주머니에서 돈까지 가져다가 게임하던 놈입니다."

라고 했다. 어떻게 해야 할지를 모르겠다며 어제 저녁에 아이를 많이 때려주었는데 마음이 아파서 술 한 잔 먹고 왔다며 울먹였다.

나는 명훈이 아버지에게 말했다.

"아이를 때리기만 한다고 나쁜 버릇이 고쳐집니까? 대신 다른 것을 하게 하면 그 버릇은 고쳐집니다. 나에게 아이를 맡기시고 내가 하라는 대로 하시겠습니까?"

그분은 내 제안에 아이가 변화되기만 하면 목사님이 시키시는 대로 하겠다고 약속했다. 아이의 아빠가 집으로 돌아간 뒤 나는 아이가 잠자는 교육관에 가서 아이의 옷을 벗겨보니 등부터 엉덩이까지 온통 피멍이 들어 있었다. 그 모습을 보니 마음이 너무 아팠다. 내 마음이 이 정도로 아픈데 때린 아빠의 마음은 어떠하랴 생각했다.

그 이후 나는 명훈이네 집에 심방을 갔다. 그리고 아이에 대한 구체적인 정보를 얻게 되었다. 명훈이는 심성이 착한 아이였지만 게임을 좋아하다 보니 아빠의 주머니를 뒤져 돈을 훔치게 되었다고 했다. 그런데 심각한 문제는 그 아이의 아빠가 PC방을 운영하고 있다는 것이었다. 가정의 환경문제도 고려해 봐야 할 것 같았다.

나는 그 아이의 아빠에게 대언교회에 아들과 함께 다니라며 복음을 전했다. 그리고 교회에서 하는 성경공부와 주일예배는 부모님들이 책임지고 아이를 보내라고 부탁했다. 부모님은 그렇게 하겠다고 약속을 했다. 그후 나는 아이가 성경공부를 하러 오지 않으면 부모에게 연락을 했다. 부모님 역시 아이가 교회에 갔다고 시간까지 말해주었다. 교회와 가정이 협력해서 아이를 관리하게 된 것이다. 이 아이 역시 시간이 가면서 변화되어 신앙생활을 잘했다. 나쁜 습관은 고쳐졌고 부모님 말씀에도 순종을 잘하며 착해졌다. 그 가정 역시 예수 그리스도 안에서 아이가 변화되자 기뻐하며 나에게 감사해 했다.

그런즉 누구든지 그리스도 안에 있으면 새로운 피조물이라 이전 것은 지나갔으니 보라 새것이 되었도다(고후 5:17)

명훈이는 예수 그리스도로 말미암아 하나님의 자녀가 되었을 뿐만 아니라, 날마다 새롭게 변화되어 갔다. 오직 하나님의 은혜다.

아이들이 다르긴 다르네요

전주에서 큰 교회는 오래된 교회가 많아서 보통 조부모, 부모, 자녀 이렇게 3, 4대가 함께 다닌다. 어떤 교회는 100년 넘은 교회도 있다. 한번은 100년이 넘은 교회의 부목사님이 자기 교회 초등학교 5-6학년과 우리 교회 아이들과 체육대회를 하자고 제안했다. 전주에서 우리 교회 아이들이 운동을 잘한다는 소문을 듣고 도전해 온 것이다.

그 교회는 대형 교회이기 때문에 유년주일학교 아이들도 많았다. 분명 우리보다 많은 아이들 가운데서 운동을 잘하는 아이들만 선별해서 체육대회 시합을 하자고 제의했을 것이라 생각했다. 우리 교회는 170여명의 유년주일학교 아이들이 있지만, 시합 요청을 한 교회는 무려 700여명이나 되었다. 우리 교회 아이들은 매주 토요일마다 성경공부를 하고 주일예배에 열심히 참석하는 아이들로 구성되었다. 그런 아이들은 내가 볼 때 모범생들이었다. 다른 아이들에게 피해를 주지 않을 뿐 아니라 남에 대한 배려가 깊은 아이들이다. 물론 아이들은 흔히 욕도 하지 않는다.

나는 예배시간에 가끔 이렇게 자랑했다. 우리 교회 훈련된 아이들 100명과 훈련되지 않은 300명의 아이들과 바꾸지 않는다고 말이다. 이유는 훈련되지 않은 아이들과 훈련된 아이들과는 비교가 되지 않기 때문이다.

훈련으로 변화되지 않은 아이들을 데려다가는 하나님의 일을 할 수가 없다. 아무리 좋은 그릇이이라도 쓰기에 합당해야 하듯이 사람도 순종하는 사람을 써야 그 능력을 발휘할 수 있다. 이렇게 순종하는 사람으로 키우려면 적어도 일 년은 넘게 걸린다. 오랜 시간 훈련하며 하나님의 올바른 제자로 가르쳤기에 나는 우리 아이들에 대해 자부심을 가지며, 아이들 역시 자신들이 하나님께 소중한 존재임을 알고 하나님의 자녀답게 행동한다. 그렇게 길러낸 아이들이 다른 교회 아이들과 운동 시합을 하면서 그

동안의 훈련을 시험하는 기회를 갖게 된 것이다.

시합은 축구와 야구 두 종목을 하기로 했다. 우리 교회와 상대 교회는 두 팀으로 나누어 시합에 임했다. 각 교회 교사들이 심판으로 수고했다. 각각 다른 운동장에서 야구와 축구 경기가 진행되었다. 결과는 우리 교회를 자랑하는 것 같지만, 실제로 그 교회와 상대가 되지 않을 정도로 우리가 우세하게 이겼다. 경기가 끝난 뒤 부목사님의 말씀이 꼭 이랬다.

"훈련 받은 아이들이 다르긴 다르네요. 우리도 앞으로 매주 토요일마다 아이들을 모아놓고 성경공부와 운동을 해야겠어요."

그 이후 그 교회가 성경공부와 운동을 했는지 알 수는 없다. 교육과 훈련은 다르다. 교육은 지식을 습득하면 되지만 훈련은 배운 대로 삶의 현장에서 실천하는 것이다. 그러므로 누구나 사람은 하나님의 말씀으로 훈련이 될 때 예수 그리스도의 제자가 될 수 있다. 예수님도 3년 동안 제자들과 함께 동고동락을 하면서 훈련을 시키셨다. 예수님을 닮아가게 하기 위해서다. 제자는 스승을 닮게 마련이다.

한 번만 져 주세요

군산에 동기 목사님이 있었다. 우리 교회처럼 어린 아이들을 전도하기 위해서 몇 안 되는 아이들을 데리고 전주에 가끔 와서 우리교회 아이들과 야구와 축구를 했다. 우리 교회는 아이들에게 전도를 해서 운동을 하고 성경공부를 한다는 사실을 알고 동기 목사님도 그렇게 시도 했다. 전주와 군산을 오가며 자주하는 편이었다. 그런데 그 교회가 운동에 있어서는 우리 교회를 이기지를 못했다. 우리 교회 아이들 가운데 상대적으로 전력이 약한 2진이 나서도 우리가 이겼다.

어느 날인가 군산 교회에서 전도가 많이 되어 이번에는 운동을 잘하는 아이들로 구성하여 시합을 하러 왔다. 그날은 사모님까지 함께 오셨다. 이번에는 꼭 승리할 것이라는 확신이 있었던 것이다. 도시락까지 준비해서 즐거운 마음으로 승리를 기다렸다. 그러나 결과는 참담했다. 군산 교회가 전 종목에서 패하고 말았다. 우리 교회 2진과 경기를 했는데도 지고 말았다. 이때 사모님이 하셨던 말씀이 기억이 난다.

"한 번만 져 주세요."

사모님이 나에게 이렇게 부탁하는 것은 아이들이 지고 가면 울면서 "이제 교회에 안 나올래요"라고 한다는 것이다. 그 소리가 듣기 싫고 신경이 쓰인다고 하셨다. 하지만 그 교회 아이들만 승부욕이 강한 것이 아니다. 우리교회 아이들도 승부욕이 강하여 지면 괴로워한다. 그리고 난 늘 강대상에서 설교를 할 때마다 예수 그리스도를 믿는 사람은 공부나 운동이나 패하는 것은 하나님의 영광을 땅에 떨어뜨리는 것이라고 말했기 때문에, 차마 일부러 져 주라는 말을 할 수는 없었다. 대신 연습 경기를 하는 것처럼 긴장을 풀라고 했더니 평소보다 더 잘하고 말았다. 무엇이든지 내려놓고 마음을 비우면 능력이 배로 나타나나 보다. 우리 교회 아이들은 무슨 운동을 하든지 패해본 적이 없어서 패배자들의 아픔을 잘 모르는 점도 있다. 그러나 하나님께서 사랑하시기 때문에 승리하게 하신다고 나는 믿는다. 다윗이 어디를 가든지 이기게 하시는 하나님이셨던 것처럼 우리 교회 아이들이 무슨 경기를 하든 승리하게 하셨다.

다윗이 어디로 가든지 여호와께서 이기게 하셨더라(삼하 8:14)

예수님도 3년 동안 제자들과 함께 동고동락을 하면서 훈련을 시키셨다. 예수님을 닮아가게 하기 위해서다. 제자는 스승을 닮게 마련이다.

희망의

치앗을
뿌리다

3부

꿈과
비전을
가져라

꿈과 비전을 심어주는
청소년 사역

요셉이 그들에게 이르되
청하건대
내가 꾼 꿈을 들으시오
_창 37:6

꿈과 비전을 가져라

요셉이 그들에게 이르되 청하건대 내가 꾼 꿈을 들으시오(창 37:6)

어느새 사랑의 교회 초등학교 아이들이 자라서 전주시내 각 중학교에 진학했다.

각 학교에 심방을 갔다

교회에 차량이 없었을 때, 나는 시내버스를 타고 전주 시내 각 학교마다 심방을 다녔다. 점심시간이나 하교 시간에 맞춰서 심방을 갔었다. 그동안 사랑의 교회를 나왔던 아이들이 남학생들이라 전주 시내의 남중학교들을 방문하면, 어떻게 알았는지 창문을 열고 "목사님!" 하고 나를 부르며 반겼다. 여기저기서 손을 흔들며 아우성을 쳤다. 그리고 잠시 후 아이들은 점심을 빨리 먹고 나에게로 달려왔다. 나한테 올 때는 꼭 친구 한 두 명을 데리고 왔다. 아이들은 내가 학교에 심방 가는 목적을 아는 까닭이다.

나는 항상 아이들 전도와 관리에 목적을 두고 학교를 찾았다. 아이들이 여기저기에서 몰려오면 학교 매점에 가서 음료수와 먹을 것을 사주며 교제를 했다. 그들의 현재 형편을 묻고 또한 데리고 온 친구들에게는 복음을 전했다. 나에게 데려온 친구들에게 교회를 다니느냐 묻고 안 다니면 같이 교회에서 신앙생활 및 좋아하는 운동을 하자고 제안을 했다.

아이들은 중학교에 진학하면서 야구보다는 축구를 더 좋아했으므로 함께 축구를 하자고 약속을 했다. 소개받은 친구들이 사랑의 교회에 나오겠다는 약속을 하면, 집 주소와 전화번호를 받았다. 그들에게 음료수와 먹을 것을 사주었기 때문에 이들은 이제 교회에 다니지 않을 수 없게 된다. 비유하자면 내가 던진 낚싯밥을 물었으므로 나를 따라 뭍으로 올라오게 된다.

내가 전화번호를 알고 있는 한 사랑의 교회에 안 나올 수가 없도록 철저하게 관리하며 나는 기도했다. 그리고 전도된 아이들이 토요일 제자훈련과 주일예배에 참석하지 않으면 나는 학교에 심방을 가서 개별적으로 만나서 대화를 했다. 열심히 제자훈련과 주일예배에 참석하고 함께 운동을 하면 아이들은 집보다 교회에 오는 것을 더 좋아하게 된다. 이렇게 전주 시내 각 학교마다 3개월 동안 다니면서 전도한 결과 우리 교회 중등부 1학년 학생들만 200여명이 넘어서게 되었다. 성령의 역사가 나타나기 시작한 것이다. 주일날 예배당에는 아이들로 가득하여 마치 학교 같은 분위기가 났다.

나는 1991년 5월 4일 서초동 사랑의 교회에서 옥 목사님으로부터 제자훈련 수료증을 받았다. 그 이후 나도 개척을 해서 교회 이름을 사랑의 교회로 하고, 중·고등부와 대학생, 장년들을 대상으로 제자훈련을 실시했다. 누구나 교회에 등록하면 모두 제자훈련을 받아야만 했다.

나는 설교 시간이나 제자훈련 시간에 아이들에게 꿈과 비전을 가지라고 했다. 꿈이 없으면 사람은 이리 기웃 저리 기웃하며 방황하게 된다고 말해 주었다. 요셉은 너희들처럼 어렸을 때부터 꿈을 꾸었기 때문에 타국에 가서 노예생활을 하더라도 방황하지 않고 꿈을 이루기 위해 오직 하나님만 바라보고 살았다. 그 결과 그는 성공하여 형통한 삶을 살았고, 가족은 물론 세계를 구원하는 위대한 인물이 되었음을 가르쳐 주었다.

목사님! 기도해 주세요

나는 추석이든 구정이든 명절에도 새벽기도를 했다. 아니 365일 쉬지 않고 새벽기도를 하는 편이다. 사무엘 선지자의 말씀대로 말이다.

> 나는 너희를 위하여 기도하기를 쉬는 죄를 여호와 앞에 결단코 범하지 아니하고
> (삼상 12:23)

교회와 성도들 특히 청소년들을 위해서지만 나 자신을 위해서도 새벽기도회 만큼은 꼭 지켰다.

한 번은 일산에서 친구 목사님들과 모임이 있었다. 모두가 자고 가자고 했지만 나는 금촌에서 택시를 타고 고속터미널까지 와서 심야고속버스를 타고 전주에 왔다. 새벽기도 때문이었다. 친구 목사님들도 두 손을 들 정도였다. 새벽기도에 미친 것이다.

어느 추석날 나는 변함없이 새벽기도를 하러 교회에 갔다. 여느 때처럼 새벽 3시에 교회당에 갔는데 교육관 앞에 학생 운동화가 있었다. 추석인데 누가 와서 자는가 하고 문을 열고 보니 동중학교 1학년을 다니고 있는 현식이었다. 혼자 자고 있었다. 나는 무슨 사연이 있는가 싶어 깨워

서 물었다.

"너 왜 추석에 집에서 자지 않고 교육관에서 자니?"

현식이는 자다가 놀란 눈으로 나를 확인한 후 입을 열었다.

"목사님! 기도해 주세요."

"나는 너를 위해 항상 기도하고 있어. 무슨 특별한 기도 제목이라도 있니? 있으면 말해봐."

라고 말하자 현식이는 주저하다가 말을 꺼냈다. 사실은 학원에 같이 다니는 여자 친구가 있는데 자기 눈에 너무 예쁘다는 것이다. 그런데 문제는 그 여자 아이에게 남자 친구가 있다는 것이었다. 현식이는 여자 아이가 그 남자 친구와 헤어지고 자기와 사귀도록 기도해 달라는 것이었다. 나는 어이가 없었다. 한참 현식이를 바라보며 속으로 생각했다.
'이 아이가 지금 사춘기가 시작되었나 보다. 사춘기도 사실은 병이나 다름이 없는데, 이 병을 현식이가 잘 이겨내면 올곧게 자랄 수가 있을 거야.'
청소년들이 사춘기를 앓게 되면 별별 희한한 아이로 변하게 되곤 한다. 사춘기를 잘 넘길 수 있도록 도와주어야 하는데 무엇보다도 하나님의 말씀으로 양육하고 기도하는 일이 필요했다. 나는 현식이에게 잘 이해하도록 차근차근 설명해 주었다.

"하나님은 공의로우시며 질서의 하나님이시다. 네가 말하는 그 여자 친구는 이미 남자 친구가 있는데 네가 그 사이에 들어가서 그 여자 친구를 빼앗는다면 하나님은 그것을 원치 않으신다. 그러므로 그런 기도는 너나 내가 할 수 있는 것이 아니고 다만 '하나님의 뜻이라면 내 여자 친구가 되게 해 주세요'라고 기도할 수밖에 없다."

또 생각이 나서 이런 말을 해 주었다.

"단 네가 공부를 열심히 해서 성적이 올라가면 그 아이가 너와 가까워질 수 있을지도 모른다. 그러므로 너는 학생의 신분으로 열심히 공부하고 네가 꾼 꿈을 향해서 달려라. 그리하면 이 아이보다 더 좋은 아이가 네 돕는 배필이 될 수 있다."

난 현식이가 잘 깨닫도록 한참을 설득하고 기도해 주었다. 현식이가 꿈을 이루어 하나님께 영광을 돌리기 위해 열심히 공부하도록 지혜를 주시고, 하나님의 뜻이면 그 여자 친구와 친하게 지내게 해달라는 기도였다. 현식이는 이해가 되었는지 즐거운 표정으로 새벽기도를 하고 집으로 갔다. 그 이후에도 현식이는 평소처럼 신앙생활을 잘 했다.

밥그릇을 들고 내 옆으로

동중학교 1학년인 혁진의 이야기다. 이 아이는 형이 먼저 사랑의 교회 나오고 나중에 엄마와 함께 나오게 되었다. 아빠는 예수를 믿지 않았다. 여름 수련회 때 태안반도에서 목회를 하는 동기 목사님 교회로 대형 버스를 타고 함께 수련회를 갔었다. 이때 아이들 식사를 해주기 위해 여 집사님 두 분과 내 아내가 함께 갔다.

수련회 점심시간이었다. 50여 명이 끼리끼리 모여 점심을 먹는데 혁진이가 밥그릇을 들고 내 옆으로 와서 앉았다.

"왜 내 옆에 와서 밥을 먹니? 친구들과 같이 먹어야 재미있지."

라고 말하자 혁진이는 대답했다.

"목사님 옆에서 밥을 먹어야 맛있는 것을 많이 먹을 수 있어요."

나는 의아해서 또 그 이유를 물었더니 혁진이가 볼 때 여 집사님들이 목사님한테 맛있는 음식을 많이 드린다는 것이었다. 그러므로 목사님 옆에서 밥을 먹어야 맛있는 것을 많이 먹을 수 있다고 했다.

사실 여 집사님들은 목사인 나에게 잘 대접한다는 뜻으로 아이들보다 한 가지라도 반찬을 더 갖다 준다. 이것을 혁진이는 엄마와 함께 신앙생활을 하면서 많이 보았던 것이다. 그러면서 혁진이는 말하기를 자기도 이 다음에 크면 목사님이 되어 선교사로 일하겠다고 말했다. 나는 혁진이에게 먹는 것 때문에 목사님이 되어서는 안 되고 복음을 전하여 많은 영혼들을 주님 앞으로 인도하기 위해서 목사가 되어야 한다고 말해주었다.

한 걸음 더 나아가서 목사는 예수님의 말씀대로 머리 둘 곳이 없어야 되는데 그래도 목사님이 되겠느냐고 묻자, 그는 의외로 분명하게 대답했다.

"예."

나는 다시 성경 말씀을 찾아서 혁진이에게 읽어 주면서 다시 한 번 물어보았다.

길 가실 때에 어떤 사람이 여짜오되 어디로 가시든지 나는 따르리이다 예수께서
이르시되 여우도 굴이 있고 공중의 새도 집이 있으되 인자는 머리 둘 곳이 없도다
(눅 9:57-58)

"이래도 목사님이 되겠느냐?"

그는 여전히 "예" 하고 대답했다. 이 대답으로 나는 그의 진심을 확인했다. 이 아이가 크면 반드시 언젠가는 목사님이 되어서 나처럼 청소년 사역을 해서 많은 아이들에게 복음을 전하기를 바라며 마음속으로 기도했다.

목사님이 미웠어요

드디어 혁진이의 아버지도 사랑의 교회에 나오셨다. 핍박과 반대를 하던 분이 교회에 나오게 된 것은 전적인 하나님의 은혜. 훗날 혁진이의 아버지가 60세의 나이에 늦둥이를 낳아서 돌잔치를 할 때, 많은 성도들 앞에서 했던 말이 생각난다.

"전에는 목사님이 너무 미웠어요."

그러면서 사연을 얘기했다. 아들이 학교에 갔다 오면 아빠와 함께 있기를 바랐는데 아들은 집에 오자마자 교회로 목사님을 만나러 간다며 나갔다고 했다. 하루는 너 오늘 나와 함께 할머니 집에 가자고 했더니 그 날도 어김없이,

"안 돼요, 나 오늘 목사님과 만나기로 약속 했어요."

하며 교회로 가더라는 것이다. 이런 일이 한두 번이 아니어서 너무 속상한 나머지 아들에게 이렇게 엄포를 놓았다.

"너 목사님이 그렇게 좋으면 목사님하고 살아라."

그런데 아들은 이런 야단에도 아랑곳하지 않고 목사님하고 살겠다며 교회로 갔다고 했다. 뿐만 아니다. 내일 학기말 시험을 보는 날인데도 목사님과 축구를 해야 한다며 교회로 가더라는 것이다. 이런 아들의 모습을 볼 때 화가 나서 견딜 수가 없어 몇 번이고 교회에 쫓아가서 목사님과 싸우려고 했다고 고백했다. 이러니 내가 미운 건 당연한 일이겠다 싶었다. 나도 그 아빠의 말에 공감이 됐다. 누가 겪었어도 부모라면 화가 날 일이었다. 나는 혁진이와의 일을 떠올려봤다.

혁진이는 중학교 1학년 때부터 나하고 같이 제자훈련을 받았다. 제자훈련을 받으니까 교회에 오지 않으면 안 되는 사람으로 바뀌었다. 그 아이는 훈련을 잘 받아서 고난주간에는 3일이나 금식하여 모은 돈으로 구제헌금을 할 정도로 신앙이 성숙해져 갔다. 이런 아이를 아빠가 말린다고 해서 될 일이 아니었을 것이라 생각이 들었다. 혁진이는 공부도 잘해서 학교에서 상위권에 들었다. 누가 공부를 해라 해서 하는 아이가 아니라 하나님을 만나고 알게 되자 스스로 공부를 열심히 하는 아이가 되었다. 혁진이 아빠는 택시 기사님이셨는데 아들 문제로 택시 손님들과 대화를 할 때마다 자기 아들 이야기를 하면서 사랑의 교회 목사님을 비판하며 속상하다고 말한 적이 있다고 했다. 그때 어떤 손님이,

"사랑의 교회 목사님에 대해서 기사님은 잘 모르시고 계시네요."

하면서 나에 대한 칭찬과 좋은 점을 말하며, 특히 아이들을 너무 사랑하시고 바르게 지도하시는 분이라고 말하면서 자기 아들도 사랑의 교회에 다니도록 할 것이라고 말했다는 것이다. 그 당시 사랑의 교회에 가면 아이들이 변화되고 공부도 잘한다고 소문이 났었던 모양이다. 혁진이의 아빠는 여러 손님들의 이야기를 듣고 생각을 바꾸게 되었고 결국 자신도 교회에 나오게 되었다고 훗날 간증했다. 그래서 나는 그분에게 지금도 내가 미운지 물었다. 그러자 그분은,

"지금은 미운 게 아니라 너무 고마운 분이죠. 그러니까 교회에 나온 게 아닙니까? 우리 아들을 잘 키워주셔서 감사합니다. 열심히 교회에 잘 다니겠습니다."

라고 대답했다. 하나님의 기적이었다. 지금은 온 가족이 교회에 잘 다니며 봉사하고 있다.

인사를 잘해요

동중학교 1학년인 준성의 이야기다. 준성이는 어려서부터 교회에서 인사를 가장 잘하는 아이로 소문이 났다. 어른들을 보면 90도 각도로 허리를 굽혀 "안녕하세요?"라고 큰 소리로 인사를 했다.
그런데 이 아이가 원래부터 인사를 잘 하던 아이는 아니었다. 준성이는 엄마가 10년 만에 낳은 아들이라 집안에서 사랑을 독차지하고 자랐다. 귀

하게 자라다 보니 결국 준성이는 자기밖에 모르는 아이가 됐다.

그를 가르쳤던 과외 선생님으로부터 들은 이야기다. 그는 과외 시간에 먹을 것을 상 밑에 감추어두고 몰래 먹었다. 선생님이 옆에 있는데도 말이다. 다른 아이들 같으면 "선생님 이 과자 좀 드세요."하며 같이 먹었을 텐데, 이 아이는 자기밖에 몰랐다. 평소에도 옆에 있는 친구에게 먹을 것을 나눠 먹은 적이 없던 아이였다.

나는 설교 시간이나 제자훈련 시간에 아이들에게 어른 공경하는 법을 가르친다. 그 대표적인 실천 방법으로 인사를 잘하라고 가르쳤다. 준성이도 제자훈련을 통해서 어른을 공경하는 법, 남을 배려하는 법을 배웠다. 하나님의 말씀으로 양육하자 이 아이도 하나씩 하나씩 변화되기 시작했다. 그러더니 준성이는 교회 내에서 인사성이 밝은 아이로 각인되기에 이르렀다. 그의 어렸을 때의 인사습관은 커서도 여전해서 어른들만 보면 90도 각도로 허리를 굽히고 "안녕하세요?" 하고 큰 소리로 인사를 했던 것이다.

> 마땅히 행할 길을 아이에게 가르치라 그리하면 늙어도 그것을 떠나지 아니하리라
> (잠 22:6)

하나님의 말씀대로 마땅히 행할 길을 어렸을 때부터 아이들에게 가르치니까 성장해서도 아름답게 인사하는 모습을 볼 수가 있었다.

엄마보다 하나님이 안전해요

준성이는 10년 만에 낳은 외아들이라 눈에 넣어도 아프지 않을 정도

로 엄마가 애지중지 키웠다. 엄마는 아이를 자신의 치마폭에서 곱게 키우고자 하는 욕망이 있다. 귀한 아들이기 때문에 그럴 수 있다고 나는 이해한다.

그런데 교회를 다니면서 갈등이 시작되었다. 우리 교회는 여름에 수련회를 계획하여 자기 집을 떠나 다른 곳에 가서 숙박을 해야 했다. 준성이는 이 수련회에 참석을 못했다. 엄마가 아들이 자기 곁을 떠나는 것을 용납할 수 없었던 것이다. 자기 눈에 보이지 않으면 불안하다며 수련회 가는 것을 허락하지 않았다.

준성이가 2학년이 되었다. 여름이 되자 수련회 기간이 돌아왔고, 준성이는 이번에도 수련회를 참석하지 못하겠다고 했다. 나는 준성이 엄마에게 전화를 했다. 준성이가 친구들과 같이 수련회에 가고 싶은데 엄마의 반대로 낙심하고 있었기 때문이다. 아이들은 아이들 틈에서 자라나야 사회성이 생기고 독립성이 키워질 텐데 언제까지 엄마의 품속에서만 자라게 하실 거냐고 강하고 단호하게 말했다. 그러자 아이의 엄마가 솔직하게 고백했다.

"아이를 어디에 보내놓고 나면 불안하고 걱정이 돼요. 혹시 준성이가 잘못되면 어떻게 하나 하는 생각에 잠도 못잘 것 같아요."

하며 마치 일어나지도 않은 일이 일어난 것처럼 불안해했다. 그래서 이번에도 교회 수련회에 보내지 못하겠다고 조심스럽게 말했다. 나는 이번에는 이 문제를 분명하게 짚고 넘어가야겠다는 생각이 들었다. 준성이 엄마는 예수님을 믿지 않는 분이었기 때문에 더욱 그러했다.

"준성이 어머니, 아이를 하나님이 지켜주시는 게 안전한가요, 아니면 엄마가 지켜주는 게 안전한가요?"

엄마는 머뭇거리다가 대답했다.

"하나님이 지켜 주시는 것이 안전해요."

내가 다시,

"그 사실을 믿나요?"

라고 하자 믿는다고 말했다. 나는 확답을 얻어야겠다고 생각했다.

"맞아요. 엄마보다는 하나님이 더 안전하지요. 엄마가 언제까지 아들을 24시간 따라다니면서 보호할 수도 없잖아요. 하나님께 믿고 맡기면 하나님이 아들을 지켜주십니다. 그러니 이번 여름 수련회에 아들을 보내 주세요."

그러자 준성이 엄마는 그 짧은 시간에 생각이 바뀌어서 아들을 수련회에 보내겠다고 허락했다. 엄마의 허락 소식을 듣고 준성이는 얼마나 기뻐했는지 모른다. 물론 그 해 수련회에 준성이는 무사히 다녀왔다. 우리 하나님은 졸지도 않으시고 주무시지도 않으시며 당신의 자녀들을 눈동자처럼 지켜주시는 분이시다.

여호와께서 너를 실족하지 아니하게 하시며 너를 지키시는 이가 졸지 아니하시리로다 이스라엘을 지키시는 이는 졸지도 아니하시고 주무시지도 아니하시리로다 (시 121:3-4)

수련회를 다녀온 준성이는 신앙이 더욱 성숙하고 착하게 성장하자 그 아이의 엄마 역시 사랑의 교회에 나오셨다. 그리고 신앙생활을 아주 잘했다. 아이의 변화되는 모습과 자신보다는 하나님이 아들을 지켜주시고 보호하신다는 확신이 들자 아들과 함께 예수 그리스도를 믿는 믿음이 더욱 견고해진 것이다.

아들이 밥 좀 먹게 해주세요

아이들은 토요일에 학교에서 귀가하면 점심을 먹고 바로 교회에 와서 제자훈련을 받아야 한다. 제자훈련을 받는 아이들이 모두 모였는데 준성이만 보이지 않았다. 같이 제자훈련을 받는 아이들한테 물어보니 모두 모른다고 했다. 집으로 전화를 해봐도 받지를 않았다.

그러던 차에 나에게 한통의 전화가 왔다. 준성이 엄마였다. 지금 오랜만에 가족끼리 모여서 점심식사를 하는데 준성이가 제자훈련 시간이라며 굳은 표정을 짓고 걱정하고 있다는 내용이었다. 그러니 목사님께서 준성이에게 가족과 함께 점심식사를 천천히 해도 된다고 말 좀 해달라는 부탁을 덧붙였다. 모처럼 가족과 함께 즐거운 마음으로 식사를 하고 싶은데, 아이의 걱정 때문에 식사를 할 수 없다고 하소연했다. 나는 흔쾌히 준성이에게 오늘 제자훈련을 쉬게 해 줄 테니 즐거운 마음으로 식사하라고 했다. 그러자 수화기 반대편에서 준성이의 밝은 목소리가 들려왔다.

"네."

이 일이 있은 후 나중에 준성이 엄마로부터 뒷이야기를 들었다. 그날 목사님께서 아이에게 가족과 점심을 맛있게 먹으라고 허락하자 아이가 어찌나 기뻐했던지, 자신은 그렇게 기뻐하는 아들의 모습을 처음 봤다며 식사 허락을 해 줘서 고맙다고 했다. 그런데 여기에서 그치지 않고 그 엄마는 나에게 부탁까지 했다. 준성이의 장래를 목사님께서 책임져 달라는 것이었다. 목사님이 취직도 시켜 주시고 결혼도 책임져 달라고 했다. 나는 그러겠다고 했다.

준성이 엄마의 말대로 준성이는 성인이 되어서 취직자리를 정할 때도 나에게 조언을 구했다. 대기업 3군데에 모두 합격이 되었는데 어느 기업으로 가면 좋겠느냐고 해서, 나는 H기업이 좋겠다고 했고, 그는 지금도 그곳에서 일하고 있다. 그리고 내가 은퇴한 상태였는데 준성이는 나에게 결혼 주례를 부탁했고 그렇게 했다. 정말 그 아이의 엄마 말대로 이루어진 것이다.

준성이는 어려서부터 순종을 잘하던 아이였다. 집에서 교회까지 오려면 40분 이상 걸리는 데도 내가 부르면 늦은 밤에도 찾아왔다. 그는 어려서부터 배운 하나님의 말씀, 순종이 제사보다 낫다는 말씀을 그대로 실천하며 사는 아이였다. 순종하는 사람은 아름답고 그렇게 순종하며 신앙생활했던 준성이는 아름다운 아이로 기억된다.

하나님은 순종이 얼마나 소중한가 말씀하고 계신다.

사무엘이 이르되 여호와께서 번제와 다른 제사를 그의 목소리를 청종하는 것을 좋아하심 같이 좋아 하시겠나이까 순종이 제사보다 낫고 듣는 것이 숫양의 기름보다 나으니(삼상 15:22)

모르면 비판하지 마세요

기린중학교는 사랑의 교회 아이들이 가장 많이 다니는 학교였다. 교회에서 가깝기 때문에 나는 자주 그 학교를 방문했다. 그곳에서 운동을 하며 아이들을 전도했다. 나중에는 이 학교 아이들이 하교 시간쯤에 나에게 전화를 했다. 우리 교회 아이들이 예수님 믿지 않는 아이들과 축구 시합을 하기로 했다며 빨리 오라는 전화였다.

아이들은 우리 교회가 이기면 상대팀 아이들이 모두 사랑의 교회에 다니기로 하고, 그들이 이기면 우리가 음료수와 빵을 사기로 하는 내기를 했다. 그러면 전화를 끊고 바로 기린중학교 운동장으로 갔다. 결과는 항상 우리 교회의 승리로 끝났다. 그러니 그 학교 학생들이 우리 교회에 가장 많이 다닐 수밖에 없었다. 나는 승패와 관계없이 그들에게 항상 음료수와 빵을 사줬다. 교회에 그 학교 아이들이 많으니 그 중에 공부 잘하는 아이들도 많았다. 그래서 우리 교회 평판도 좋았다. 우리 교회가 체육대회를 하려고 운동장 사용 허가서를 제출하면 항상 즉시 승낙해주었을 정도였다.

한 번은 이 학교 도덕 선생님이 수업 시간에 예수 그리스도에 대해서 신랄하게 비판했다고 한다. 그 때 우리 교회를 다니던 제자훈련을 받는 영재라는 아이가 가만히 있지 못하고 선생님 말씀에 항의했다.

"선생님! 예수 그리스도에 대해서 잘 알지 못하시면 비판하지 마세요. 예수님은 참 하나님이시며 참 사람이세요. 예수님은 하나님이 우리를 구원하시기 위해 이 세상에 오신 분이예요."

라며 선생님의 비판을 제지시켰다. 그 아이의 말 자체가 복음이었다. 그러자 그 도덕 선생님은 영재가 평소 공부도 잘하고 모범적인 학생인 것을 잘 알았기 때문에 앞으론 예수님에 대해 비판하지 않겠다고 말했다는 것이다. 그 아이 반 친구들이 나에게 알려줘서 알게 된 사건이었다.

시몬 베드로가 대답하여 이르되 주는 그리스도시오 살아계신 하나님의 아들이시니이다(마 16:16)

예수님이 참 하나님이시며 참 사람이심을 아는 베드로의 고백이었다. 이에 대한 예수님은 이렇게 말씀하셨다.

예수께서 대답하여 이르시되 바요나 시몬아 네가 복이 있도다 이를 네게 알게 한 이는 혈육이 아니요 하늘에 계신 내 아버지시니라(마 16:17)

성령님이 아니고는 누구든지 예수 그리스도를 구주로 고백하기가 어렵다.

그러므로 내가 너희에게 알리노니 하나님의 영으로 말하는 자는 누구든지 예수를 저주할 자라 하지 아니하고 또 성령으로 아니하고는 누구든지 예수를 주시라 할 수 없느니라(고전 12:3)

나는 나중에 이와 같이 도덕 선생님에게 성령님이 역사하시지 않음으로 인하여 모르고 예수를 비판한 것이라고 아이들에게 설명해 주었다.

아들이 사랑의 교회에 다녀도 되나요?

기린중학교 2학년을 다녔던 성호의 이야기다. 어느 날 이 아이는 엄마와 함께 나를 찾아왔다. 엄마는 나를 만나자마자 근심을 늘어놓았다. 아들이 머리는 좋은데 노력은 안하고 친구들과 같이 놀러만 다니고 오락을 즐겨하다 보니 나쁜 친구를 만날까 걱정이 된다고 했다. 나는 안면도 없는 이 분이 나를 찾아온 것이 의아해서 어떻게 우리 교회를 찾아오셨느냐고 반문했다. 그러자 성호의 친구 엄마를 통해서 사랑의 교회를 알게 되었다고 하였다. 친구 엄마가 사랑의 교회에 다니면 아이가 변해가고 공부도 잘한다며 자기 아들도 사랑의 교회에 다닌다고 했다고 한다.

성호 엄마의 말을 다 듣고 나는 먼저 성호에게 다짐을 받았다. 제자훈련과 공적인 예배에는 꼭 참석해야 한다는 것이었다. 그리고 엄마에게는 협조를 부탁했다. 교회에서 하는 모든 행사에 적극 참여시켜야 된다고 말이다. 아이와 엄마는 약속을 하고 헤어졌다.

성호는 약속을 지켰고 제자훈련도 성실하게 참여했다. 그리고 날이 갈수록 변해 가더니 나중에는 공부 또한 잘했다. 운동도 잘해서 우리 교회 운동선수로 활약했다. 그 이후 엄마는 고맙다는 전화를 여러 번 했다. 성호가 예수 그리스도를 구주로 영접하고 점진적 성화되어 가는 모습을 보면서 나는 또다시 하나님께 감사했다.

그런즉 누구든지 그리스도 안에 있으면 새로운 피조물이라 이전 것은 지나갔으니 보라 새것이 되었도다 (고후 5:17)

신문값 줄게, 교회 다닐래?

신문을 배달하던 영민이의 이야기다. 나는 매일 바쁘다 보니 신문값 받으러 온 아이를 만날 수 없었고, 그러다 보니 신문값을 제때 주지 못했다. 어느 날 신문배달하는 아이가 우리 집에 와서 나를 기다리고 있었다. 나를 보자마자 신문값을 달라고 했다. 나는 복음을 전해야겠다는 생각에 자동적으로 질문이 나왔다.

"너 어느 중학교에 다니니?"

그는 기린 중학교에 다니며 2학년이라고 했다. 나는 즉각적으로 떠오르는 우리 교회 기린 중학교 2학년들 아이들의 이름을 쭉 불러보자 그는 반색하며 그 아이들은 자기 반 친구들이자 친한 친구들이라고 했다. 나는 교회에 다니느냐고 물었더니 안 다닌다고 답했다. 난 이 기회를 놓치고 싶지 않았다. 그래서 이렇게 제안했다.

"내가 오늘 신문값을 주고 계속해서 너한테만 신문을 볼 테니 친구들과 같이 사랑의 교회에 다닐래?"

그 아이는 생각해본다고 했다.

"그러면 나도 생각을 해보고 신문값을 주겠다."

고 말하자 그 아이는 망설이지 않고 주일부터 다니겠다고 했다. 그래서 나는 이번 토요일부터 나오라고 말하면서 밀린 신문값을 지불했다. 신문값을 건네면서 이름과 전화번호를 묻고 운동을 잘하는지 물었다. 그 아이는 운동을 잘한다고 대답했다. 토요일에 만날 것을 약속받고 헤어졌다.

그 주 토요일부터 영민이는 교회에 나와 제자훈련을 받았고, 함께 신앙생활을 했다. 나는 어떤 아이들을 만나더라도 무슨 계기를 만들어서 사랑의 교회에 나와 신앙생활을 하도록 복음을 전했다.

훗날 영민이는 제자훈련을 받으면서 이렇게 간증을 했다. 자기는 파출소를 자주 드나드는 아이로서 부모님의 속을 많이 상하게 했었는데, 목사님을 만나고 제자훈련을 통하여 예수 그리스도를 구주로 영접한 후 나쁜 버릇을 버렸다고 했다. 만약 목사님을 만나지 못했다면 예수님을 믿지 않았을 거라며 하나님께 감사했다. 또한 예수님을 믿지 않았다면 지금쯤 아마 불량학생이 되었을지도 모른다며 울먹였다. 신문값을 늦게 주셔서 목사님을 만나게 됐고 그 만남을 통해 자기 인생이 바뀌었다고 기뻐했다. 나중에 그 아이의 부모님이 나에게 고맙다고 전화를 했고, 엄마는 후에 우리 교회를 다녔다. 이렇게 아이들이 하나님의 말씀으로 변해가는 것을 보며 나는 하나님께 감사하며 내가 하는 일에 보람을 느낀다.

인자가 온 것은 잃어버린 자를 찾아 구원하려 함이니라(눅 19:10)

예수 그리스도께서 삭개오를 찾아 구원받게 하신 것처럼 영민이 역시 예수님께서 찾아와 구원하셨다.

반에서 7등 했어요

신문값 때문에 자신의 인생이 확 바뀌었다고 고백한 영민이는 사실은

123

반에서 공부가 꼴찌였다. 그런데 내가 볼 때에는 그 아이는 공부를 못하는 것이 아니라 안하는 것이었다. 가정 형편이 어려웠다. 아버지는 백수였고, 어머니는 시장에서 생선 장사를 하며 어렵게 생계를 꾸려갔다. 설상가상으로 아버지는 술을 먹고 행패를 부리기 일쑤였고 이런 가정환경에서 아이가 제대로 성장하며 공부에 전념하기란 어려웠다.

영민이는 파출소를 밥 먹듯 드나들며 불량학생의 길로 가려던 차에 나를 만나게 된 것이다. 그는 예수 그리스도를 만나서 인격이 변하고 삶이 변해 갔지만, 성적은 향상되지 않았다. 워낙 기본이 없었던 탓이다.

다행히 그 아이는 운동도 잘하고 성격이 좋아서 친구들이 많았다. 그 반에서 공부를 제일 잘하는 아이가 있었는데 그 아이가 우리 교회에 다니는 영재였다. 영재는 예수 그리스도를 비판하던 도덕 선생님께 항의했던 아이였다. 영재와 영민이는 반에서 짝꿍이었다.

학교에서 시험이 있던 어느 날, 영민이는 공부를 잘하는 영재에게 시험지를 보여 달라고 말했다. 영재는 친구의 간곡한 부탁에 못 이겨 시험지 답안지를 보여주었다고 한다. 다음날 수업시간에 선생님은 영민이를 부르면서 반에서 꼴찌 하던 영민이가 7등을 했다고 학생들 앞에서 입에 침이 마르도록 칭찬을 아끼지 않았다. 사실은 커닝을 해서 성적이 올라갔는데 말이다. 하지만 교회를 다니지 않은 담임선생님께서,

"네가 교회에 다니면서 예수님을 믿더니 공부를 열심히 하는구나. 그리고 네가 그렇게 변화되었다는 것이 기적이다. 네가 믿는 예수님이시라면 우리 모두가 믿어야 할 분이다."

라며 아이들에게 말했다. 이방인 담임선생님이 하나님께 영광을 돌렸다면서 말이다. 비록 부정한 방법이었기 때문에 나중에 나에게 혼이 났지

만, 선생님 말씀 자체는 놀라운 일이 아닐 수 없었다.

영민이는 나중에도 성적이 크게 향상되지 못해서 고등학교 진학할 때 문제를 풀지 않고 찍어서 진학에 성공했다. 사실 그 아이 또래가 고등학교에 갈 때는 학생 수가 적어서 미달로 입학할 수 있었다. 그 아이가 고등학교에 합격했다고 말하자 아버지는 기분이 좋아서 자장면과 탕수육을 사준다고 음식점에 데리고 갔다. 아버지는 아들에게 몇 등으로 진학했느냐고 물었다. 영민이는 솔직하게 미달로 들어갔다고 말하자 아버지는 실망했다고 한다.

고등학교를 다닐 때 선생님들이 영민이에게 왜 공부를 못하느냐고 꾸짖으면 미달로 들어와서 그렇다고 얘기해서 교실을 웃음바다로 만들었다. 그렇지만 영민이는 제자훈련도 받고 사역훈련도 받으면서 날마다 예수 그리스도를 닮아갔다. 그리고 나를 마치 아버지처럼 섬기며 살았다. 나 역시 그를 영적인 아들처럼 여기며 목회를 했다.

믿음 안에서 참 아들 된 디모데에게(딤전 1:2)

기적을 체험한 아이들

사랑의 교회가 군산에 있는 동기 목사님 교회와 축구시합을 하는 날이었다. 일기예보에는 비가 온다고 했다. 아나나 다를까 하늘은 아침부터 먹구름이 잔뜩 끼었다. 우리 아이들의 얼굴에도 먹구름이 끼어 있었다. 오늘 축구를 못하면 또 한 주를 기다려야 하기 때문이다.

군산에 있는 교회에서 연락이 왔다. 축구를 할 수 있겠느냐는 것이다. 나는 우리 아이들과 군산에 있는 교회 사람들에게 이렇게 말해주었다.

"그동안 우리 교회와 군산에 있는 교회가 축구시합 때문에 믿음으로 기도를 많이 했지 않았느냐? 그렇다면 하나님께서 우리 믿음의 기도를 들으셨기 때문에 축구시합 하는 동안에는 비가 오지 않을 것이다."

기도해놓고 믿지 못하여 걱정하면 왜 기도했느냐고 나는 훈계까지 했다. 그리고 나는 엘리야 선지자의 믿음의 기도를 이야기해 주었다.

엘리야는 우리와 성정이 같은 사람이로되 그가 비가 오지 않기를 간절히 기도한즉 삼 년 육 개월 동안 땅에 비가 오지 아니하고(약 5:17)

아이들에게 의인의 간구는 역사하는 힘이 크다고 확신시켰다. 예정대로 축구시합은 시작되었다. 비가 전혀 안 온 것은 아니지만, 축구시합을 하는 데는 지장이 없을 정도의 소량의 비가 내렸다. 그런데 그 날 전주 시내 곳곳에서는 천둥 번개와 함께 무섭게 소낙비가 쏟아졌다. 하지만 기린중학교 운동장에서 2시간 동안 축구했던 우리들은 축구하는 동안 거의 비를 맞지 않고 경기를 마칠 수 있었다. 우리 지역에만 소낙비가 내리지 않았던 것이다. 그날 양쪽 교회 아이들과 교인들이 이구동성으로 말했다.

"하나님은 진짜 살아계신 분이시다."

우리는 이런 하나님의 기적을 체험했다고 말하며 하나님께 영광을 돌렸다. 모든 시합 일정을 마치고 집으로 가려고 차를 탔는데 비가 억수로 쏟아졌다. 운전을 하기에도 힘들 정도였다. 아이들은 다시 한 번 놀랐다. 이후로 아이들은 체육대회를 하려고 하면 모두가 나와서 기도에 전심전력을 했다. 하나님의 기도 응답을 체험한 자들이 기도의 중요성을 알게 된 것이다.

학교별 체육대회

사랑의 교회는 공휴일에 꼭 체육대회를 했다. 각 학교별로 체육대회를 했는데 참석자에는 중학교 1~2년이 주를 이루었다. 그 당시 이 아이들이 가장 많았다.

사랑의 교회 아이들은 전주시내 15개 학교에 흩어져 있었기 때문에 학교별로 체육대회를 할 수밖에 없다. 학생 수가 많은 학교는 30명 이상이 되고 가장 적은 학교는 10여 명 안팎이다.

체육대회를 하는 목적은 각 학교별로 전도하기 위함이다. 종목은 축구, 농구, 배구, 탁구, 육상이었다. 우승을 하면 푸짐한 상품과 함께 다른 교회와 체육대회를 할 때 대표선수로 뛸 수 있는 자격을 주었다. 그러므로 체육대회가 있다고 하면 아이들은 각 학교별로 모여서 2주 전부터 기도하며 연습했다. 마치 학교 체육대회를 하는 것 이상으로 긴장과 흥분이 흘렀다.

각 학교마다 잘 하는 종목이 있었는데 농구는 기린중학교 아이들이 잘했다. 이 학교 아이들 중에 잘하는 아이들이 많이 포진되어 있었다.

그 해 체육대회 때, 기린중학교와 덕진중학교가 농구시합을 하게 되었다. 모두가 기린중학교가 이길 것이라고 확신했다. 하지만 경기를 시작하면서 의외로 덕진중학교 아이들이 손발이 척척 맞으며 시합을 하더니 곧 승리하였다. 나는 의외의 결과라고 생각해서 덕진중학교 아이들을 불러놓고 승리의 비결을 물어보았다. 그러자 아이들이 이구동성으로 대답했다. 자기네들은 학교에서도 점심시간에 모여서 기도하고 열심히 연습을 하며 오직 하나가 되기로 작정했다고 고백했다. 경기하는 중에 나는 덕진중의 승리를 예감했다. 경기를 지켜보니 덕진중 아이들은 한 선수의 지시에 순종하며 혼연 일체가 되어서 경기를 이끌어갔다. 그 순종하는 모습이 너무 아름다웠다. 당연히 결과는 승리였다.

사실 덕진중학교는 기독교 학교이기 때문에 매주 월요일마다 예배시간이 있다. 그 학교 아이들은 누구보다도 신앙이 성숙해 있다. 이 학교에 내가 심방을 가면 청소하다 말고 창문을 열고 "목사님" 하고 크게 외치며 손을 흔든다. 그 정도로 목사에 대한 마음이 많이 열려 있었다. 전도도 잘하는 편이고 예배 출석도 잘하는 편이다. 무엇보다도 이들은 하나가 되는 것이 얼마나 중요한가를 잘 아는 아이들로 자라났다.

평안의 매는 줄로 성령이 하나 되게 하신 것을 힘써 지키라(엡 4:3)

내 등 좀 밀어줄래?

해금장 사우나에서 목욕을 하던 중이었다. 중학교 1, 2학년 쯤 되는 아이가 내 옆에서 때를 밀고 있었다. 나는 평소와 같이 복음을 전하기 위하여 그 아이에게 접근하여 너 몇 학년이냐고 물었더니 중 1이라고 했다. 그 당시 유행하던 유머 중에 이런 우스갯소리가 있었다. 머리를 빡빡 민 스님이 목욕을 하고 있었는데 그 옆에서 때를 밀던 아이가 그 스님을 보고 너 몇 학년이냐고 묻자, '나는 중이다'라고 대답하였다. 그러자 이 아이는 '나는 중3이다'라고 했다는 이야기이다. 나는 이 이야기가 떠올라 나도 그 아이에게 "나는 중3이다."라고 농담을 하자 이 아이가 활짝 웃었다. 아마 그 당시 유행하던 이 유머를 알고 있었던 모양이었다. 웃음을 통해 그 아이와 벽이 허물어지자 나는 그 아이의 이름을 물었다. 그 아이는 덕진중에 다니는 재원이라고 했다. 내가 알고 있는 덕진중 아이들의 이름을 열거해 보자 그는 아는 아이들이라며 반가워했다. 이렇게 친해지자 나는 재원이에게 부탁을 해보기로 했다.

"내 등에 때를 좀 밀어줄래."

그것은 내 등에 때가 있어서가 아니다. 복음을 전하려는 접촉점을 찾기 위해서였다. 그 아이는 순종했다. 이제 내가 재원이의 때를 밀어줄 차례가 되었다. 내가 그 아이의 등을 밀어주는데 때가 얼마나 많이 나오던지 나는 이렇게 묻지 않을 수 없었다.

"너 목욕 자주 다니니? 왜 이렇게 때가 많니?"

그 아이는 그 동안 자기의 때를 밀어줄 사람이 없었다고 했다.

"아빠하고 같이 다니지 않니?"

라고 묻자, 아빠가 너무 바빠서 지금까지 한 번도 아빠랑 목욕탕에 가
본 적이 없다고 대답했다. 내가 처음 자기의 때를 밀어주었다며 진심으로
고마워했다. 나는 그 아이에게 친구들과 같이 사랑의 교회에 다니면 내가
가끔 목욕탕에 데리고 와서 때도 밀어주고 음료수도 사주고 운동도 같이
할 테니까 사랑의 교회에 다니자고 말했다. 그는 역시 순종했다. 그는 돌
아오는 주일날 동중학교에 다니는 친한 친구를 데리고 교회에 가겠다고
약속했다. 나는 전화번호와 집주소를 적었다. 그리고 음료수를 사주고 헤
어졌다.
그는 약속대로 주일날 동중학교에 다니는 친구를 데리고 왔는데 그 아
이가 바로 인사를 잘했던 아이 준성이었다.

빌립이 나다나엘을 찾아 이르되 모세가 율법에 기록하였고 여러 선지자가 기록한
그이를 우리가 만났으니 요셉의 아들 나사렛 예수니라 나다나엘이 이르되 나사렛
에서 무슨 선한 것이 날 수 있느냐 빌립이 이르되 와서 보라 하니라 (요 1:45-46)

나는 항상 이런 식으로 접촉점을 찾아 아이들에게 전도를 했다. 목욕탕
에서는 때를 밀어주며 전도하고 운동장에서는 운동을 하며 전도를 하고
길에서는 아이들에게 다가가서 대화를 통해 전도한다. 나는 지나가는 아
이들에게 어떻게 해서라도 말을 걸어 전도하여 교회에 다니도록 했다. 이
것이 하나님이 나에게 주시는 지혜며 성령의 능력이었다. 나뿐만 아니라
우리 교회 아이들도 이렇게 전도를 하도록 하자 성령의 도우심으로 어린

아이들이 교회에 날마다 더해갔다.

하나님을 찬미하며 또 온 백성에게 칭송을 받으니 주께서 구원 받는 사람을 날마다 더하게 하시니라(행 2:47)

나에게 전도하지 않았어요

덕진중학교 2학년인 재훈이의 이야기다. 어느 날 재훈이가 우리 교회에 나왔다. 재훈이는 덕진중을 다니던 아이였다. 우리 교회에는 덕진중을 다니던 아이들이 많았기 때문에 나는 재훈이를 주변 친구들이 전도한 줄 알았다. 그래서 나는 누가 전도했는지 궁금해서 물었다.

"누가 너에게 교회에 가지고 했니?"

그랬더니 그 아이는 자기에게 교회에 가자고 한 친구가 아무도 없었다고 했다. 우리 교회에 친구들이 여러 명 다니고 있었지만 자기에게는 교회에 가자고 한 친구가 한 명도 없었다는 것이다. 그러면 어떻게 교회를 나오게 되었는지 묻자 재훈이는 자신이 사랑의 교회의 소문을 듣고 가보고 싶어서 친구에게 부탁을 해서 교회에 나왔다고 했다.

나는 친구들을 불러놓고 왜 재훈이에게 예수 그리스도를 믿으라고 전도하지 않았느냐고 묻자 친구들은 이구동성으로 재훈이가 다른 교회에 다니는 줄로 알았기 때문이라고 했다. 나는 아이들에게 전도할 때에는 다른 교회에 잘 다니는 아이들은 아무리 친한 친구들이라도 전도하지 말고, 예수님을 믿지 않는 아이들만 교회로 데리고 오라고 가르쳤다. 그런데 재

131

훈이는 교회에 한 번도 다녀 본적이 없었다. 그 아이 집안은 전통적인 유교 집안인데다가 그 누구도 그에게 예수 그리스도를 믿으라고 전도한 사람들이 없었다는 것이다.

　지금도 재훈이 같은 아이들이 많이 있다는 것을 그리스도인들은 알아야 한다. 교회에 나가고 싶지만 아무도 자기를 교회에 데려다 주지 않아서 다니지 못하는 이웃이 있다는 것 말이다.

　교회에 새로 온 재훈이에게 복음을 전하고 매주 토요일마다 있는 제자훈련과 주일 예배에 열심히 참석하라고 말해 주었다. 재훈이는 순종했다. 제자훈련을 처음 받는 아이치고는 성경에 대한 이해가 뛰어났다. 아울러 발표력과 문장력도 갖추고 있었다. 매일성경으로 큐티를 한 것을 발표하도록 했는데, 삶에서 일어난 일들을 모두 하나님의 말씀에 근거하여 적용하며 살고 있음을 알 수 있었다.

　제자훈련을 마친 후 사역훈련까지 받았다. 그리고 나중에 중·고등부 회장까지 시켰다. 나는 중·고등부 회장 또는 임원들을 선출할 때는 민주주의를 가장한 독재를 했다. 무슨 말이냐 하면 내가 보기에 믿음이 좋고 순종을 잘 하는 아이를 후보자로 세우고 아이들에게 투표하도록 한다. 그러면 한 명은 회장이 되고 다른 한 명은 총무가 되었다. 아이들의 투표 방식으로 선출하기는 하지만, 이미 내 목회를 도울 수 있는 아이를 미리 후보로 내세우기 때문에 독재적인 요소가 다분하다. 하지만 아이들이 잘 따랐다.

　고등부 때 재훈이가 회장이 되고 또 한 자매를 회장으로 선출했다. 자매의 이름은 진희였다. 지금 생각해 보니까 그때가 사랑의 교회 중·고등부 학생이 제일 많았던 때였던 것 같다. 두 회장의 리더십이 탁월했다. 진희가 리더십을 발휘하여 자매들을 이끌자 형제들의 수와 자매들의 수가 비숫해져 균형을 이루었다.

재훈이는 상산고를 거쳐 연세대학을 졸업하고 합동신학대학원을 졸업하여 지금은 목사가 되었다. 하나님께서 선택한 백성은 반드시 구원시켜 당신의 도구로 사용하시는 하나님이심을 깨닫는다. 사람은 외모를 보지만 하나님은 중심을 보신다. 하나님께서 다윗을 선택하여 이스라엘 왕으로 삼으실 때도 사람들은 다윗을 별 볼일 없는 아이로 보았지만 하나님은 중심을 보시기 때문에 다윗을 선택한 하나님은 그를 당신의 뜻대로 이스라엘 왕으로 삼으셨다.

> 내가 너를 베들레헴 사람 이새에게로 보내리니 이는 내가 그의 아들 중에서 한 왕을 보았느니라(삼상 16:1)

하나님의 말씀에 순종한 사무엘은 이새의 집에 가서 여러 아들을 보았다. 그러나 하나님은 사무엘이 보는 것과 달리 다윗을 선택하셨다. 하나님과 사무엘의 시각이 다른 것이었다.

> 이에 사람을 보내어 그를 데려오매 그의 눈이 붉고 눈이 빼어나고 얼굴이 아름답더라 여호와께서 이르시되 이가 그니 일어나 기름을 부으라 하시는지라(삼상 16:12)

하나님이 다윗을 왕으로 선택할 때의 일이다. 이렇게 하나님께서 선택한 사람은 하나님의 사람으로 사용하신다는 사실을 이 아이를 통해 보게 되었다.

밤 중에 찾아온 부모님

중2, 3학년 아이들을 중심으로 수련회에 갔다. 수련회를 가려면 대형버스를 대절하고 봉고차까지 동원해야 했다. 왜냐하면 대개 수련회 장소는 전주에서 어느 정도 멀리 떨어진 곳으로 정하기 때문이었다.

한 해엔 가는 순창 어느 초등학교를 빌려서 수련회를 했다. 저녁에 운동장에서 캠프파이어를 하고 아이들이 돌아가면서 간증을 하는 시간이었다. 늦은 밤인데 자동차 불빛이 운동장으로 들어오더니 우리가 모여 있는 곳으로 왔다. 나는 뜻밖에 찾아 온 불청객으로 인해 조금 긴장이 됐다. 차에서는 두 분이 내리셨는데, 그분들 손에는 묵직한 봉지가 들려 있었다. 그 봉지엔 먹을 것이 잔뜩 들려 있었다. 가까이에서 얼굴을 확인해 보니 수련회에 참석한 민영이의 부모님이셨다. 아이의 부모님은 퇴근하시며 바로 아들이 수련회를 하는 순창까지 오신 것이다. 그분들은 모두 교사셨는데 상당히 바쁜 분들이셨다. 하지만, 자식이 뭔지 피곤함을 마다하고 아들을 찾아온 것이다. 아이들이 먹을 간식을 잔뜩 사가지고 오셨는데 간식이 모자라면 더 사라고 나에게 돈까지 주셨다.

민영이는 덕진중학교 1학년 때 친구 따라 사랑의 교회에 나왔다. 민영이도 제자훈련과 사역훈련을 받았다. 학교에선 공부를 잘했다. 아들의 변화를 가장 민감하게 느낀 부모님이 그동안 가르침에 고맙다는 인사를 하려고 먼 길을 운전해서 수련회 장소까지 오신 것이었다. 나는 내가 한 것이 아니라 하나님께서 민영이를 성장시켜주셨다고 말하며 복음을 전했다. 두 분은 늦은 밤에 다시 전주로 돌아갔다.

나중에 민영이 외할머니가 손자인 민영이를 따라 교회에 다니시기 시작했다. 그러나 몇 년 후에 민영이 외할머니는 소천 받으셨다. 나는 민영이 외할머니의 장례식을 집례하며 그 가족들을 만날 수 있었다. 할머니의 친아들 한 분은 미국에서 사는데 모 교회 장로님이셨다. 그동안 할머니를 향한 장로님의 간절한 기도가 있었겠구나 생각이 들었다. 장로님이 나를 도와줘서 그 가족들에게 모두 복음을 전할 수 있었다.

가족들은 모두 예수 그리스도를 믿기로 약속하고 주일 날 교회에 처음 나왔다. 민영이의 아버지는 초신자 교육을 받고 다락방 훈련을 통하여 우리 교회의 집사님이 되었다. 또한 민영이는 의대를 졸업하고 지금은 신경외과 과장과 부교수로 일한다. 하나님은 내가 측량할 수 없는 큰일을 행하시는 분이시다.

측량할 수 없는 큰일을 셀 수없는 기이한 일을 행하시느니라(욥 9:10)

하나님은 수련회장에 아들을 보러 온 민영이의 부모님을 만나도록 하시고 복음을 전하여 온 가족을 구원받게 하시는 분이시다.

어머니의 반대

덕진중학교 2학년을 다니고 있던 영남이의 이야기다. 어느 주일날 영남이 어머니가 나와 면담하기 위해 찾아오셨다. 영남이 어머니는 나를 보자마자 불만을 토로했다. 자기 아들이 너무 교회에 자주 가기 때문에 공부를 등한히 할 것 같다며 교회를 자주 못 다니게 해달라는 주문이었다.

내가 알고 있는 영남이는 원래 공부를 잘하는 아이였다. 반에서 1, 2등을 했고, 또 자기 일을 자기가 알아서 잘했다. 그런 영남이는 예수 그리스도를 믿고 난 후에도 역시 무엇이든지 열심히 했다. 공부도 누가 시켜서 하는 아이가 아니라는 것을 잘 알고 있었다. 그리고 무엇이든 남에게 지기를 싫어하는 성격이므로 공부에 관한 한 걱정하지 않아도 될 아이였다. 물론 토요일 제자 훈련도 열심히 받았다. 그런 영남이는 내게 너무 사랑스러운 아이였다. 나는 영남이 어머니에게 다음과 같이 말씀을 드렸다.

"영남이 같은 아이라면 걱정할 것이 전혀 없습니다. 영남이는 분명한 꿈이 있고 그 꿈을 이루기 위해 달려가는 아이입니다. 그의 꿈은 의사가 되어서 의료 선교사가 되는 것이기 때문에 제가 보기에는 반드시 의사가 될 것입니다."

이렇게 자신 있게 말씀드렸다. 그래도 어머니는 걱정이 되시는지 또 말씀을 하셨다.

"월요일이 시험을 보는 날인데도 주일에는 예배드리는 날이라며 공부를 안 합니다."

그래서 교회에 나가는 것이 걱정된다고 했다. 나는 영남이 어머니에게 하나님의 말씀을 인용하며 자세히 설명해 드릴 필요를 느꼈다. 그리고 한 걸음 더 나아가 영남이 어머니께도 복음을 전했다.

"영남이와 같이 신앙생활을 하시면서 영남이를 위해 기도해 주시면 아들은 훌륭한 의사가 될 것입니다."

라고 말씀드리자 금새 마음이 풀리셨는지 기쁜 얼굴로 집으로 돌아갔다. 세월이 흐른 지금 영남이도 30대 가장이 되었다. 그리고 본인이 꿈 꾼 대로 예수병원 의사가 되어 하나님을 섬기고 있다.

나는 아이들에게 어려서부터 예수 그리스도 안에서 꿈을 가지고 달려
가면 반드시 그 꿈이 이루어진다고 가르쳤다. 그러나 꿈은 있지만 노력을
하지 않으면 그 꿈이 아무리 좋아도 이루어지지는 않는다는 점도 가르쳤
다. 하나님의 말씀과 나의 가르침에 잘 순종한 아이들은 그 꿈을 이루며
아름답게 살아가고 있다. 영남이가 그런 아이이다.

엄마, 여기 남산이야!

서울 큰 교회에서 우리 교회 중학생들을 초청했다. 서울 큰 교회 목사
님이 우리 교회에 부흥 강사로 오셨다가 중등부 학생들 70여명이 성가대
원으로 찬양하는 모습을 보고 반하셨다. 이 아이들을 그대로 데려다가
당신네 교회에 두면 좋겠다면서 우리들을 초청한 것이다.

봄 방학을 맞자마자 곧 바로 대형버스 두 대를 빌려 서울로 향했다. 그곳 성도님들이 그리스도의 사랑으로 따뜻하게 대접해 주셨다. 아이들이 너무 좋아했다. 그 교회에서는 첫날 저녁, 남산에 가서 서울 야경을 보여주겠다며 우리를 데리고 갔다. 전주에서 올라온 아이들은 난생 처음 서울 야경을 보고 감탄사를 연발했다. 그리고 아이들이 공중전화 앞으로 우르르 몰려들더니 자기네 집으로 전화를 했다.

"엄마! 여기 서울 남산이야. 서울 야경이 진짜 멋있어."

(아이들은 어머니에게 자랑을 하기 위해서 전화를 한 것도 있지만, 자신이 잘 있다는 안부를 전하기 위해서도 전화를 한 것이다. 나는 아이들에게 어려서부터 어디를 가든지 부모님께 꼭 행선지를 말씀드리라고 가르쳤다.)

100년 사진 89. B

다음 날이었다. 서울 큰 교회 아이들 100여 명과 우리 교회 아이들이 함께 예배를 드렸다. 내가 강사로 설교를 하기 위해 강단에 올라섰다. 우리 교회 아이들은 조용히 앉아서 나를 주목했는데, 그곳 아이들은 아랑곳하지 않고 계속 떠들었다. 우리 교회 아이들을 자랑하는 것 같지만, 나는 아이들의 예배 태도의 차이를 분명히 느낄 수 있었다. 나는 평소에 예배 시간이 얼마나 중요한가를 누누이 강조했다. 만약 떠드는 아이가 있다면 그 아이가 깨우치도록 야단을 쳤다. 그래서 예배 시간이 되면 아이들은 조용하게 하나님의 말씀을 경청한다. 하지만 서울에 큰 교회 아이들은 아직 그런 훈련을 받지 않은 듯했다. 한참이 지나도록 아이들이 조용해지지 않자 나는 떠드는 아이들을 향해 꾸지람을 했다.

"전주에서 온 교회 아이들을 보라. 어디 예배 시간에 떠드는가?"

한참을 야단치고 설교를 하자 조용해졌다. 그 교회는 예배당 밖에도 스피커를 달아놓았기 때문에 내가 말하는 소리를 집사님들과 장로님들이 다 들었다. 나중에 부목사님한테 들은 이야기이지만 그분들이 당황했다고 했다. 서울 아이들은 교회에서 야단을 치면 부모님들이 항의를 하고 교회에 나오지 않는다는 것이었다. 그 이야기를 들은 나는 한심하다고 생각했다. 그렇게 해서 어떻게 아이들을 하나님의 말씀으로 교육을 시켜 하나님을 경외하게 할 수 있을까 염려스러웠다. 만약 한국 교회가 청소년들의 눈치를 보면서 이런 식으로 아이들을 가르친다면 한국 교회의 미래가 보이지 않을 것이다.

예배 후에 그 교회 부목사님들이 우리 교회 아이들과 그 교회 아이들에게 성경퀴즈대회를 했다. 퀴즈대회 결과 우리 교회 아이들이 1, 2, 3등을 했다. 점심식사 후 그 교회 아이들과 우리 교회 아이들이 체육대회를 했다. 농구, 탁구, 축구 등 여러 구기 종목을 시합했는데 우리 교회와 상대가 되지 않았다.

우리 교회 아이들은 초등학교 때부터 성경공부를 철저히 하고 중학교 때는 모두가 제자훈련을 받은 아이들이다. 나는 아이들에게 성경 암송도 시켰다. 이렇게 훈련된 아이들은 말씀을 잘 알고 실천할 수 있는 훈련 된 사람이 된다. 또한 우리교회 아이들이 누군가? 초등학교 때부터 나와 함께 운동으로 전도되어 매주 운동을 게을리 하지 않는 아이들이다. 2박 3일 동안 융숭한 대접을 받고 전주로 돌아왔다. 평소부터 생각해 왔던 훈련의 중요성을 또다시 확인하는 시간이었다.

너, 일어나!

나는 아이들과 시내버스를 자주 타는 편이다. 어느 날 중학생들을 데리고 대둔산행 버스를 타고 가는 길이었다. 어떤 중학생 하나가 버스 의자에 앉아 있었다. 옆에는 할머니 한 분이 힘들어하는 모습으로 서 계셨다. 그럼에도 불구하고 의자에 앉아 있는 중학생 아이는 잠자는 척하며 할머니를 외면했다. 나는 그런 꼴을 참지 못하는 성격이다. 나는 잠자는 척하는 아이의 어깨를 치며,

"너 일어나! 할머니가 서 계신데 어린 학생이 앉아서 잠자는 척해."

그랬더니 앉아 있던 아이가 벌떡 일어났다. 나는 할머니께 자리에 앉으시라고 권했다. 할머니는 고맙다고 하시면서 의자에 앉으셨다.

나는 우리 교회 아이들에게 설교 시간에 하나님을 경외하는 그리스도

인들은 부모님을 공경해야 한다고 가르친다. 부모님을 잘 공경하는 아이가 하나님을 사랑하는 자라고 늘 강조한다. 또한 내 부모만이 아니라 모든 어른들을 공경해야 한다고 말한다. 그리고 버스를 타고 가다가 할아버지 할머니가 버스에 올라오시면 얼른 자리에서 일어나 공손히 할아버지 할머니께 자리를 양보해야 한다고 가르친다. 그래서 우리 교회 아이들은 버스를 타면 서로가 어른들께 자리를 양보한다. 만약 우리 교회 아이가 버스에 앉아가다가 어른들께 자리를 양보하지 않았다는 사실을 목격하면 아이들은 나에게 고발했다. 그래서 아이들은 철저하게 어른들께 자리를 양보하는 습관을 훈련했다. 심지어 어떤 아이는 자리가 비어 있는데도 아예 앉지를 않고 서서 간다.

요즈음 아이들은 지하철을 타든 버스를 타든 어른 공경에 대한 관심이 별로 없다. 나만 편하면 되지 어른들과 내가 무슨 상관이 있느냐 하는 자기중심적인 삶을 살아간다. 이런 자들에게 그리스도인들은 하나님의 말씀으로 양육하여 어른 공경을 하도록 가르쳐야 한다. 말세에도 여전히 청소년들을 바르게 양육할 수 있는 방법은 오직 하나 복음 밖에 없다. 어린 아이들이 예수 그리스도를 믿으면 아이들은 삶의 자세를 고치고 올곧게 자라게 된다. 그래야 대한민국 미래가 있다.

마땅히 행할 길을 아이에게 가르치라 그리하면 늙어도 그것을 떠나지 아니하리라 (잠 22:6)

엘리트 학원

엘리트 학원에 대한 이야기다. 어느 날 우리 교회에 학생들이 많다는 소문을 듣고 엘리트 학원 원장이 나를 찾아왔다. 학원을 이제 막 개원했는데 학생이 없다는 것이었다. 원장은 사랑의 교회 아이들을 엘리트 학원에 보내주시면 좋은 조건에 다닐 수 있도록 해줄 테니 아이들을 엘리트 학원으로 보내달라는 부탁을 했다.

나는 엘리트 원장에게 예수 그리스도를 믿느냐고 물었다. 아직 교회는 다니지 않지만 앞으로 다닐 거라고 말했다. 그러면 내가 우리 교회 중학생 아이들을 학원에 다닐 수 있도록 권유해 볼 테니 돌아오는 주일부터 사랑의 교회에 다니겠느냐고 묻자 원장은 고개가 땅에 닿도록 절하면서 가족 모두가 교회에 나오겠다고 약속했다.

나는 아이들에게 아직 학원을 정하지 못했거나 다니지 않는 아이들에게 새로 개원한 엘리트 학원에 다니면 좋겠다고 말했다. 다행히 많은 아이들이 그렇게 하겠다고 했다. 엘리트 학원으로부터 내가 물질적으로 받은 것은 결코 없다. 순수한 복음의 열정으로 이 일이 이루어진 것이다. 나는 그 아이들에게 이렇게 얘기해 주었다.

"너희들이 그 학원에 다니면 원장님 가족이 우리 교회에 다니시기로 약속했다. 교회의 존재 이유가 무엇이냐? 복음을 전하는 것이다. 복음을 전하기 위해 하나님께서 우리 교회를 이곳에 세워주신 것이다"

그때 학원을 다니겠다고 이름을 적어낸 학생이 무려 80명이나 됐다. 아이들은 약속대로 그 학원에 다녔을 뿐 아니라 자기 친구들까지 데리고 갔다. 텅텅 비었던 학원이 우리 아이들로 인해 순식간에 북적거리게 됐다. 급

기야 교실 자리가 모자랄 정도였다. 원장은 주일날 가족들을 데리고 교회에 나와서 예배를 드리며 나에게 고마워했다. 그 후 엘리트학원은 아이들이 점점 더 많아져서 학원을 더 크게 확장했다. 원장은 다시 나에게 이런 부탁을 했다.

"아이들이 너무 많아서 관리하기가 어렵습니다. 교회 건물 2층을 임대해서 학원으로 만들 테니 목사님께서 아이들을 관리해 주시면 어떻겠습니까?"

나는 허락을 했다. 중학교 1학년 학생들만 70명을 보냈다. 그런데 그 교실도 모자랄 정도였다. 나는 교단 목회자 수련회로 제주도에 갔을 때에도 전화로 아이들을 관리했다. 엘리트 학원은 우리 교회 아이들을 통하여 전주 시내에서 가장 좋은 학원으로 소문이 났고 많은 학생들이 몰려들었다. 뿐만 아니라 엘리트학원 원장은 예수 그리스도를 믿고 구원 받아 우리 교회 집사님이 되고 하나님의 축복으로 부를 누리며 형통한 삶을 살았다. 하나님을 사랑하는 자에게는 하나님은 반드시 영, 육간에 복을 주시는 분이시다.

높은 사람이나 낮은 사람을 막론하고 여호와를 경외하는 자들에게 복을 주시리로다(시 115:13)

너 운동장에 나오지 마

전라중학교 1학년이었던 쌍둥이 형제에 대한 이야기다. 이들은 초등학교 4학년 때부터 형과 함께 우리 교회에 다녔다. 운동장에서 축구를 하다가 내 눈에 띄어 전도된 쌍둥이 형제다. 그들은 내가 아무리 보아도 누가 누군지를 분별하기가 매우 어려울 정도로 똑같았다.

부모님이 아이들의 탄생에 얽힌 이야기를 해 주었다. 이들은 5분 간격으로 태어났는데, 5분 늦게 태어난 동생이 형한테 함부로 대하고 이름을 부를까봐 형의 이름을 '성'이라고 지었다고 한다. 그래서 동생이 성하고 부르면 다른 사람들이 듣기에도 저 아이가 형이고 이 아이가 동생이구나 생각하게 된다. 전라도 사투리는 형을 성이라고 부르기 때문이다. 아버지의 지혜가 돋보이는 부분이다. 제자훈련을 받으면서 쌍둥이 형이 이런 이야기를 했다.

"오늘 동생 때문에 학교에서 야단맞았어요."

내가 왜 그랬는지 묻자,

"동생이 오늘 숙제를 안 해가지고 가서 선생님한테 매를 맞고 벌칙으로 쉬는 시간에 운동장에 나오지 말고 숙제를 하라고 했어요. 그래서 동생은 선생님 말씀대로 쉬는 시간에도 교실에서 숙제를 하고 있었어요. 저는 이 사실을 모르고 쉬는 시간에 운동장에서 놀고 있었는데, 동생 반 선생님이 저를 보시더니 다짜고짜 저를 때리셨어요."

선생님은 형과 동생이 쌍둥이인 것을 모르셨던 것이다. 그래서 형과 동생이 쌍둥이인 사정을 얘기했더니 선생님께서 얼굴을 붉히시면서 미안하다고 말씀하셨다는 것이다.

쌍둥이 형제는 군대에 가서도 같은 내무반에서 군복무를 했다. 하루는 형이 아파서 끙끙거리며 앓고 있자 보초를 서고 돌아온 동생이 형의 아픈 모습을 보고 형의 옷을 입고 다시 보초근무를 섰던 적이 있다.

그들은 성인이 되어서도 너무 닮아서 구분하기가 어렵다. 이들은 지금도 나를 보면 끌어 앉고 내 얼굴에 뽀뽀를 할 정도로 정이 많은 형제다. 그리고 지금 나는 그들을 확연히 구분할 수가 있다. 하나님께서는 인간을 지으실 때 똑같게 지으시지 않았다는 것을 알 수 있다. 자세히 보면 구분이 된다. 이것이 하나님의 능력임을 깨닫는다.

할머니의 칭찬

사랑의 교회 아이들을 칭찬하시는 할머니가 계셨다. 하루는 아이들과 같이 기린중학교 운동장으로 축구를 하러 가는 길이었다. 할머니 한 분이 우리 교회 아이들 가운데 한 아이에 대한 칭찬을 쉬지 않고 하셨다.

"이 학생이 며칠 전에 내 짐을 들어다 준 아이인데 여기서 또 만났네."

하시며 좋아하셨다. 할머니는 나를 보더니 학교 선생님이냐고 물었다. 나는 선생님이 아니라 사랑의 교회 목사라고 말했다.

"어쩐지 다른 아이들과 다르다 했더니 교회 다니는 학생이었구나!"

하시면서 아이들에게 아이스크림을 사주라고 나에게 돈을 주고 가셨다. 나는 돈을 주고 간 할머니의 고마운 마음보다 우리 교회 아이들이 하나님의 말씀대로 순종하는 것이 더 기뻤다.

예배 시간이나 제자훈련 시간에 나는 아이들에게 하나님의 말씀을 배웠으면 즉시 삶의 현장에서 실천하는 것이 예수 그리스도의 제자라는 점을 가르쳤다. 하나님의 말씀을 배웠어도 실천하지 않으면 그는 하나님만 속이는 것이 아니라 자신의 양심을 속이는 가증스런 사람이라고 가르쳤다. 교육은 지식을 습득하면 되지만 훈련은 배운 대로 실천하는 것이라고 가르쳤다. 특히 어려서부터 예수 그리스도 안에서 꿈이 있는 사람은 말씀을 하나하나 실천해 갈 때 하나님의 능력을 경험하게 되고, 반드시 꿈이 이루어질 것이라는 믿음을 심어주었다. 가장 작은 것부터 배운 대로 실천해야 하는데 그것이 바로 우리 삶의 현장에서 쉽게 만날 수 있는 어른들을 공경하는 것이라고 알려 주었다. 어려서부터 어른을 공경하고 섬길 줄 아는 사람이 하나님을 사랑하는 사람이요 그런 사람이 하나님으로부터 복을 받고 귀하게 쓰임 받을 수 있다고 가르쳤다.

나는 아이들과 같이 길을 가다가도 노인들이 힘들게 짐을 들고 가시는 분들을 보면 얼른 가서 짐을 들어드리라고 말한다. 아이들에게 그것이 몸에 배어 나중에 시키지 않아도 저절로 할 정도가 되어야 한다고 가르쳤다. 그렇게 가르치니까 같이 길을 가다가도 어른들이 짐을 들고 힘들어하면 내가 말하기도 전에 먼저 뛰어가서 집에까지 들어다 드리는 아이들이 점점 늘어나기 시작했다.

이 광경을 보고 나는 하나님께 감사했다. 나 같은 사람을 통하여 어른들을 공경하는 바른 청소년들이 자라고 있었기 때문이다.

나의 계명을 지키는 자라야 나를 사랑하는 자니 나를 사랑하는 자는 내 아버지께
사랑을 받을 것이요 나도 그를 사랑하여 그에게 나를 나타내리라(요 14:21)

사랑의 교회 아이들은 어른 공경을 잘한다고 소문이 났다. 그러므로 교
회 주변 사람들로부터 칭찬이 자자했다. 그래서 부모님들 간에 사랑의 교
회에 아이들을 보내면 아이들이 착하게 변해간다는 소문을 듣고 어떤 부
모님들은 친히 아이들을 데리고 교회에 오시는 분들도 있다.

절규하는 엄마의 전화

늦은 밤에 어떤 엄마가 눈물 섞인 목소리로 전화를 했다. 이 엄마는 술
에 취해 있었던 것 같았다. 울면서 말하기 시작했다. 나는 누구 엄마인지
왜 그러시는지 물었다. 그분은 자신을 기상이 엄마라고 소개했다. 기상이
는 우리 교회에 나온 지 얼마 되지 않은 아이였다. 그런데 그 엄마는 자기
아들이 집을 나간지 이틀이나 되었다면서 울었다. 우리 교회 는 아이들이
많기 때문에 1-2주 정도 된 아이들의 신상에 대해서는 자세하게 몰랐다.

기상이는 기린중학교를 다니는 운동을 잘하는 아이였다. 친구들의 이
야기를 들어보니 기상이는 성질이 고약해서 아이들을 많이 괴롭힌다고
했다. 어떤 아이는 기상이한테 초등학교 때부터 지금까지도 괴롭힘을 당
한다고 했다. 괴롭힘을 당하며 사는 아이는 학교에서 마치 노예나 다름이
없다는 소리까지 했다. 그 소리를 들은 나는 어떻게 해서라도 기상이를 하
나님의 말씀으로 잘 양육해서 변화시켜야겠다고 생각 했었다.

그런 기상이가 어느 날 갑자기 가출해버린 것이다. 나는 기상이 엄마의
전화를 받고 걱정하지 말라고 했다. 기상이를 찾아서 꼭 집으로 보내겠다

고 약속했다. 기상이 엄마는 그럴 수만 있다면 얼마나 좋겠느냐며 기상이를 찾아서 집으로 보내달라는 부탁을 여러 번 하신 후 전화를 끊었다.

사실 내가 기상이 엄마에게 그렇게 자신 있게 말할 수 있었던 것은 가출한 아이들은 대부분 3일이 지나면 집으로 돌아오기 때문이다. 가출한지 3일이 지나면 돈도 떨어지고 갈 곳도 없어진다. 친구네 집에 가서도 오래 있지 못한다. 친구의 부모가 또 집으로 돌아가라고 강하게 말씀하게되기 때문이다.

나는 다음 날 기상이의 친구들에게 전화를 해서 기상이가 있는 곳을 알려 달라고 부탁을 했다. 그러나 친구들은 기상이의 행선지를 알려주려고 하지 않았다. 그 이유를 알아보니 나중에 기상이에게 해코지 당할까 두려웠기 때문이었다. 나는 지혜를 발휘했다. 다른 교회와 축구경기를 해야 하는데 기상이가 있어야 된다며 목사님한테 전화를 꼭 해달라고 부탁했다.

예상대로 그날 저녁 기상이한테 전화가 왔다. 언제 축구를 하느냐고 묻기에 네가 나를 만나야 경기 날짜를 정할 수가 있다고 말해주었다. 물론 완전한 거짓말은 아니다. 다른 교회에서 축구경기를 하자는 제의가 들어왔었기 때문이다.

기상이는 저녁에 나를 만나러 교회로 왔다. 나는 가출한 이유를 묻지 않았다. 단지 하나님을 믿는 아이가 가출하는 순간 부모님의 가슴에 대못을 박는 엄청난 죄를 짓는 것임을 아이에게 주지시켰다. 하나님을 경외하는 사람은 부모를 공경할 줄 아는 사람인데 부모님의 마음을 아프지 않게 하는 것도 효도라고 말해주었다.

대부분의 청소년들이 가출하는 이유는 삶의 목적이 없고 꿈이 없기 때문이다. 목적이 없으면 이리 기웃 저리 기웃하며 방황한다. 나는 기상이에게 예수 그리스도 안에서 꿈을 가지도록 말씀으로 가르쳤다. 예수 그리스도 안에서 꾼 꿈은 반드시 이루어진다는 믿음을 심어주었다. 이제 목사님과 같이 제자훈련도 잘 받고 열심히 신앙생활을 잘하면 하나님께서 위대한 인물로 사용할 것이라는 확신을 심어주고 하나님의 말씀을 읽어주었다.

모든 사람을 크게 하심과 강하게 하심이 주의 손에 있나이다(대상 29:12)

기상이 마음의 문이 열리어 얼굴에 미소가 돌아왔다. 그가 가출한 이유는 집에서 부모님들의 다툼과 공부하라는 잔소리 때문이라고 했다. 가출한 뒤 오랫동안 식사를 못한 탓인지 몹시 배고파했다. 밥을 사주면서 집에 들어가라고 했더니 목사님 말씀대로 하겠다고 했다.

나는 먼저 기상이 엄마한테 전화를 했다. 기상이가 지금 교회에서 자고 내일 아침에 집으로 갈 테니 야단치지 말고 잘해주라고 부탁했다. 그리고 학교도 열심히 다니고 교회에도 잘 다니기로 약속했다고 말해주었더니 기상이의 엄마는 고맙다는 인사를 여러 번 했다.

기상이는 이후로 변화되기 시작했다. 꿈을 가지고 열심히 공부하여 지금은 체육계열에 지도자로 일하고 있다. 내가 심근경색으로 인해 교회를 은퇴했을 때 기상이 어머니는 내 소식을 듣고 기상이와 친구들을 내게 보내 인사를 전했다. 자신을 이렇게 키워 주신 분이 바로 목사님이니 꼭 가서 고맙다는 인사를 하라고 했다는 것이다. 나는 기상이를 생각할 때마다 하나님의 은혜로 아이들은 변화되고 부모님께 기쁨이 된다는 사실을 새삼 깨닫게 된다. 하나님께 감사할 따름이다.

습관은 무섭다

기린중학교 2학년 성철이의 이야기다. 성철이는 중학교 1학년 때 나를 만났다. 성철이 이모가 우리 교회 새벽기도에 나와서 기도하다가 많은 중·고등부학생들의 기도하는 모습을 보고 큰 감명을 받았다. 어느 날 나에게 전북대병원에 심방을 부탁했다. 동생 남편 즉 성철이 아버지가 전북대병원에 입원해 있는데 폐암으로 사형선고를 받고 하나님의 부르심을 기다리고 있다는 것이다. 예수 그리스도를 믿는다고는 하지만 확실히 구원을 받았는지 모르겠으니 목사님이 다시 한 번 복음을 전해달라는 부탁이었다. 나는 심방을 가겠다고 약속을 했다.

병원에 가서 보니 성철이 아버지는 임종이 가까워 보였다. 산소 호흡기를 끼고 숨을 가쁘게 몰아쉬는 성철이 아버지의 손을 붙잡고 나는 하나님께 간절히 기도했다. 성령의 능력으로 예수 그리스도를 구주로 영접하여 하나님의 나라에서 편히 안식하도록 말이다. 그리고 복음을 전했다. 나는 즉시 성철이 아빠에게 예수 그리스도를 믿느냐고 물었는데 숨도 제대로 못 쉬는 분이 "아멘!"하고 큰 소리로 대답하셨다. 이 일 후 이틀이 지나 성철이 아빠는 소천 받으셨다.

성철이와 엄마는 광주에서 우리 교회 옆으로 이사를 와서 우리 교회에 출석했다. 나는 아빠가 없는 성철이에게 깊은 관심을 갖고 예수 그리스도의 사랑으로 품었다. 내가 마치 성철이의 아빠처럼 목욕탕에도 데리고 갔고, 성철이 포경수술을 위해 병원에까지 갔다. 성철이의 생일이 되면 케이크도 사서 보냈다. 아빠의 몫을 해주려 한 것이었다.

그리고 성철이에게 제자훈련을 시켰다. 공적인 예배는 물론이거니와 심지어 새벽기도까지 하도록 했다. 매일 성경 큐티 발표도 주일 오후 예배 때에 하게 했다. 이렇게 강도 높게 훈련을 하게 된 것은 아버지가 없는 아이여서 잘못될까 하는 염려가 있었기 때문이다.

그러고 보면 하나님께서는 나에게 아빠가 없는 아이들을 많이 보내 주셨다. 성철이 역시 하나님께서 내게 양육하라고 맡긴 아이라고 생각하며 두려운 마음으로 아이를 돌보았다.

사실 성철이는 엄마가 아기를 못 낳다가 10년 만에 낳은 외아들이다. 이렇게 귀한 외아들을 내가 사랑으로 품어주니까 엄마 역시 교회 일에 열심을 다 하시며, 하나님의 위로를 체험하며 사셨다. 성철이 어머니는 지금 우리 교회의 권사님이 되셨다.

그런데 문제가 생긴 적이 있다. 제자 훈련 중에 성철이 후배 아이가 성철이의 잘못을 나에게 얘기해 주었다. 성철이가 학교 앞 가게에서 초콜릿을 훔쳐서 아이들과 나눠 먹는다는 것이었다. 성철이 부모님께서는 원래 광주에서 사실 때 슈퍼마켓을 하셨다. 부모님은 자녀를 사랑한 나머지 가게에 있는 물건을 자기 마음대로 먹어도 나무라지 않았던 것 같았다 이것이 습관이 되어버린 것이다. 그래서 남의 가게 물건도 아무렇지 않게 집어 들고 나와서 아이들과 나누어 먹었다. 나는 성철이를 불러다 놓고 이 사실을 확인했다. 그리고 성경을 펴놓고 하나님의 말씀으로 가르쳤다.

도둑질 하지 말지니라(신 5:19)

이 말씀이 누구의 말씀이냐고 물었다. 성철이는 하나님의 말씀이라고 대답했다. 하나님의 자녀에게 도둑질을 하지 말라고 했는데 도둑질을 한 것은 하나님의 마음을 아프게 하는 일이라고 알려주었다. 하나님의 자녀는 도둑질하는 사람이 아니라 다른 사람을 도와주는 사람인 것을 깨닫도록 말해 주었다. 그리고 죄의 대가로 종아리를 맞으라고 하니까 그러겠다고 했다. 나는 성철이의 종아리를 회초리로 다섯 대 때렸다. 그리고 하나님의 말씀을 읽어 주었다.

> 아이의 마음에는 미련한 것이 얽혔으나 징계하는 채찍이 이를 멀리 쫓아내리라
> (잠 22:15)

나는 성철이에게 회개기도를 시켰다. 그는 울면서 기도했다. 나 또한 성철이를 끌어안고 기도해 주었다. 그 이후 성철이는 도둑질하는 버릇을 끊었다. 사실 나는 지금까지도 성철이 엄마에게 이 사실을 말하지 않았다. 내 손에서 조용히 해결해 버렸다. 어머니가 알면 마음 아파하실 것을 알기 때문이다.

정신병원

기린중학교 3학년인 수권이의 이야기다. 어느 날 새벽기도를 하기 위해 교회당에 갔었다. 강대상 옆에 있는 문을 열고 불을 켜려고 하는데 어떤 아이가 문 옆에서 자고 있었다. 술 냄새가 많이 났다. 불을 켜고 자세히 보니 수권이었다. 나는 수권이를 깨워서 교육관에서 자도록 했다.

수권이는 초등학교 6학년 때 아빠를 잃었다. 서해 바다에 여객선이 침몰해서 많은 사람이 목숨을 잃었는데 수권이 아버지도 그 중에 계셨다. 수권이는 친구들의 전도로 우리 교회에 초등학교 6학년 때부터 다녔다. 하나님은 이렇게 아빠가 없는 아이들을 늘 나에게 보내셨다. 나는 수권이를 하나님이 나에게 맡겨주신 아이라고 생각하고 그리스도의 사랑으로 양육했다. 그리고 제자훈련도 받게 했다. 하지만 수권이 엄마는 예수 그리

스도를 믿지 않았기 때문에 수권이가 교회에 다니는 것을 심하게 반대했다. 나는 수권이를 내 아들처럼 데리고 다니며 운동도 하고 목욕도 같이 했다. 수권이는 공부도 점점 잘하고 착하게 자라가기 시작했다. 교회에서나 학교에서나 가정에서도 모범적인 아이였다.

그런 아이가 고등학교 진학을 앞두고 술을 먹고 교회에 와서 누워있었던 것이다. 잠에 깨어난 수권이를 학교 보내면서 수업이 끝나면 나를 만나러 오라고 했다. 그런데 수권이는 약속을 지키지 않았다. 다음날 선배들을 시켜서 수권이를 데리고 오도록 했다. 선배들의 손에 이끌려 교회에 나와 나를 만났다. 나는 선배들을 돌려보내고 단둘이 상담을 했다.

"고등학교 진학을 앞둔 중요한 시기에 왜 술을 먹고 자고 있었니?"

수권이는 불량한 태도로 이런저런 거짓말을 둘러댔다. 나는 밖에 있던 선배 형들을 불러 수권이가 같이 갈 데가 있다면서 차에 태웠다. 내가 수권이를 데리고 간 곳은 정신병원이었다. 네가 제 정신이 아니기 때문에 술을 먹었으니 정신 치료를 받아야 한다고 말했다. 하지만, 사실은 수권이를 겁주려고 했던 것이다.

그제야 정신을 차린 수권이는 다시는 술도 안 먹고 공부 열심히 하겠다면 용서해 달라고 말했다. 하지만 나는 들은 척도 하지 않고 병원으로 데리고 가서 선배들과 친구들에게 수권이를 꼭 붙잡고 의자에 앉아 있으라고 말하고 원장실로 들어갔다. 원장에게 미리 조치를 취해서 아이를 단단히 깨우쳐 주려고 했던 것이다. 그런데 마침 원장은 다른 입원실에 볼 일이 있어서 자리에 없었다.

원장이 오기를 기다리고 있는데, 여기저기서 정신병원 환자들이 지르는 소리가 들렸다. 수권이는 더욱 겁을 먹었다. 아까보다 더 간절히 나에게 용서를 빌었다. 나는 마음이 흔들렸지만, 이번에 단단히 이 아이의 나쁜 습성을 고쳐야겠다는 생각이 들어서 아이의 간절한 절규를 외면했다. 오히려 원장님이 오면 너도 저 사람들과 같이 여기 입원해 있어야 한다고 했다. 수권이는 사색이 되어 울면서 "목사님 잘못했어요. 잘못했어요." 하며 잘못을 마음 속 깊이 뉘우치는 듯했다. 또한 선배 아이들도 나를 붙잡고 "목사님 저희들이 책임지고 수권이 술 못 먹도록 할 테니 한 번만 용서해 주세요." 라며 함께 용서를 빌었다.

나는 마음을 풀었다. 그리고 선배들 앞에서 수권이의 다짐을 받았다. 앞으로 술에는 입도 대지 않을 것이며 교회에도 열심히 나오겠다고 했다. 그리고 그곳 상황을 마무리했다. 다시 교회로 돌아와 수권이와 상담을 했다. 수권이는 아버지도 계시지 않고, 어머니는 술집에 나가 일하시면서 밤 늦게 돌아오신다고 했다. 엄마는 자기에게 자주 화를 내니까 자신도 짜증이 나서 엄마와 심하게 다투고 술을 마셨다고 했다.

역시 문제는 가정이었다. 그래도 술을 마시고 갈 곳이 없었는데 교회가 생각났다는 것이다. 하나님께 기도하려고 왔는데, 그만 잠들었고 나에게 발견된 것이었다. 술을 마시고도 교회를 생각한 수권이가 참 대견하게 느껴졌다.

수권이는 이 사건 이후로 삶의 태도를 바꾸고 가정에서든 교회에서든 착하게 생활했다. 나중에는 고등학교에 다니고 있는 형까지 전도해서 교회로 데리고 왔다. 그리고 어머니는 술집을 정리하고 아들 둘을 돌보며 살아갔다. 언젠가 수권이 어머니는 내게 전화를 해서 자기 아들들의 생활 태도가 달라졌다면서 나에게 고맙다는 인사를 했다. 역시 하나님께서 이 가정에 은혜를 주신 것이다.

어릴 때 내 모습

기린중학교 2학년 성인이의 이야기다. 성인이는 공부도 잘하고 운동도 잘하며 책임감이 강한 아이다. 그리고 고집도 세고 욕심도 많다. 무엇보다도 남에게 지기를 싫어한다.

어느 날 중학교 2학년 아이들 중심으로 조기 축구하는 청년들과 축구 경기를 했다. 청년들은 우리 교회 아이들을 얕잡아 보고 너희들이 이기면 음료수를 사주겠다며 호기를 부렸다. 그 때 우리 교회 중학교 2학년 아이들은 제법 축구를 잘했다. 대회에 나가서 우승을 한 아이들이었다. 이들과 함께 나도 축구를 했다.

이때 성인이는 수비를 보았다. 성인이는 상대방의 공격수를 얼마나 끈질기게 물고 늘어지는지 그 청년이 나보고 하는 소리가 이 아이 때문에 축구를 못하겠다고 말했다. 성인이는 어떻게 해서라도 상대방의 공격수를 차단하고 또한 자기 몸을 날려가면서 공을 막아내며 공격수를 괴롭혔다. 그 모습을 보면서 내가 어렸을 때 저 모습이었는데 하며 나는 미소를 지었다. 결국 축구경기에서 우리 교회 아이들이 조기축구를 하는 청년들을 6대 0으로 이겼다. 청년들은 창피스러운지 슬금슬금 도망가기 시작하자 성인이는 끝까지 따라가서 약속대로 음료수를 사주라고 졸라대어 청년들은 울며 겨자 먹기 식으로 우리 교회 아이들에게 음료수를 사주고 말았다.

나는 성인이의 이런 모습에서 나의 어렸을 때 모습을 발견했다. 나 역시 공부나 운동이나 무엇을 하든지 지독하다고 사람들은 말했다. 어머니한테 매를 맞아도 잘못했다는 말을 하지 않고 매를 맞았다. 지금 생각해 보면 잘못했다고 하면 되는 일인데 미련하게 오기를 부렸었다. 그런 내 모습이 성인이에게서 오버 랩 되는 느낌이었다. 나는 성인이에게

"너는 어쩌면 내 어렸을 때의 모습과 똑같니?"

라며 너를 보면 나의 어렸을 때의 모습을 보는 것 같다고 말했다. 그리고 성인이에게 예수 그리스도 안에서 꿈을 가지라고 말해주었다. 사람은 꿈이 없으면 방황하게 되고 꿈이 있으면 그 꿈을 이루기 위해 노력하게 된다고 가르쳤다. 그리고 하나님의 말씀대로 어려서부터 순종하고 살아야 하나님이 너를 축복하시고 귀하게 사용하실 것임을 가르쳐 주었다.

나를 존중 여기는 자를 내가 존중히 여기고 나를 멸시하는 자를 내가 경멸하리라 (삼상 2:30)

내가 이렇게 애정을 가지고 성인이에게 말씀을 가르쳐 준 이유는 그 아이의 모습 속에서 나를 발견했기 때문이다. 이 아이도 나중에 무엇을 하든지 나처럼 하나님께 순종하는 하나님의 일꾼 되길 바랐다.

성인이는 나와 이야기를 나눈 후 더 열심히 공부했다. 물론 신앙생활도 잘했다. 제자훈련도 받고 자기 누나에게도 복음을 전했다. 제자훈련도 받았다. 성인이는 자기 누나에게도 복음을 전했다. 누나 역시 성인이와 함께 예수 그리스도를 믿고 신앙생활을 잘했다.

후에 성인이 엄마가 유방암으로 투병생활을 할 때 성인이는 엄마에게도 복음을 전하였고, 그로 인해 엄마 역시 예수 그리스도를 믿으셨고 지금은 치유되어 건강한 모습으로 신앙생활을 잘하며 살아간다. 아들 때문에 예수 믿고 구원받고 건강까지 좋아진 성인이 엄마는 감사하는 그리스도인이 되었다.

목사님! 배고파요

기린중학교에 다니던 정훈이의 이야기다. 정훈이는 기린중학교에서 축구를 하다가 1학년 때 나를 만났다. 왼발로 공을 차는데 특출한 면이 보였다. 공을 다루는 드리블은 물론이거니와 센터링 능력이 아주 탁월했다. 저 정도의 실력이라면 축구로서 우리 교회에서 두각을 나타낼 수 있을 것 같았다.

나는 그 아이에게 다가가서 말을 걸었다. 그 아이는 중학교 1학년 학생이었고, 부모님은 불교 신자라서 교회에 다녀본 적이 한 번도 없다고 했다. 나는 복음을 전하면서 네가 만일 사랑의 교회에 다니기만 하면 우리 교회에서 주전 멤버로 뛸 수 있을 것 같다며 교회에 다녀볼 것을 제안했다. 정훈이는 우리 교회가 자주 축구를 한다는 사실을 이미 알고 있었다. 그런데 자기는 교회에 다니고 싶지만 부모님이 반대하셔서 교회에 갈 수 없다고 했다. 나는 속으로 이 아이는 어느 정도 전도가 되었다고 판단했다. 나는 아이에게 더욱 교회에 나오고 싶은 마음을 심어주고자 친구 다섯 명을 데리고 교회에 나오면 축구화도 사주겠다고 제안했다. 사실 친구 다섯 명 전도한 학생에게 축구화를 선물해 주는 것은 우리 교회에서 이미 정한 규칙이었다. 아이의 마음이 이미 넘어왔다. 그래서 한 가지 지혜를 아이에게 가르쳐 주었다. 부모님의 반대가 심하다면 굳이 교회에 간다고 아침에 나오지 말고 친구를 만나러 간다고 하라고 했다. 아이의 표정이 금세 밝아졌다.

정훈이는 약속대로 친구 한 명을 데리고 주일 날 교회에 나왔다. 같이 축구했는데, 교회에 대해서도 관심을 보였다. 교회에 어느 정도 적응이 되었다고 생각이 되었을 때 나는 제자훈련을 제안했다. 그리고 공적인 예배

157

에 참석하도록 격려했다.

그러자 정훈이의 태도가 달라지기 시작했다. 처음엔 부모님 반대를 두려워했던 아이가 이제 교회에 열심히 다녀야 한다면서 부모님을 설득하기 시작했다. 그리고 드디어 부모님의 허락을 받았다. 나 역시 부모님께 정훈이가 예수 그리스도를 잘 믿고 열심히 공부하도록 도와주겠다고 약속했다. 그리고 사춘기 청소년들이 방황하기 쉬운데 신앙생활을 열심히 하는 아이들은 가출하지 않고 바르게 학교생활한다는 점을 강조했다. 그랬더니 부모님은 오히려 정훈이를 나에게 부탁했다.

한 번은 차에 아이들을 태우고 축구를 하러 운동장에 가는데 정훈이가 말했다.

"목사님! 배고파요. 먹을 것 좀 사주세요."

"목사님이 무슨 돈이 있어서 먹을 것을 사주니?"

"목사님은 하나님의 아들이잖아요. 하나님은 부자이신데 부자이신 하나님의 아들이니까 목사님이 사주셔야 해요."

정훈이가 제자훈련을 받더니 생각하는 것이 달라졌구나 생각했다. 비록 농담이 섞인 투정이었지만, 분명 배운 말씀을 적용하고 있었던 것이다. 나는 정훈이에게 이렇게 말했다.

"나만 하나님의 아들이니 너도 하나님의 아들이잖아."

라고 하자 정훈이의 대답이 재미있었다.

"물론 저도 하나님의 아들이죠. 하지만 아들도 다 같은 아들이 아니에요. 목사님과 저는 차원이 다르잖아요."

라고 했다. 정훈이의 생각이 그동안 성경적인 관점으로 달라졌구나 생각하니 대견했다. 나는 차에서 내려 마트에서 아이들에게 빵을 사 주었다. 그러면서 이런 생각이 들었다.

'이 아이가 분명 복음으로 양육되지 않았다면 사춘기에 들어서면서 방황하고 타락의 길로 들어섰을지도 모른다. 그런데 말씀으로 양육하니 이렇게 생각이 달라지는구나.'

아이들과 같이 다니다보면 간식 비용은 내 지갑에서 나오는 경우가 대부분이다. 그래도 한 영혼 한 영혼을 주님께 돌아오게 할 수만 있다면 돈은 문제 될 수 없다고 생각했다.

사실 물질이 필요하면 하나님은 항상 필요한 물질을 공급하신다. 실제로 하나님께서는 집사님을 통해서 혹은 학부모를 통해서 끊임없이 아이들에게 먹을 것을 사줄 수 있는 돈을 공급해 주셨다.

나는 이런 생각을 한다. 모든 그리스도인들은 우리나라 미래의 희망을 위해서 청소년들에게 복음을 전해야 한다고 말이다.

누구든지 주의 이름을 부르는 자는 구원을 받으리라 그런즉 그들이 믿지 아니하는 이를 어찌 부르리요 듣지도 못한 이를 어찌 믿으리요 전파하는 자가 없이 어찌 들으리요 보내심을 받지 아니하였으면 어찌 전파하리요 기록 된 바 아름답도다 좋은 소식을 전하는 자들의 발이여 함과 같으니라(롬 10:13-15)

청소년들에게 복음을 전하여 그들이 예수 그리스도 안에서 꿈과 비전을 갖도록 하는 것이 그리스도인들의 중요한 사명이다.

내가 욕해 줄게요

기린중학교 학생 병주의 이야기다. 병주도 중학교 1학년 때 기린중학교에서 축구를 하다가 나를 만났다. 그 아인 귀엽고 예쁘게 생겼다. 축구를 하며 아이들과 주고 받는 이 아이의 대화를 들어보니 재미있는 아이 같아 보였다. 패스는 '살포시'해야 한다면서 다른 아이들을 웃겼다.

나는 이 아이에게 호감이 생겨서 축구가 끝나고 불렀다. 예수 그리스도를 믿느냐고 물었다. 엄마 따라 몇 번 교회에 갔었는데 재미가 없어서 안 다닌다고 했다. 난 교회란 재미가 있어야 다니는 것이 아니라 예수 그리스도를 믿어 구원 받고 하나님의 백성이 되는 곳이라고 말했다. 물론 네가 우리 교회에 다니면 교회 다니는 재미도 느끼게 해 주겠다고 제안했다. 병주는 재미만 있다면 교회에 다닐 용의가 있다고 했다. 병주에게 우리 교회는 축구를 자주 하고 운동을 잘하는 아이들이 모여 있는 교회라고 소개했다. 병주는 이미 우리 교회에 대해 알고 있다고 했다. 당시 우리 사랑의 교회는 전주에서 운동 잘하는 교회로 어느 정도 소문이 나 있었다. 병주도 우리와 합류해서 함께 운동도 하고 교회에 다니자고 하니까 그러겠다고 해서 나는 아이에게 음료수를 사주고 헤어졌다.

그리고 주일에 약속대로 교회에 나왔다. 그런데 그 주에 병주 어머니에게 전화가 왔다. 병주는 자기와 같은 교회를 다녀야 하기 때문에 죄송하지만 그 교회에 보낼 수 없다고 했다. 나는 아이의 마음을 이해하고 있었기 때문에 병주 어머니에게 이렇게 말했다.

"병주 어머니, 아이 얘기를 들어보니 그 교회가 재미없어서 교회를 다니고 있지 않다고 했습니다. 그래서 우리 교회에 나오라고 했죠. 병주가 다시 그 교회로 돌아간다면 그 아인 교회에 안 다닐 확률이 높습니다."

병주 어머니는 내 얘길 듣더니 태도를 바꾸고 이렇게 말했다.

"그렇다면 목사님께서 병주를 책임지고 신앙생활 잘 하게 해 주세요."

그래서 나는 그리 하겠다고 약속했다. 병주는 우리 교회에 나와 제자훈련을 받고 열심히 신앙생활을 했다. 그러던 어느 날 병주 어머니께서 주일 오후에 우리 교회에 나오셔서 아들과 함께 예배를 드렸다. 그리고 큰 아들까지 우리 교회로 보냈다. 병주 어머니는 병주가 날마다 달라지는 모습을 보면서 고등학생이었던 큰 아들까지 우리 교회에 다니게 했던 것이다.

나는 승합차에 아이들을 태우고 많이 다녔다. 그런데 운전을 하다 보면 별별 사람을 많이 만나게 된다. 어떤 때는 사고가 날 뻔한 위험한 일을 겪기도 한다. 상대방의 거친 운전, 무례한 행동들에 화를 낼 수 있지만 참는다. 아이들은 내가 목사이기 때문에 화를 내지 않는다는 것을 잘 알고 있다.

한 번은 난폭하게 운전하는 사람 때문에 놀라서 큰 사고가 날 뻔 했다. 그 때도 마음을 진정시키려고 애쓰고 있었는데, 옆에 타고 있던 병주가 내게 말했다.

"목사님, 제가 대신 욕해 줄게요."

라며, 창문을 열더니 본인이 알고 있는 심한 욕을 쏟아 부었다. 그리고 다시 자리로 돌아와서, 목사님은 욕을 못하시니까 자기가 대신을 욕을 하겠다고 했다. 나는 병주와 아이들에게 어떠한 상황이더라도 욕을 해서는 안 된다고 말했다.

"만약 너희들이 욕한 저 사람이 우리 교회에 나와서 우리를 만난다면 뭐라고 생각하겠니? 그리스도인들은 복음을 전하는데 방해가 되는 행동을 해서는 안 된다."

라고 단단히 주의를 주었다. 그 이후로 우리 아이들은 나와 함께 차를 타고 가면서 상대방에게 욕을 한 적이 없다. 내가 손해를 본 상황에 닥치면 나를 위로해 준다. 하나님께서 목사님 대신 억울함을 갚아주실 것이라고 말이다.

나는 이 일을 통해 행복을 느꼈다. 예수 그리스도 안에서 변해가는 아이들을 보는 것은 양육하는 자의 특권이자 기쁨이다. 나 같은 사람을 하나님의 종으로 삼으셔서 택한 백성들을 바르게 자라가게 하기 때문이다.

나를 능하게 하신 그리스도 예수 우리 주께 내가 감사함은 나를 충성되이 여겨 내게 직분을 맡기심이니(딤전 1:12)

목사님은 음료수 드리면 안 돼요

나는 중·고등부 학생들의 집에도 심방을 자주 가는 편이다. 부모님들을 전도하기 위해서다. 내가 학생들과 운동을 많이 하기 때문에 운동을 하다가 가끔 다리에 쥐가 날 때가 있다. 운동을 하고 음료수를 많이 마신 뒤로 부터 자주 이런 현상이 나타났다. 그래서 음료수 대신 물을 많이 마신다. 그 이후부터는 쥐가 잘 나지 않았다. 이 사실을 안 아이들은 음료수 대신 물을 사다가 나에게 주었다. 아이들 집에 심방을 가면 이 사실을 모르는 부모님들은 목사님을 대접한다고 음료수를 준다. 그러면 그 집 아이는 깜짝 놀라서

"엄마 우리 목사님은 음료수 드시면 안 돼요."

그리고 자기들이 물을 가져온다. 음료수 대신 과일을 드리라고 한다. 아이들은 내가 먹지 않는 것과 내가 하기 싫은 것을 잘 파악하고 있었다. 그리고 그런 일이 생기지 않도록 미리 조치를 취한다. 나는 이렇게 아이들의 사랑과 관심 속에서 목회를 즐겁게 했다. 그저 아이들 하나하나에 순수한 관심을 가지고 사랑했던 것이었는데, 어느 새 아이들 또한 그런 사랑과 관심의 열매를 내게 안겨 주었던 것이다.

전도하면 축구화 사줄게

나는 우리 교회 아이들을 전도하게 하기 위해서 누구든지 한 사람이 다섯 명씩을 전도하면 축구화를 사준다고 약속했다. 단, 자기가 전도한 아이들이 한 달 동안 교회에 빠지지 않고 다녀야 한다고 규칙을 정했다. 그러자 아이들은 각 학교마다 전도하느라고 열심을 냈다.

이렇게 한 달이란 기간을 정한 이유는 전도된 아이들이 한 달간 공적인 예배와 제자훈련을 받게 되면 신앙생활이 몸에 배어 교회에 나오지 말라

고 해도 스스로 나오게 되기 때문이다. 그리고 교회에 오면 무엇보다도 아이들이 좋아하는 운동을 마음껏 할 수 있었기에 아이들 삶의 중심이 교회로 바뀌게 된다.

더 좋았던 점은 아이들이 전도를 하게 되면 자기가 전도한 아이들을 챙기고 보살펴야 했기 때문에 신앙이 더욱 성장하는 계기가 된다는 것이다. 전도된 아이는 전도한 아이를 신앙생활의 모델로 삼기 때문에 전도한 아이들은 평소에 더욱 행동을 조심하고 신앙생활에서도 모범을 보인다. 어떤 달에는 축구화를 10켤레까지 사주기도 했다. 나는 교회의 재정이 부족한 것을 잘 알고 있었다. 그래서 미리 이렇게 말했다. 재정을 맡은 집사님들에게

"교회의 존재 목적이 무엇입니까? 영혼구원입니다. 하나님은 우리에게 복음 전하라고 사랑의 교회를 세워주셨습니다. 나 한 사람을 구원하기 위해 예수 그리스도께서는 십자가에 못 박혀 피 흘려 죽으시고 부활 승천하시어 성령을 보내주셨는데 어찌 영혼 구원하는데 돈이 문제가 될 수 있나요? 우리가 영혼 구원하는데 열심을 내면 하나님께서 어떤 손길을 통해서도 물질을 채워주시는 분이십니다."

사실 영혼 구원하는데 필요한 물질을 하나님께서 까마귀를 통해서 엘리야를 먹여주신 것처럼 채워주셨다.

까마귀들이 아침에도 떡과 고기를 저녁에도 떡과 고기를 가져왔고(왕상 17:6)

하나님께서 이렇게 물질을 채워주는 걸 체험한 재정부는 더 이상 내가 하는 사역에 대해서 이의를 제기하지 않았다. 그래서 나는 복음을 위한

일이라면 무엇이든지 과감하게 진행할 수 있었다. 하나님의 일은 믿음으로 할 때 기적이 일어난다.

"내가 말하는 대로 믿음대로 기도하는 대로 된다."

이렇게 교회 존재의 이유를 알고 열심히 청소년들에게 복음을 전하자 중·고등부는 나날이 부흥했다.

> 그들이 날마다 성전에 있든지 집에 있든지 예수는 그리스도라고 가르치기와 전도하기를 그치지 아니하니라(행 5:42)

중·고등부 학생들이 많네요

한 번은 우리 교회와 옆 교회가 축구시합을 했다. 옆 교회는 중·고등부뿐 아니라 청년들, 장년들까지 함께 해서 팀을 구성했다. 우리 교회는 중·고등부로만 구성했다. 객관적으로 보면 우리 팀이 옆 교회 팀을 이길 수 없었다. 우리 교회의 특징은 다른 교회와 운동을 하면 많은 중·고등부 학생들이 모여서 힘차게 응원을 한다는 것이다. 경기하는 자나 응원하는 자가 한마음이 한뜻이 된다. 조금 실수를 해도 "괜찮아, 괜찮아"하며 격려를 해준다. 물론 선수들이 잘하면 박수를 아낌없이 보낸다.

이날도 어김없이 응원팀이 우리와 함께 했다. 열심히 응원하고 열심히 뛴 결과 옆 교회를 큰 점수 차로 이길 수 있었다. 어느덧 이기는 것이 우리에겐 습관이 되었다. 이토록 운동을 잘하는 것은 대부분의 아이들이 나와 초등학교 때부터 운동을 했기 때문이다. 오랫동안 호흡을 맞춰서 조직

력이 뛰어났다. 어떤 때는 내가 놀라울 정도이다. 패한 옆 교회 목사님이 나한테 하는 말이

"중·고등부학생들이 많네요. 부럽네요."

라고 말했다. 그 이후부터 그 교회는 절대로 우리 교회와 운동경기를 하자는 말을 하지 않았다. 그런데 놀라운 것은 우리 교회 중·고등부의 부흥을 보고 그 교회에서는 노인들에게 대접하기를 시작했다. 매주 목요일마다 국수를 삶아서 경로당 노인들을 공경했다. 아마도 그 교회는 노인 사역을 더 중점에 두었는지도 모르겠다. 어쨌든 노인이나 청소년들에게 복음을 전하는 것은 좋은 일이다. 마치 바울이 말한 것처럼 말이다.

어떤 이들은 투기와 분쟁으로 어떤 이들은 착한 뜻으로 그리스도를 전파하나니 (빌 1:15)

그러면 무엇이냐 겉치레로 하나 참으로 하나 무슨 방도로 하든지 전파되는 것은 그리스도니 이로서 나는 기뻐하고 또한 기뻐하리라(빌 1:18)

우리 교회는 청소년들에게, 옆 교회는 어르신들께 복음을~!!!
복음이 널리 널리 전파되는 것은 너무 좋은 것이다.

어두운 얼굴

　호성중학교 1학년 승훈이의 이야기다. 오후에 북초등학교 운동장에 전도하기 위해 나갔다. 한 아이가 혼자서 열심히 공을 차고 있었는데 매우 잘하는 것 같았다. 한참을 바라보다가 다가가서 그 아이와 같이 공을 찼다. 이 아이는 왠지 얼굴 표정이 어두워 보였다. 어두운 그 아이의 얼굴이 내 마음을 아프게 했다. 필시 무슨 사정이 있는 것 같았다. 잠시 쉬면서 그 아이에게 음료수를 사오라고 돈을 주었다. 나는 그 아이와 함께 음료수를 마시면서 이름을 물었다. 승훈이라고 대답했다. 학교와 학년을 물어보았다. 호성중학교 1학년이라고 말했다. 예수 그리스도를 믿느냐고 물었더니 초등학교 때는 할머니를 따라서 교회에 몇 번 갔는데 지금은 다니지 않는다고 말했다.

　나는 승훈이에게 그러면 우리 교회에 다닐 것을 제안했다. 우리 교회에는 축구를 잘하는 형들이 많으니 축구 실력을 높일 수도 있고 축구 시합도 자주 할 수 있다고 얘기해 주었다. 승훈이는 교회 다니겠다고 약속을 했다.

　그리고 승훈이는 주일 날 약속대로 교회에 나왔다. 민국이라는 친구를 데리고 왔다. 민국이라는 아이는 형이 한 명 있는데, 형 이름은 대한이라고 했다. 그래서 형제 이름이 대한민국이었다. 이 두 형제는 승훈이를 따라서 모두 우리 교회를 다녔다.

　승훈이의 엄마 아빠는 모두 초등학교 교사셨는데, 승훈이가 초등학교 4학년 때 아버지가 돌아가셨다. 승훈이에겐 누나가 둘 있었다. 아버지가 돌아가시고 난 후 온 가족은 외아들 승훈이를 더욱 애지중지하며 키웠다. 그래서인지 예의가 없었다. 성격도 고약했다. 자기밖에 모르는 아이이다 보니 마음에 맞지 않으면 어른에게도 대들기도 하고 욕도 했다. 그런 승훈이에게 나는 깊은 관심을 가졌고, 그리스도의 사랑으로 품었다. 그리고 철저하게 제자훈련을 시켰다.

승훈이는 시간이 가면서 하나님의 말씀으로 성격이 변하기 시작했다. 맛있는 음식이 있으면 나누어 먹는 습관도 생겼다. 성령의 능력이었다. 한 번은 초등학교 운동장에 전도하기 위해 나가서 승훈이와 같이 축구를 했다. 쉬는 시간이었다. 어떤 초등학교 6학년 아이가 버릇없이 반말에 가까운 말을 내게 했다. 그러자 승훈이가 그 아이에게 말했다.

"너 이 분이 누구신지 알고 반말을 해. 너 내 앞에서 또 반말을 하면 이 운동장에서 다시는 나올 수 없을 줄 알아."

그 6학년 아이는 미안하다며 꼬리를 내렸다. 나에게도 좀 전의 태도를 바꾸어서 정중하게 존댓말을 했다. 그 아이가 떠나자 나는 승훈이에게 아까 그 아이 모습이 내가 너를 처음 봤을 때의 모습이라고 말했다. 승훈이는 교회에 나오고 제자훈련을 받으면서 삶이 정말 많이 바뀌었던 것이다.

승훈이가 변해가는 모습에 엄마와 누나들이 우리 교회에 나오기 시작했다. 나중에 승훈이는 제자훈련과 사역훈련까지 마치고 우리 교회 신문에 변화된 자신의 모습을 글로 썼다. 그 신문을 보고 우리 교회에 출석한 부모님들이 있었다. 물론 자녀들까지 데리고 온 가족이 나와서 예배를 드렸다. 복음을 전한다는 것은 말로도 전하지만 무엇보다도 그리스도인들의 변화된 모습을 보여주는 것이 전도의 필수임을 이 아이가 보여주었다.

또 온 백성에게 칭송을 받으니 주께서 구원 받는 사람을 날마다 더하게 하시니라 (행 2:47)

호루라기

우리 교회는 항상 여름 수련회는 동해 바다로 갔다. 수련회 때마다 나는 늘 호루라기를 챙겼다. 왜냐하면 아이들이 바닷가에서 운동도 하고 수영도 하기 때문에 주의와 경고를 하기 위함이었다.

우리 교회 수련회 구성은 부교역자도 없이 목사 나 하나와 팀장으로만 구성된 중 1-3학년 학생들이 전부였다. 나는 사고를 예방하기 위해 바닷가에서 놀고 있는 아이들을 예의주시하고 있다가 내가 정해놓은 경계선을 넘어가면 여지없이 호루라기를 불어댔다. 내가 호루라기를 불면 재미있게 놀던 아이들 중 경계를 넘어섰다고 판단되는 아이들은 물 밖으로 나왔다. 나는 한 번 정도 경계선을 넘으면 용서했지만 두 번 지적되면 그 아이는 3박 4일 동안 수영을 하지 못하게 했다. 이 규정은 매우 엄했기 때문에 아이들도 항상 조심했다.

그렇게 아이들을 관리했더니 10여년을 넘게 바닷가로 여름수련회를 갔어도 사고 한 번 나지 않았다. 물론 하나님의 은혜의 보호막이 있었기 때문이었지만, 나 역시 내 책임에 소홀하지 않으려 안전에 최선을 다했다. 바닷가로 수련회를 가도 우리 하나님은 아이들을 졸지도 아니하시고 주무시지도 아니하시며 지키시고 보호해 주셨다.

여호와께서 너를 실족하지 아니하게 하시며 너를 지키시는 이가 졸지 아니하시리로다 이스라엘을 지키시는 이는 졸지도 아니하시고 주무시지도 아니하시리로다 (시 121:3-4)

그러나 위험한 순간이 전혀 없었던 것은 아니다. 한 번은 영재라는 아이가 중학교 2학년일 때 동해 바닷가로 수련회를 갔는데 경계선을 넘었다.

파도에 밀려 허우적거리는 것을 발견하고 나는 즉시 물속으로 들어가 파도에 밀려가는 영재를 끌고 나왔다.

이 사건으로 아이들은 내가 무척이나 수영을 잘하는 줄 알고 있다. 물론 나는 어렸을 때 서해 바닷가에서 살았기 때문에 바다에서 수영을 한 경험은 있지만, 다른 사람을 구조할 정도로 수영 실력이 뛰어나지 않았다. 그때는 어떻게 그런 초인적인 힘이 나왔는지 모르겠다.

내 말을 듣지 않고 경계선을 넘었다가 위험에 처했던 영재는 그해 수련회 3박 4일 동안 수영을 못하고 심부름만 하다가 여름수련회를 마쳤다. 너무 가혹하다고 생각할 수도 있으나 한 번 정한 규칙을 정확하게 지켜야 아이들도 내가 정한 약속을 잘 따르게 된다. 그리고 내가 세운 팀장들의 말에도 잘 순종한다.

우리 그리스도인들도 하나님의 말씀을 잘 듣고 순종하면 안전할 텐데 하나님의 말씀보다는 인간의 경험, 지식, 능력, 세상의 방법대로 살다가

실수할 때가 많다. 구약 이스라엘 백성들이 하나님의 말씀보다 우상을 숭배하다가 실패할 때가 얼마나 많았는가? 오죽하면 하나님께서 순종을 강조하기 위해 레갑 족속을 예로 드신 적이 있다.

레갑의 아들 요나답이 그의 자손에게 포도주를 마시지 말라 한 그 명령을 실행되도다 그들은 그 선조의 명령을 순종하여 오늘까지 마시지 아니하거늘 내가 너희에게 말하고 끊임없이 말하여도 너희는 내게 순종하지 아니하도다(렘 35:14)

먹고 자고 먹고 자고

수련회 때마다 대형버스를 대절해서 간다. 휴게소에서 10분간 휴식하면 시간을 지키지 않는 아이들이 꼭 발생했다. 나는 이 버릇을 고쳐주기 위해 버스기사와 사전에 모의를 했다. 정확히 휴식 시간이 지나면 버스는 출입문을 닫고 천천히 출발하기로 했다. 그러면 아직 탑승하지 못한 아이들은 출발하는 버스를 타기 위해 헐레벌떡 뛰어온다. 아이들은 너무 당황해서 버스 출입문까지 쫓아온다. 그때 나는 아이들을 버스에 태웠다. 이렇게 한두 번 했더니 아이들은 모두 10분이 넘기 전에 버스에 탑승했다.

수련회 장소에 도착하면 새벽예배와 저녁예배만 드린다. 낮에는 아이들에게 자유를 준다. 운동을 하던 팀별로 무엇을 하던 나는 간섭하지 않는다. 아이들이 자유롭게 조별로 모임을 가지고 놀 때 나는 텐트 속에서 책을 보든가 잠을 자든가 했다.

식사 시간에 아이들이 조별로 밥을 해서 목사님을 대접한다고 가져왔다. 나는 조별로 가져온 식사를 한 후 수련회가 끝나는 때 평가를 했다. 그래서 아이들이 수련회 때 나를 두고 하는 소리가 있다.

"목사님은 먹고 자고 먹고 자고"

수련회는 많은 시간 자유를 주었기 때문에 아이들은 즐거워했다. 그러나 예배드릴 때만큼은 철저하게 예배에 집중하게 했다. 만약 예배드리는 시간에 예배하는 자세가 좋지 않으면 나는 여지없이 단체 기합을 주었다.

단체 기합이란 경건의 기합이다. 모두가 무릎을 꿇고 손뼉을 치며 찬송을 부른다. 계속해서 반복을 하다가 통성기도를 시킨다. 그렇게 하다보면 아이들은 회개기도를 하기도 하고 눈물 콧물을 흘리며 부르짖기도 한다. 그러고 나서 나는 하나님의 말씀을 전한다. 아이들은 모두가 귀를 기울여 하나님의 말씀을 듣고 성령의 인도하심에 변화되기 시작하는 것이다.

하나님의 말씀을 살아 있고 활력이 있어 좌우에 날선 어떤 검보다도 예리하여 혼과 영과 및 관절과 골수를 찔러 쪼개기까지 하며 또 마음의 생각과 뜻을 판단하나니(히 4:12)

이런 훈련으로 수련회 때 아이들이 많은 변화를 받았다. 기도하지 못하던 아이들이 기도할 줄 알게 되고 주일에 억지로 교회 나왔던 아이들이 능동적으로 예배드리는 삶을 살았다.

심고 거두는 법칙

여름수련회에는 보통 100명이 넘는 인원이 참석하기도 했기 때문에 조 편성이 필수였다. 8-10명을 한 조로 해서 10-12조를 짜고 각 조에 조장을 세우고 그 아래 팀장을 둔다. 또 조장을 총괄하는 회장이 있다. 이렇게 조직을 세우는 이유는 부교역자가 없기 때문이었다. 나는 회장에게 지시하고 회장은 조장들에게 조장들은 팀장들에게 지시한다. 조직의 위계질서를 확실히 해야 사고 없이 수련회를 마칠 수 있다.

우리 아이들은 수련회를 가기 2주 전부터 회장과 조장, 팀장들이 저녁마다 모여서 기도로 준비했다. 기도하면서 수련회를 영적으로 준비하게 했다. 그러면 아이들은 기도 없이 아무 것도 할 수 없다는 것을 배우게 된다. 우리 교회는 아이들이 수련회를 간다고 해서 아무것도 지원해 주지 않았다. 모든 것은 전적으로 조장들과 조원들이 모여서 준비했다.

초등학교 때는 집사님들이 가서 밥을 해주었지만 중·고등부부터는 아이들끼리 자체적으로 준비하여 밥을 했다. 내가 이렇게 훈련을 시키는 이유는 아이들이 어려서부터 심고 거두는 법칙을 깨닫도록 하기 위해서이다.

스스로 속이지 말라 하나님은 업신여김을 받지 아니하시나니 사람이 무엇으로 심든지 그대로 거두리라(갈 6:7)

아이들이 어려서부터 하나님의 말씀대로

"사람이 무엇으로 심든지 그대로 거두리라"

왕복 교통비, 식비 모두 조별로 회비를 거두어서 준비했다. 물론 관광버스는 교회에서 준비해 주었지만, 필요한 일체 비용은 아이들이 냈다. 그러나 아이들은 한 번도 불평하지 않았다. 아예 그렇게 하는 것이 그리스도인들의 삶이라고 생각했다. 어려서부터 부지런히 심으면 때가 되면 거두게 된다는 것을 우리 아이들을 잘 알고 있다.

때가 이르매 거두리라(갈 6:9)

만약 어려서부터 교회에서 무엇이든 다 해 주면 아이들은 거지 근성을 가지고 살아갈 위험이 있다. 아이들은 받기에만 익숙하지 자기 것을 스스로 나눌 줄 잘 모른다. 이런 아이들에게 나는 자기 것은 자기가 할 줄 알아야 할 뿐 아니라 나누어 줄 줄 아는 삶을 살도록 가르쳤다.

전교 1-2등

우리 교회 중학교 아이들이 워낙 많다 보니 전주 시내에 있는 모든 중학교 아이들이 모였다. 이 아이들은 중간고사를 보든 학기말 고사를 보든 무슨 시험을 보든 간에 시험 보는 날짜와 시험 결과를 반드시 나에게 보고했다. 아이들은 나에게 기도 부탁을 하기 위해 이러한 정보를 알려주었는데 덕분에 나는 아이들의 시험 일정뿐 아니라 성적도 알 수 있게 되었다. 시험 결과가 좋으면 나는 칭찬을 아끼지 않았다. 그리고 함께 감사기도도 했다. 그러므로 각 학교에서 1-2등을 한 본인들도 성적을 나에게 가르쳐 주기도 하지만, 같은 반 아이들도 알려 주었다.

나는 말씀 시간과 제자훈련 시간에 아이들에게 공부를 강조했다. 예수님을 믿는 사람은 믿지 않는 사람에게 실력으로 져서는 안 된다고 가르쳤다. 우리 아이들은 주일에는 예배드리고 교제하는 삶을 살기 때문에 공부하는 시간이 하루 적다. 그래서 믿지 않는 아이들이 평소 8시간 공부하면 우리 아이들은 10시간 공부하라고 주문했다. 월요일에 시험을 보면 주일날 일찍 잠을 자고 월요일 새벽에 일어나 공부를 하라고 가르쳤다.

그리고 기도하기를 강조했다. 시험을 보기 전에 먼저 기도하라고 했다.

그러면 아이들은 새벽기도도 하였다. 심지어 자기 부모님을 데려와 함께 기도회에 참석하기도 했다. 그래서 시험 때만 되면 갑자기 새벽기도 하는 사람들이 많아졌던 기억이 난다. 그렇지만 나는 공부를 하지 않고 기도만 하는 사람은 헛것이라고 가르쳤다. 꿈이 있으면 그 꿈을 이루기 위해 하나님께 맡기고 기도하는 훈련을 할 뿐 아니라 열심히 공부하라고 당부했다.

우리 교회 아이들 중에서 전교 1, 2등 하는 아이들이 많아졌다. 그런 아이들을 따라 교회에 나오시는 분들도 계셨다. 아예 교회 옆으로 이사 오는 분들도 있었다. 이렇게 아이가 열심히 공부하는 일은 복음 전도에도 많은 도움이 되었다.

검찰청에서

신흥중학교 2학년 국철이의 이야기다. 국철이가 다니는 학교는 기독교 정신으로 세워진 학교로서 매주 월요일 예배를 드리는 전통이 있다. 이 학교를 다니던 국철이가 우리 교회를 한 주 다녔을 때의 일이다. 신흥 중학교에 다니던 우리 교회 아이가 나에게 와서 이런 말을 했다.

"목사님, 국철이가 소년원에 갈 것 같아요."

이유를 알아보니 전주에 칠봉산이 있는데, 국철이가 아이들을 거기로 데리고 가서 돈을 빼앗았다는 것이었다. 국철이는 초등학생 납치라는 죄명으로 검찰에 송치되었다. 나는 상황을 파악하고 국철이 부모님께 연락을 드렸다. 국철이 부모님은 검사를 만나러 가려던 참이라고 했다. 나도 즉시 검찰청으로 갔다. 국철이 부모님이 먼저 와 있었다. 그런데 검사실 안으로 들어가지 않고 밖에 서 있기에 왜 들어가시지 않느냐고 물었다. 그랬더니 검사가 부모님은 들어올 자격이 없다며 나가라고 해서 밖에 있다고 했다. 그 무렵 국철이 담임선생님도 소식을 듣고 검찰청에 왔다. 담임선생님은 검사실에 들어가서 울며 용서를 빌었다. 검사는 담임선생님에게 평소 아이들을 잘 가르치지 않아서 이런 일이 생겼다며 나무랐다. 그러면서 이 아이는 죄질이 나빠서 소년원에 보내야 한다고 했다. 나는 이렇게 돌아가는 상황을 보며 성령님의 도우심을 구하며 기도한 후 검사실로 들어갔다. 먼저 검사에게 공손히 인사를 하며 내 소개를 했다.

"저는 전주 사랑의 교회 담임목사이며 청소년 선도위원입니다. 제가 국철이를 일찍부터 알았다면 잘 지도해서 이런 일이 생기지 않도록 했을 텐데, 국철이가 지난주에 처음 교회에 나와서 미처 지도할 겨를이 없었습니다."

라고 하며 선처를 구했다. 국철이를 한 번만 용서해 준다면 책임지고 잘 지도할 뿐만 아니라 다시는 이런 일이 일어나지 않도록 할 것이라는 재발 방지 약속까지 했다. 그랬더니 아까까지는 완고하던 검사의 태도가 달라졌다. 목사님이 이렇게 책임을 지시겠다고 하니 오늘 저녁에 국철이를 집으로 돌려보내겠다는 것이었다. 나는 검사 방을 나오면서 안도의 한숨을 쉬며 하나님께 감사기도를 했다. 성령님의 도우심이 있었음을 느낄 수 있었다.

그리고 약속대로 국철이는 그날 저녁 집으로 돌아왔다. 나는 국철이를 하나님께서 나에게 맡겨주신 것으로 알고 깊은 관심을 가지고 지도하기 시작했다.

요즘 아이들 부모님들은 맞벌이를 하시기 때문에 자녀를 돌볼 여유가 없는 경우가 많다. 그 사이에 아이들은 그릇된 길로 들어설 위험에 노출된다. 특히 사춘기 아이들은 시한폭탄과 같이 어떤 일들을 벌일지 모른다. 그런 아이들을 돌보는 것이 내 중요한 사역 중 하나였다.

그 이후 국철이는 열심히 신앙생활을 했고, 생활 태도도 달라졌다. 국철이 부모님도 아이와 함께 교회를 다녔다. 아이들을 변화시킬 수 있는 지름길은 하나님의 말씀과 기도로 양육하는 것 밖에 없다. 그러므로 그리스도인들은 어린 아이들을 예수 그리스도의 사랑으로 품고 양육해야 한다.

또 아비들아 너희 자녀를 노엽게 하지 말고 오직 주의 교훈과 훈계로 양육하라 (엡 6:4)

여수역에서

전라중학교 1학년 아이들의 이야기다. 어느 날 한 아이의 부모가 나에게 전화를 했다. 담임선생님이 자기에게 전화를 해서 아이가 집에 있느냐고 물었다는 것이다. 자기 반 아이가 시험을 보고 없어졌다는 것이다. 아이가 당연히 학교에 있을 줄 알고 있었던 그 부모님은 깜짝 놀랐다. 그래서 목사님께 전화를 드렸다고 했다.

시험을 보고 사라진 아이들은 총 3명이었다. 부모님들은 아이들이 평소 교회에 가는 것을 좋아한다는 것을 알기 때문에 혹시 교회에 있을 줄 알고 전화를 했다는데 그 아이들은 교회에 오지 않았다. 그 때 문득 스치는 생각이 있었다. 아이들이 지난 주일에 떠드는 소리를 들으니 얼핏 '여수'라는 말을 했던 기억이 났다.

그래서 먼저 전주경찰서에 근무하시는 형사 분에게 전화를 드렸다. 그

분은 우리 교회 다니는 학생의 아버님이었는데 특수 범죄자를 담당하는 분이셨다. 다행히 그분과 통화가 돼서 사정을 설명해 드렸다. 가출한 학생 3명이 있는데, 주일에 얼핏 여수로 간다는 이야기를 들은 것 같으니 조치를 취해 달라고 했다. 그러자 그 분은 여수역장에게 전화를 걸어 혹시 여수역에 중학교 1학년 학생처럼 보이는 아이 3명이 내리면 좀 붙잡고 있어 달라고 부탁을 했다.

오후 3시 반경에 전화가 왔다. 여수역장이 아이들 3명을 데리고 있다는 전화였다. 그 아이 부모님 중 한 분이 택시기사를 하셨기 때문에 그 아버지와 함께 택시를 타고 여수로 내려갔다. 여수에 도착한 시각은 7시 30분. 역장실에 들어서니 아이들이 잔뜩 긴장한 얼굴로 모여 앉아 있었다. 그러다가 내 얼굴을 보더니 표정이 밝아졌다. 택시를 운전하고 같이 오신 한 아버지는 아이를 보자마자 혼을 내려고 하셨는데 내가 말렸다.

역장님께 인사를 하고 밖으로 나와 아이들이 좋아하는 자장면을 사주었다. 배부르게 먹인 후 아이들에게 자초지종을 물었다.

"그냥 여수에 와 보고 싶었어요."

아이들의 대답은 단순했다. 나는 다시 택시를 타고 아이들을 데리고 전주에 도착하니 벌써 밤이 깊은 시각이었다. 아이들을 각자 집으로 돌려보내고 나도 집으로 돌아왔다.

다음날 미리 담임선생님께 전화를 드렸다. 담임선생님 역시 매우 화가 나 있었기 때문에 선생님께 아이들 야단을 치지 않으면 좋겠다고 부탁을 드렸다. 아이들이 반항심이 있기 때문에 또 야단을 치면 가출할 확률이 높을 것 같아서였다.

그 일이 있은 후 3명의 아이들이 달라지기 시작했다. 신앙생활을 하며 착한 아이들로 성장했다. 나는 아이들을 지도하다 보니까 사춘기 아이들이면 누구나 집에서 가출하고 싶은 충동을 느낀다는 것을 잘 알게 되었다. 이런 아이들에게 화를 내거나 꾸중을 하기보다는 아이들 이야기를 들어주고 품어주면 아이들의 태도는 달라진다.

생명의 빵

서중학교는 우리 교회에서 멀기 때문에 나는 버스를 타고 하교 시간이나 점심시간을 이용해서 심방을 갔다. 하교 시간에는 청소를 하다가 아이들이 어떻게 나를 알아보았는지 창문을 열고 여기저기서 "목사님!"하고 부른다. 그리고 아이들은 청소를 하다 말고 나에게 모여든다.

대부분의 아이들은 친구들을 데리고 온다. 그 아이들의 전도 대상자들이다. 자신들이 아무리 전도를 해도 듣지 않는다며 그 아이들을 목사님한테 데리고 온다. 목사님이 알아서 전도를 하라는 뜻이다.

처음에는 여러 명을 모아놓고 전도를 했다. 그 중에는 예수님을 믿겠다고 하고 교회에 나오기로 약속하기도 한다. 나는 교회에 나오겠다고 약속한 아이들에게 빵을 사주었다. 하교 시간은 특히 배고픈 시간이기 때문에 아이들에게 빵은 꿀과 같이 달았고 효과도 좋았다. 그런데 문제는 교회에 나오지 않겠다는 아이들이다. 그들은 혼자 교실로 돌아가게 되는데, 개중에 교회를 비판하는 아이도 생겨나기 때문이다. 교회를 비판하기 시작하면 교회에 나오기로 약속한 아이들 마음도 흔들리기 시작한다. 그리고 주일에 교회에 나오지 않는 경우가 많았다.

그래서 나는 전략을 바꾸었다. 이제 한두 명만 모아놓고 전도하기로 했다. 그랬더니 전도가 잘 되었다. 아이들은 내 말에 귀 기울여 듣고 예수님을 믿기로 하고 교회에 약속대로 나왔다. 나는 이런 식으로 전주 시내 각 학교를 다니며 전도했다.

심방 계획은 미리 정해 놓았다. 평소 친구를 따라 교회에 나오는 아이들도 있지만, 내가 직접 만나 전도한 아이들도 교회에 많이 나왔다. 나는 이들에게 전도 후 빵과 음료수를 사주었는데 이것을 나는 속으로 '낚싯밥'이라 여겼다. 아이들이 이 낚싯밥을 물면 교회에 나오지 않을 수 없게 된다. 나는 빵을 사주며 아이들의 전화와 주소를 묻고 주일이 되기 전에 꼭 다시 한 번 확인 전화를 했다. 나뿐만 아니라 우리 교사들에게도 그렇게 하도록 시켰다. 그러면 주일이 익숙하지 않은 아이들도 주일에 교회에 잘 나왔다.

영혼을 구원하기 위해 중학교 교문을 자주 드나들었다. 그러한 수고에 주께서 선한 열매의 결실을 맺게 해 주셨다. 예수님 역시 이 세상에 낮고 천한 모습으로 내려와 우리를 구원하신 것처럼 나도 아이들과 같이 낮아져서 그들에게 복음을 전하려고 노력했다.

그는 근본 하나님의 본체시나 하나님과 동등 됨을 취할 것으로 여기지 아니하시고 오히려 자기를 비워 종의 형체를 가지사 사람들과 같이 되셨고 사람의 모양으로 나타나사 자기를 낮추시고 죽기까지 복종하셨으니 곧 십자가에 죽으심이라(빌 2:6-8)

이런 예수님께서는 제자들에게도 사람 낚는 어부가 되게 하리라고 말씀하셨다.

말씀하시되 나를 따라오라 내가 너희를 사람을 낚는 어부가 되게 하리라 하시니(마 4:19)

주일 전도된 아이들 즉, 낚싯밥을 물은 아이들은 틀림없이 약속대로 예배당에 나왔다. 교회에 오면 친구들과 나는 정성을 들여 그 아이들을 돌보며 깊은 관심을 가졌다. 제자훈련과 공적인 예배에 열심히 참석하게 하여 하나님의 말씀으로 양육되면 아이들은 변화되어 또 누군가를 전도한다. 이렇게 하나님은 나와 함께 동역한 아이들을 통해 하나님의 나라를 확장 시키셨다.

교회 차가 있나요?

우석중학교에 다녔던 2학년 아이들의 이야기다. 이 학교도 우리 교회와 거리가 상당히 떨어져 있어서 버스를 타고 심방을 가야 했다. 이 학교에 가서도 동일한 방법으로 복음을 전했다. 우리 교회 아이들이 나를 알아보고 자기 친구들을 데리고 나에게로 모였다. 그런데 한 학생이 이런 말을 했다.

"저는 교회에 가고 싶지만, 교회에 갈 차비가 없어서 못 가요."

그러면 한 아이가,

"목사님, 교회에 차량이 있나요? 차로 우리를 데려가고 데려다 주면 우리는 친구들을 데리고 교회 다닐 수 있어요."

라고 말했다. 이 말을 듣고 마음이 아팠다. 대형 교회 같으면 차량을 운행해서 성도들이 교회를 다니는 일에 불편을 덜 수 있다. 그러나 우리 교회는 재정 형편이 어려워 차를 둘 수 없었다. 만약 우리 교회에 차가 있어서 차량운행이 가능하면 전주 시내 어느 곳이든 교회에 다니고 싶어하는 아이들은 함께 신앙생활을 할 수가 있을 것 같았다.

나는 아이들에게 변명 아닌 변명을 늘어놓기 시작했다. 신앙생활이란 자기 시간 자기 물질로 하나님을 섬기는 것이지 교회에서 모든 걸 다 해주어 편안하게 신앙생활을 하는 것은 잘못된 것이라고 설명해주었다. 심지 않고 거둘 수 없다고 설득했다.

하지만 집이 가난한 아이들에게는 교회에서 버스비를 지불할 테니 오라고 했다. 우리 교회 아이들에게는 너희들이 친구들 버스비를 대주라고 했다. 결국 몇 명의 아이들은 교회에서 또는 친구들이 버스비를 지불하고 그렇지 않은 아이들은 자기가 버스비를 내고 교회에 나오겠다고 약속했다. 그 주일부터 교통비가 필요한 아이들에게 교회에서 차비를 지급해 주었고 아이들은 교회 안에서 열심히 신앙생활을 했다. 이들은 나중에 우리 교회에 기둥 같은 일꾼이 되었다. 이들은 이런 고백까지 했다.

여호와께서 우리를 위하여 큰일을 행하셨으니 우리는 기쁘도다(시 126:3)

제자훈련

세월이 가면서 우리 교회 제자훈련은 보편화가 되었다. 청년, 장년들은 물론이거니와 중·고등부까지 모두가 제자훈련을 받았다. 나는 한마디로 제자훈련에 미쳐 있었다. 성도들도 나를 따라 열심히 제자훈련에 참여했다.

제자훈련은 1년 코스로 12명을 한 팀으로 꾸렸다. 중학생들을 중심으로 토요일 오후 1시부터 밤 10시까지 제자훈련을 했다. 제자훈련 내용 중 하나는 매일성경으로 큐티를 하고 주일 오후에 큐티 발표를 하는 것이었다. 그러면 제자훈련을 받는 아이들은 삶의 현장에서 만난 하나님을 진솔하게 고백했다. 본인은 물론 성도들까지 눈물을 흘리며 은혜의 시간을 나눈 적도 있다. 어떤 때는 아이들의 우스운 경험을 나눌 때가 있다. 그러면 온 교회가 웃음바다가 됐다. 그래서 주일 오후 매일성경 큐티를 나누는 시간은 성도들이 기다려지는 시간이었다.

나는 제자훈련을 통해 말씀 지식만 습득할 것이 아니라 삶으로 실천하기를 바랐다. 그 일환으로 예배당 청소를 중고등부에게 맡겼다.

이런 일도 있었다. 교회가 도로변에 있었기 때문에 평일에도 화장실을 사용하러 교회에 들르는 사람이 있었다. 그 당시에는 화장실을 잠가 놓았는데 그러면 사람들이 그 앞에서 볼일을 보았다. 이런 일이 종종 있었다. 처음엔 내가 아이들 앞에서 먼저 청소하는 본을 보였다. 그리고 아이들에게 너희들도 이렇게 하라고 가르쳤다. 그러면 다음부터는 아이들이 잘 따라서 청소를 했다. 아이들뿐 아니라 청년들과 집사님들도 솔선해서 교회 청소를 했다. 그래서 나중에는 교회 화장실을 완전 개방했다. 교회 화장실이 공동 화장실이 된 것이다. 그러다보니 청소가 더욱 힘들어졌다. 그래도 아이들은 순종함으로 청소를 잘 했다.

한 걸음 더 나아가서 제자훈련을 받는 아이들은 모두가 각 학교에서 점심시간에 5분 기도회를 했다. 청소년 복음전도와 자신들의 꿈과 비전이 예수 그리스도 안에서 이루어지게 해달라는 기도였다. 우리 교회 아이들이 항상 열정적으로 기도를 했기 때문에 다른 교회에 다니는 아이들이 우리 교회를 이단이 아닌가 생각할 정도였다고 한다.

또한 우리 교회 아이들은 매주 토요일이나 공휴일이 되면 어김없이 그 전날 많은 아이들이 교회당에서 자고 새벽기도까지 했다. 아이들이 새벽기도를 할 때면 예배당이 가득했다. 다른 교회 다니는 성도들이 우리 교회에 새벽기도를 나왔다가 깜짝 놀라곤 했다. 그리고 청소년들이 많아 소망이 있는 교회라고 말했다. 우리 교회 아이들이 기도를 통성으로 하기 때문에 조용히 기도하는 분들은 적응하기가 어려웠다.

그리고 우리 아이들은 기도 특공대를 조직해서 매주 토요일 저녁마다 기도했다. 많이 모일 때는 60-70여명이 모여 뜨겁게 성령 충만한 가운데 기도를 했다. 기도 특공대는 내가 인도하지 않았다. 자기들 스스로가 기도의 중요성을 알고 시작했다. 이들은 토요일 저녁에 기도한 후 주일 새벽기도에도 참석했다.

이르시되 기도 외에 다른 것으로는 이런 종류가 나갈 수 없느니라 하시니라(막 9:29)

아이들이 이 말씀을 붙잡고 기도하기로 결심했다며 훗날 나에게 얘기했다.

농구대잔치

당시 아이들에게 대학농구대잔치는 인기가 매우 좋았다. 초등학교 때는 프로 야구를 좋아하더니 중학교에 진학하면서 아이들은 대학생들의 대학농구대잔치를 매우 좋아했다. 나는 아이들의 이러한 취향을 놓치고 싶지 않았다. 아이들이 좋아하는 것은 무엇이든 하고 싶었다. 그리고 무엇보다도 아이들의 세계 속에 들어가 그들과 어울리며 복음을 전하고 싶었다. 그래서 계획한 프로젝트가 바로 '사랑의 교회 농구대잔치'이다.

중학생들을 대상으로 최초로 전주 시내에서 농구대잔치를 열었다. 참가비는 1인당 7천원으로 하고 한 팀은 7명으로 하였다. 전주 실내 체육관을 빌려서 했다. 전주 실내 체육관은 현재 프로농구팀이 사용하고 있을 정도로 전주 시내에서 가장 좋은 농구 장소이다. 그러다 보니 실내 체육관 사용료, 조명 사용료를 비롯해서 시상 상품까지 지불하다 보면 항상 적자 운영이 되었다. 처음엔 교회 재정이 넉넉하지 않았기 때문에 장년들이 반대했다. 나는 이들을 설득했다. 영혼 구원을 위해 교회 재정이 사용되어야 하며, 필요한 재정은 하나님이 늘 채워 주신다고 강조했다. 그러자 교회 장년들이 내 말에 순종했다.

제1회 대회는 학생들 여름 방학을 활용해서 2박 3일 치르기로 하고 각 학교에 홍보했다. 그런데 막상 뚜껑을 열어보니 지원팀이 너무 적었다. 그래서 1회 대회는 초라하게 끝났다. 겨울 방학에는 팀당 3만 5천원의 참가비를 받기로 하고 각 학교와 전주 시내에 홍보를 열심히 했다. 그랬더니 너무 많은 팀이 참가해서 선착순 마감을 시켰다. 그랬더니 한 중학생 팀은 부모님을 동원해서 신청하려고 했다. 다음 대회에 참가하라고 해도 막무가내여서 나는 제안했다.

"팀원 모두가 우리 교회를 다니겠다고 하면 신청을 받아주겠습니다."

그러자 그들은 모두 그러겠노라고 답했다. 신청 팀은 무려 50개 팀이나 되었다. 경기 시작 일주일전 조 추첨을 하겠다며 우리 교회로 아이들을 모았다. 물론 아이들을 모아 복음을 전할 목적이 있었다. 그래서 조 추첨에 팀원 중 한 명이라도 참석하지 않으면 그 팀은 실격 처리하겠다고 말했더니 당일 교회는 아이들로 발 디딜 틈이 없을 정도였다. 나는 우리 교회 청년들을 시켜 조 추첨을 진행하도록 했다. 그리고 나에게 시간이 주어졌다.

나는 그곳에 모인 아이들에게 교회에서 주최하는 농구대잔치이기 때문에 먼저 하나님께 예배드려야 한다고 했다. 먼저 복음성가 몇 곡을 불렀더니 따라하는 아이들이 많았다. 그리고 기도한 후 하나님의 말씀을 전했다. 여러분들은 청소년으로서 꿈과 비전을 가져야 한다는 예수 그리스도의 말씀을 전했다. 그리고 우리 교회 청년을 시켜 대회 규칙을 알려 주도록 했다. 경기하는 중 욕설 금지, 매너가 좋지 않은 행동 금지, 위반 시 팀은 실격 처리됨을 알려 주었다. 대회전에 이렇게 주의 사항을 전달했더니 대회 기간 내내 사고 없이 잘 진행될 수 있었다. 물론 하나님의 은혜였다. 그리고 제2회 농구대잔치는 성황리에 끝이 났다.

농구대잔치를 하면서 많은 학생들을 전도했다. 그들에게 교회를 잘 다니면 다음엔 사랑의 교회 선수로 뛸 수 있도록 해 주겠다고 했다. 그리고 참가한 아이들이 다음 방학에도 또 농구대잔치가 열리는지 물어보았다. 아이들에게 농구대잔치는 방학마다 열리는 큰 이벤트로 자리 매김 되기 시작했다.

우승하는 교회

사랑의 교회 농구대잔치는 계속 되었다. 방학이면 어김없이 농구대잔치를 했다. 홍보 방법도 더욱 진화하여 인쇄소에서 농구대잔치 포스터를 만들어서 대학생들과 각 학교 학생들이 학교 게시판마다 전주 시내에 포스터를 붙였다. 그리고 각 학교 학년 및 반마다 신청서를 배부했다. 선착순 마감한다며 신청서를 나누어주자 3일 만에 접수가 끝났다. 4박 5일 해도 시간이 모자랄 정도로 인기폭발이다.

우리 교회 아이들도 중 1-3학년 각 2팀씩 참가했다. 우리 교회 아이들에게도 팀별로 참가비를 받았다. 팀 이름은 각 학년마다 동일하게 '다윗'과 '바울'이라고 붙였다. 학년마다 운동을 잘 하는 선수들을 뽑아 먼저 기도 훈련부터 시작했다. 경기를 앞두고 팀별로 모여서 기도했고 주일 새벽에도 기도했다. 교회 아이들 성적도 좋았다. 기본이 4강이었다. 그러나 결승에는 다윗 팀만 올라갔다. 이러한 이유는 팀을 구성할 때 다윗 팀을 더 잘하는 아이로 뽑았기 때문이다.

결승에서는 다윗 팀이 이겼다. 이것이 하나의 전통처럼 굳어졌다. 그래서 아이들에게 사랑의 교회 팀은 강하다는 인식을 심어주었다. 그런데 내막을 보면 이렇다. 우리 교회는 평소 운동을 잘하는 아이들이 많이 교회에 다녔다. 그리고 농구대잔치를 할 때 잘 하는 아이들은 전도해서 우리교회에 다니게 했다. 외부의 시각으로 보면 스카우트를 한 것이다. 그러니 해를 거듭할수록 우리 교회가 잘 할 수밖에 없었다.

농구대잔치 진행 사이사이에 우리 교회 아이들이 전도를 했다. 그래서 농구대잔치가 끝나고 나면 중학교 아이들로 예배당이 가득했다. 오전 9시 예배였는데 아이들이 너무 많아서 예배가 시작되면 문을 닫았다. 그러면 늦게 온 아이들은 계단에서 예배를 드렸다. 이렇게 해도 아이들이 몰려들었던 이유는 주일예배 참석을 조건으로 아이들과 운동을 했기 때문이다. 아무리 운동을 잘해도 주일 성수를 하지 않으면 주전으로 뛸 기회를 주지 않았다. 그랬더니 아이들은 계단에서도 열심히 주일 설교를 들으려고 했다. 그만큼 아이들이 순수했다.

예수 그리스도의 종 바울은 사도로 부르심을 받아 하나님의 복음을 위하여 택정함을 입었으니(롬 1:1)

농구를 배웠다

중학생들의 농구대잔치의 열기가 더해가면서 나도 농구를 배우기로 했다. 나 역시 농구를 해야 아이들과 더 가까워질 수 있을 것 같았기 때문이다. 사실 내가 어렸을 때는 농구를 알지도 못했다. 그래서 당연히 농구는 할 줄 몰랐다.

우리 교회에서 농구 잘 하는 아이를 불러다가 농구 레슨을 받았다. 처음엔 공 잡는 것도 서툴러서 손가락이 성할 날이 없었다. 그런데 신기하게도 아이들은 어떤 순간에 공을 잡아도 손가락을 다치는 법이 없었다. 운동이 끝나고 나면 내 손은 퉁퉁 부었다. 그래서 한의사인 장로님을 찾아가 침을 맞고 피를 뽑았다. 그러기를 몇 번 반복하니까 어느 날은 그 한의사분이 내게 경고를 했다.

"목사님! 농구 그만하세요. 이렇게 손가락을 자주 다치시면 나중에 늙어서 관절염이 생겨 고생하게 됩니다."

"내 손가락이 다치고 관절염이 생겨도 한 영혼을 구원하는 것이 소중합니다. 이것이 내 몸에 있는 예수 그리스도의 흔적이 아닙니까?"

라고 말하자 한의사 선생님도 더 이상 말리지 않았다. 그런데 나 역시 농구를 열심히 배우다 보니 어느 날부터인가 손가락을 다치는 일이 없어졌다. 나는 아이들과 몸싸움에서는 밀릴 수밖에 없었다. 그래서 나름의 전략을 짰다. 바로 외곽에서 3점 슛을 잘 하는 선수가 되기로 했다. 열심히 연습한 끝에 3점 슛을 쏘면 10개 중 6개가 링 안으로 들어갈 정도가 되었다.

나중에는 아이들과 함께 농구대잔치에도 선수로 뛰었다. 처음에는 상대편 아이들이 나를 비웃었다. 그래서 경기 중에 나를 수비하는 상대편이 없었다. 나는 편안하게 외곽에서 3점 슛을 쏘았고 정확하게 링 안으로 들어갔다. 그러자 상대편 아이들도 나를 전담 마크하기 시작했다.

내가 용병으로 참가하는 팀은 우리 교회 다윗 팀이다. 나는 고등부 1학년 팀과 중학교 2학년 팀에 속해서 시합을 했고 우리 팀은 항상 우승을 했다. 나중에 아이들은 다윗 팀에 들어가기를 선망했다. 그러면 나는 평소 기도를 열심히 하고 신앙생활 잘 하는 아이를 뽑는다고 알려주었다. 이 일이 자극이 되어 아이들은 신앙생활도 열심히 하게 되었다. 이 일은 하나님이 내게 주신 지혜로 이루어졌다. 이 모든 과정에서 농구는 중·고등부 아이들을 주께로 인도하는 좋은 통로가 되었다.

그러나 나의 나 된 것은 하나님의 은혜로 된 것이니 내게 주신 그 은혜가 헛되지 아니하여 내가 모든 사도보다 더 많이 수고하였으나 내가 한 것이 아니요 오직 나와 함께 하신 하나님의 은혜로라 (고전 15:10)

팀 전체가

전주 남중 1학년 학생들의 이야기다. 이 학교 주변에는 고급 아파트와 임대 아파트가 같이 있어서인지 학생들 사이에도 빈부 차가 심했다. 임대 아파트에 사는 아이들은 가난한 부모님이 맞벌이를 하는 사이에 많이 방황했다. 그들에게 관심이 많이 갔다. 그래서 우리 교회에서 먼 거리였지만 자주 심방을 갔다. 이 학교 아이들은 우리 교회에서 개최한 농구대잔치에 많이 참여했다. 가난한 아이들은 공부보다는 운동을 잘 했다. 물론 그 중에는 공부도 잘하는 아이들도 있지만 말이다.

한 번은 1학년 학생들이 팀을 구성해서 농구대잔치에 신청을 했다. 나중에 시합 때 보니까 탁월하게 농구를 잘 했다. 특히 주장 정혁이는 어떤 선수보다도 기량이 뛰어났다. 그래서 경기 초반부터 관심을 갖고 지켜보았다.

　예선을 통과하고 8강에 올라오자 팀 전원을 불렀다. 같이 점심을 먹자고 제안했다. 아이들 모두 좋다고 해서 나는 아이들에게 탕수육과 자장면을 사 주었다. 그리고 아이들의 형편을 파악했다. 대부분의 아이들은 임대 아파트에 살았다. 부모님들은 모두 맞벌이를 했다. 교회는 다니느냐고 물었다. 모두가 다니지 않는다고 말했다. 나는 이 아이들을 측은하다는 생각에 복음을 전해야겠다고 결심했다.

　"너희들이 예수 그리스도를 믿고 나와 함께 사랑의 교회에서 신앙생활을 하면 좋겠다. 그래서 가난의 대물림을 하지 말고 열심히 공부하여 훌륭한 사람이 되어라."

　나는 아이들이 꿈도 비전도 없이 방황하는 것이 싫었다. 그래서 꿈을 갖고 열심히 살아가기 위해서 반드시 신앙생활이 필요하다고 알려 주었다. 그리고 아이들이 좋아하는 농구도 교회 형들에게 배울 수 있도록 해 주겠다고 제안했다. 그러자 이구동성으로 다음 주일부터 교회에 다니겠다고 약속했다.

　그런데 문제가 있었다. 매주 버스를 타고 교회에 나와야 하는데 이들에게 버스비가 큰 부담이었다. 그래서 너희들이 교회에 다닐 수 있도록 버스 티켓을 사주겠다고 말했다. 그러자 아이들의 표정이 밝아졌다. 그 해에 이 아이들은 중학교 1학년 농구대잔치에서 우리 교회를 꺾고 우승을 차지했다. 그리고 우리 교회에도 출석해서 열심히 신앙생활을 했다.

어느 겨울날에는 눈이 많이 와서 집 앞에 버스가 끊겼는데도 상당히 먼 거리를 걸어서 시내로 나와 버스를 타고 왔다. 비가와도 눈이 와도 아랑곳하지 않고 주일 예배를 드리는 이 아이들을 보며 소망 있는 미래를 보는 것 같았다.

너희 안에서 착한 일을 시작하신 이가 그리스도 예수의 날까지 이루실 줄을 우리는 확신하노라(빌 1:6)

축구대잔치

여름에는 중학생들에게 축구 또한 인기가 대단했다. 농구를 좋아하지 않는 아이들도 축구는 좋아했다. 나는 이 사실을 알고 사랑의 교회에서 여름에는 축구대잔치를 하기로 했다. 대신 농구대잔치는 겨울에만 하기로 했다.

농구대잔치 때처럼 축구대잔치도 포스터를 만들어 각 학교와 전주시내 중학생들이 많이 다니는 곳에 붙였다. 우리 교회 대학생들과 각 학교 중학생들이 포스터를 붙이고 신청서를 배부했다.

첫해에 중학교 아이들이 무려 40팀이나 신청을 했다. 폭발적인 인기였다. 이들 역시 조 편성을 하기 위해 사랑의 교회로 불렀고 먼저 예배를 드렸다.

예선은 기린중학교 운동장에서 하고 준결승부터는 전주 공설 운동장을 빌려서 하기로 했다. 그 당시 공설 운동장은 잔디 구장으로서 아이들에게는 꿈의 구장이었다. 그 구장에서 뛴다는 것만으로도 영광이었다. 전주에서 중학생을 대상으로 한 축구 대잔치도 없었을 뿐 아니라 일반 학생들에게 공설 운동장에서 뛸 수 있는 기회조차 없었기 때문에 아이들은 열광했다.

해가 거듭 될수록 축구대잔치도 점점 더 활성화 되어갔다. 전주시내 체육 관련 매장에서는 사랑의 교회 축구대잔치 시즌이 되면 유니폼과 축구화를 없어서 못 판다고까지 할 정도였다. 축구대잔치에도 우리 교회 팀은 각 학년 별로 출전했다. 축구대잔치에서도 다윗 팀과 바울 팀 그리고 여호수아 팀으로 구성이 되었다. 축구대잔치 역시 우승은 사랑의 교회 다윗 팀이 독차지했다.

나도 축구대잔치에도 용병으로 뛰었다. 경기 도중 아이들 사이에서 문제가 발생하지 않도록 하기 위해서다. 공설 운동장에서 준결승전을 할 때는 학교 선생님들도 부모님들도 참석하시는 분들이 있었다.

이렇게 청소년들에게 복음을 전하기 위해서 그들이 좋아하는 것을 파악하여 그들이 마음껏 활동할 수 있는 장을 마련할 필요가 있다고 생각한다. 이것은 어른들의 몫이라고 본다. 나는 그들과 운동하며 대화를 하고 운동이 끝난 후 음료수를 마시며 예수 그리스도를 전할 수 있었다.

이 복음을 위하여 그의 능력이 역사하시는 대로 내게 주신 하나님의 은혜의 선물을 따라 내가 일꾼이 되었노라(엡 3:7)

이영무 전 국가대표 축구선수의 간증

나는 우리 신학교 후배이며 전 국가대표 축구선수였던 이영무 목사님을 교회로 초청하여 간증을 부탁했다. 이영무 선수가 활동하던 시기에는 이 아이들은 세상에 태어나지도 않았다. 그래서 이영무가 전 국가대표 축구 선수라고 말해도 그분이 누구인지 잘 몰랐다. 하지만 나는 이영무 축구선수가 예수 그리스도를 믿는 사람이었고, 과거에 축구를 하다가 꼴을 넣으면 엎드려 기도하는 모습을 보아왔다. 이분의 간증을 아이들이 들으면 믿음이 성숙해질 뿐만 아니라 예수 그리스도를 믿게 하는 좋은 계기가 될 것 같아 이런 자리를 마련했던 것이다.

이때는 마침 전주 시내에 중학생들에게 축구 붐이 일어났었다. 약속한 날에 이영무 축구선수는 우리 교회를 찾아 주었다. 홍보를 많이 해서 그런지 아이들이 예배당에 가득찼다. 발 디딜 틈도 없었다.

이영무 선수의 간증 중에 중동 지역에 가서 축구 경기를 하던 중 골을 넣고 너무너무 기분이 좋아서 무릎을 꿇고 기도했더니 그다음부터는 국가대표 팀에서 제외되었다는 소리를 듣고 아이들은 놀랐다. 중동 지역은 이슬람 나라가 대부분이다. 그들은 예수 그리스도를 배척하는 나라였다. 그 이후 신학대학원을 입학하여 목사가 되었다는 간증을 듣고 아이들은 은혜를 받았다. 자신들도 꿈과 비전을 갖게 되었다고 나에게 말해주었다.

이영무 축구선수의 간증을 통해 사랑의 교회 축구대잔치는 더욱 활성화가 되어 아이들에게 인기가 높았다. 여름 방학만 되면 아이들은 학원에서 공부가 끝나는 대로 자기네들끼리 모여서 연습을 했다.

한 걸음 더 나아가서 전주시내 체육사는 즐거운 비명을 질렀다. 각 학교에서 학년 별로 축구화를 사고 유니폼을 맞추기 때문이었다. 어느 날 내가 우리 교회 아이들과 같이 유니폼을 맞추러 가자 어느 체육사 사장은 사랑의 교회 목사님이냐며 반가워하며 축구공도 선물했다. 전주 시내 모 병원에서는 자기 아들이 축구대잔치에 출전한다며 의료진을 파견해주고, 그 아이의 엄마는 스폰서도 되어주셨다. 이렇게 부모님들이 아이들이 좋아하는 것을 보고 즐거워하는 것을 볼 때 우리 하나님은 얼마나 기뻐하셨을까 나는 생각해 보았다.

그러면 무엇이냐 겉치레로 하나 참으로 하나 무슨 방도로 하든지 전파되는 것은 그리스도니 이로써 나는 기뻐하고 또한 기뻐하리라(빌 1:18)

나는 여러 가지 방법을 통해 복음이 전해지는 모습 속에서 사도 바울의 심정이 얼마나 기뻤을지 감히 짐작되었다.

전 국가대표 양영자 탁구선수의 간증

전 국가대표 양영자 탁구선수의 간증 이야기다. 나는 서울 S교회에서 부목사로 시무하는 동기 목사님한테 양영자 탁구선수를 우리 교회에서 초청하고자 하니 부탁해서 청소년들에게 간증해 줄 것을 요청했다. 이유는 우리 교회 아이들 가운데서는 탁구를 좋아하는 아이들이 많았기 때문이다. 또한 당시에 탁구 역시 매우 인기가 높았기 때문이었다.

양영자 선수는 몽골 선교사를 준비하고 있었기 때문에 나름대로 무척 바빴다. 그러나 하나님께서 우리 교회 아이들, 또한 전주 시내 청소년들을 사랑하시기 때문에 양영자 선수로 하여금 우리 교회 초청에 쾌히 승낙함으로 간증하기 위해 전주에 내려오게 해 주셨다. 내려올 때 전주 신흥고 출신의 전 국가대표 남자 선수도 함께 데리고 왔다.

이때도 예배당은 중·고등부학생들로 가득했다. 앉을 자리가 없어서 바닥에 신문을 깔고 앉아서 예배를 드리고 간증을 들었다. 국가대표 선수가 되어 국위를 선양하고 하나님께 영광을 돌렸던 지난 시절을 이야기했다. 하나님의 은혜로 국가대표 선수가 되어 유명해진 것도 말해 주었다. 이 간증을 귀 담아 들은 아이들은 예수 그리스도 안에 있을 때만 꿈과 비전이 이루어질 수 있다는 사실을 알게 되었다. 예수 그리스도를 떠나서는 아무

것도 할 수 없다는 확신도 갖게 되었다.

> 나는 포도나무요 너희는 가지라 그가 내 안에 내가 그 안에 거하면 사람이 열매를 많이 맺나니 나를 떠나서는 너희가 아무것도 할 수 없음이라 (요 15:5)

예수 그리스도 안에서만 무엇이든지 가능하다는 사실을 확신한 아이들은 예수 그리스도를 영접하여 사랑의 교회에 다니겠다는 아이들도 있었고 이미 신앙생활을 하는 아이들은 열심히 기도하며 꿈을 키워가기도 했다.

우리 교회에서는 초등학교 5학년 때부터 탁구를 좋아한 아이들이 모였기 때문에 탁구는 더 활성화 되었다. 주변에 탁구장들이 자리가 없어서 기다려야 탁구를 할 수 있을 정도였다.

이렇게 청소년들에게 휴식 공간을 마련해주고 그들이 즐길 수 있도록 해주지 않으면 청소년들에게 복음을 전하기는 매우 어렵다고 생각한다. 이것은 나라와 교회 아니 믿는 그리스도인들이 마땅히 해야 할 일이라고 나는 생각한다.

하나님의 은혜는 사랑의 교회에 넘치기 시작했다. 출석하는 아이들이 많아지고 심지어는 부모님들까지 함께 사랑의 교회에 등록했다. 이것은 전적인 하나님의 은혜요 하나님의 열심이었다. 내가 한 것이 아니라 나 같은 사람을 통해서 오로지 하나님께서 하시는 일이었다.

> 내가 한 것이 아니요 오직 나와 함께 하신 하나님의 은혜로라 (고전 15:10)

중3 아이들에게 과외를

중학교 3학년 아이들의 이야기다. 사랑의 교회의 중학교 3학년 아이들 가운데는 초등학교 5학년 때부터 나와 함께 운동을 하면서 신앙생활을 하던 아이들이 많다. 이들이 커서 벌써 중학교 3학년 학생이 되어 고등학교 진학문제를 고민하게 될 때가 되었다.

이들은 연합고사를 보고 가고자 하는 고등학교에 가야 하기 때문에 교회에서 준비해야 할 것 같았다. 물론 아이들은 학원에서 공부를 한다. 하지만 영어와 수학만큼은 제대로 배워야 하기 때문에 사랑의 교회에서 공부를 잘하는 대학생들에게 부탁했다. 공부를 잘하는 아이들과 보통 아이들 두 그룹으로 나누었다. 매일 저녁 사랑의 교회 교육관에서 배우도록 했다. 우리 교회 예배당은 3층이었고, 교육관은 4층이었다. 2층은 사랑의 교회 아이들을 가르치기 위해서 엘리트 학원이 있었다. 공부를 잘하는 아이들은 수학이 전공인 대학원생에게 맡겼다. 보통 아이들은 대학생 청년에게 맡겼다. 대학원생은 우리 교회 집사님이셨는데 아이들을 엄하게 가르쳤다. 영어와 수학 숙제를 해오지 않으면 엄격한 체벌이 가해졌는데 아이들이 공부를 하지 않고서는 견딜 수가 없었다. 덕분에 날이 갈수록 영어와 수학 실력이 좋아졌다. 반면에 보통으로 하는 아이들을 가르쳤던 대학생은 우리 교회 청년부 회장이었는데, 부드럽게 아이들을 가르쳤다. 그들은 매를 맞지 않고 공부를 하게 되었다. 물론 그들 역시 실력이 좋아졌다. 가르치는 지도자들의 특징에 따라서 아이들은 모두 공부를 잘했다.

이렇게 공부를 한 아이들이 모두 전주 시내 15개의 고등학교에 진학을 했다. 공부를 잘하는 아이들은 각 학교마다 영어와 수학은 모두 머리가 되고 꼬리가 되지 않았다. 당시 아이들이 고등학교에 진학할 때는 학교보다 학생들이 적어서 미달 상태였다. 그러나 우리 교회 아이들이 각 학교에서 빛을 내기 시작했다. 그래서 담임선생님으로부터 칭찬을 받았다. 과학고에 간 아이들, 외고에 간 아이들, 거창고에 간 아이들 등 특수학교에 가서도 역시 상위권에서 영어와 수학을 잘했다.

공부도 예수 그리스도 안에서 꿈과 비전을 갖고 공부를 열심히 했기 때문에 지금은 모두가 주님 안에서 자신들의 꿈을 이루어 가며 살고 있다. 이들은 또한 신앙생활을 잘했다. 이들을 중심으로 해서 사랑의 교회에서는 찬양의 밤을 처음 열기도 했다. 기도 또한 뜨겁게 했다. 그런 이들은 지금 하나님으로부터 축복을 받고 있다.

> 나를 사랑하는 자들이 나의 사랑을 입으며 나를 간절히 찾는 자가 나를 만날 것이니라 부귀가 내게 있고 장구한 재물과 공의도 그러하니라(잠 8:17-18)

새벽기도의 해

해성중학교 3학년인 준성이의 이야기다. 준성이는 신앙생활을 잘 했고, 전도도 잘하며 운동도 잘했지만 공부는 잘하지 못했다. 이유는 가정환경 문제로 공부에 전념할 수 있는 상황이 되지 못해서였다. 그래서 부모님 걱정 또한 이만 저만이 아니었다. 실업계 고등학교도 못갈 정도라고 나에게 말했다. 준성이는 실업계 학교인 삼례고등학교도 사실은 떨어졌다. 부모님이 공고에 가서 상담을 한 결과다.

연합고사 40일을 앞두고 준성이는 나에게 상담을 해왔다. 자기는 인문계 고등학교에 갈 수 있을 것 같다고 했다. 그런데 문제는 담임선생님까지도 반대하면서 원서를 써주지 않겠다고 말했다는 것이다. 하지만 준성이는 담임선생님한테 자기는 믿음으로 인문계 고등학교에 간다고 자신 있게 말하자 정신 이상자로 여긴다며 울먹였다. 이제는 담임선생님이 부모님까지 학교로 호출해서 절대로 준성이에게는 인문계 원서를 써주지 않겠다고 말했다는 것이다. 심지어 담임선생님이 부모님과 반 친구들 앞에서 준성이는 신앙생활을 잘 못하는 아이라며 망신을 주고 막말을 했다고 부모님이 후에 나에게 말했다.

그러나 준성이는 담임선생님과 부모님 그리고 반 친구들이 모두 보는 앞에서 자신은 반드시 믿음으로 인문계 고등학교에 간다고 말했다고 한다. 하나님은 분명히 살아계시기 때문에 자신 있다고 말했다고 했다. 그러자 담임선생님은 준성이에게 네가 인문계 고등학교에 가면 자신이 열 손가락에 장을 지진다는 말까지 했다고 한다.

나는 준성이의 말을 듣고 담임선생님한테 전화를 했다. 진학을 못해도 진학을 해도 준성이의 부모님과 준성이의 문제니까 원서 써줄 것을 부탁했다. 만약 준성이가 떨어지면 다른 방법을 연구해 보겠다고 말해서 결국 원서를 써주었다. 내가 이렇게까지 한 것은 준성이 말대로 하나님은 살아계시고 당신의 백성들을 위해 역사하시기 때문이다. 준성이의 믿음을 보고 나는 적극적으로 준성이의 편이 되어주었다.

나는 준성에게 조건을 붙였다. 너는 내가 시키는 대로 하라. 매일 새벽기도 해라. 또한 전북대학교 사랑방에 가서 밤 12시까지 공부를 해라. 나는 우리 교회 대학생들에게 너를 공부하도록 가르치라고 할 것이다. 그리고 부모님께 전화를 해서 매일 전북대 사랑방에서 공부하는 대학생들에게 준성이를 보내주고 공부가 끝나면 교육관에서 자고 새벽기도를 하고 나면 데리고 갈 수 있느냐고 말하자 부모님들은 그렇게 하겠다고 말했다. 그것도 40일 동안이었다.

대학생 한 명 당 한 과목씩 책임지며 준성이를 가르쳤다. 공부하지 않을 수가 없었다. 어떤 과목은 빵점을 맞았었는데 만점을 맞을 정도로 공부는 좋아지기 시작했다.

새벽기도 때 나는 성도들에게 준성이 기도 부탁을 했다. 불가능한 아이가 고등학교에 가면 하나님이 준성이를 통해서 영광을 받을 것이라고 말하며 기도를 부탁했다.

준성이가 말한 대로 하나님은 살아계셔서 준성이를 위해 역사하심으로 인해 연합고사를 보고 당당하게 준성이가 합격을 했다. 그리고 인문계인 우석고등학교에 진학하는 축복을 받았다. 교회에서 경사가 났다. 당연히 가정에서도 경사였다. 본인 또한 당당하게 가슴을 펴고 학교에 가서 반대하던 담임선생님 앞에서 비웃던 반 친구들 앞에 서며 하나님께 영광을 돌렸다.

> 믿음은 바라는 것들의 실상이요 보이지 않는 것들의 증거니 선진들이 이로써 증거를 얻었느니라(히 11:1-2)

하나님은 준성이의 믿음을 보시고 그가 원하는 대로 인문계 고등학교에 진학하게 하셨다. 준성이는 하나님이 살아계심을 체험하고 더욱 신앙이 성숙해졌다. 지금은 미국 뉴욕에서 살고 있다.

시간이 지난 뒤 부모님은 준성이의 담임선생님이 준성이가 고등학교에 진학한 것에 대한 촌지를 요구하신다며 어떻게 하면 좋겠느냐고 내게 물어왔다. 부모님 앞에서 반 친구들 앞에서 마치 준성이를 벌레 취급하던 선생님이 밉다고 준성이 엄마는 말했다. 그러면서 줘야 되는지 주지 말아야 되는지 나에게 물어보았다. 나는 거절하라고 했다. 대신 준성이가 중학교 졸업 때 담임선생님 그동안 수고하셨다고 선물을 보내주라고 말했다.

아이의 부모님은 사랑방에서 공부하는 대학생들에게 특별한 대접을 했다. 믿음으로 하나님을 바라보는 준성이를 위해 하나님은 여러 사람들을 동원해서 준성이가 말하는 대로 기도한 대로 믿음대로 소원대로 인문계 고등학교에 보내주셨다.

고기 뷔페

사랑의 교회 중·고등부학생들의 이야기다. 사랑의 교회는 자체적으로 체육대회를 자주했다. 그래서 체력보강이라는 목적을 가지고 고기 뷔페 집에 자주 갔다. 50-60여 명씩 가기 때문에 고기뷔페 집 주인이 처음에는 매우 기뻐하고 좋아했다. 수입고기라 1인당 4-5천 원만 주면 마음껏 먹을 수가 있었다. 그런데 한참 잘 먹는 아이들이기 때문에 고기 뷔페 집에 있는 모든 음식을 모조리 먹어치웠다. 다른 손님들이 음식이 없다며 불평하며 나가는 사람들을 나는 여러 번 보았다. 나는 우리 아이들에게 음식을 적당히 먹으라고 말했지만 식욕이 강한 아이들인지라 배가 불러야 일어나지 배가 부르지 않으면 배가 부를 때까지 앉아서 먹어치운다. 오히려 아이들은 나에게

"목사님! 여기는 뷔페 집이에요. 우리가 돈을 내고 마음껏 먹을 수 있어요."

라고 하였다. 반면에 고기 뷔페 집 주인은 울상을 하였다. 아니나 다를까 다음에 가면 고기 뷔페 집 주인은 반가워하기는커녕 안색이 변하며 우리 아이들이 있으면 음식을 내놓지 않고 없다고 했다. 그러면 아이들은 제대로 먹지도 못하고 음식점에서 나왔다. 전주 시내 고기 뷔페 집은 여러 곳이기 때문에 우리 아이들과 다 다녀보았다. 가는 곳마다 음식을 모조리 먹어치우기 때문에 어느 고기 뷔페 집이든 우리 아이들을 좋아할 이유가 없다.

하지만 하나님께서는 이런 가운데서도 고기 뷔페 집 아들인 중학교 2학년 아이를 사랑의 교회에 보내주셨다. 나는 이 아이가 열심히 교회에 참석하기에 내가 가족 상황을 물어보았더니 자기네 부모님이 고기 뷔페 집을 한다고 말했다. 그 아이가 말하기를 사랑의 교회는 운동을 많이 하기 때문에 자기도 사랑의 교회에 다니고 싶었다고 말했다. 그런데 그 아이의 아버지는 사랑의 교회 아이들을 별로 좋아하지 않았다. 어쨌든 하나님은 고기 뷔페 집 아들을 우리 교회 아이들을 통해서 구원하셨다. 하나님의 지혜는 인간이 헤아릴 수가 없다.

하나님의 지혜에 있어서는 이 세상이 자기 지혜로 하나님을 알지 못하므로 하나님께서 전도의 미련한 것으로 믿는 자들을 구원하시기를 기뻐하셨도다(고전 1:21)

은혜를 베푸시는 하나님

사랑의 교회 제자훈련을 받는 아이들의 이야기다. 제자훈련을 받는 아이들은 반드시 제자훈련을 받는 시간 전이나 받은 후에는 모두 조별로 나뉘어서 노방전도를 한다. 가슴에 사랑의 교회 띠를 두르고 전도지를 나누어 주면서 찬양과 율동을 한다.

나도 아이들과 같이 전도지를 나누어준다. 우리 교회는 매월 한 번씩 신문을 발행한다. 우리 교회 신문은 대부분 제자훈련과 사역훈련을 받은 청·장년과 중·고등부의 성도들의 변화된 간증을 기록한 내용들이다. 이 신문을 전도지와 함께 나누어 준다. 이 신문을 받아보고 자녀들을 데리고 사랑의 교회에 출석하는 분들이 많았다.

전도지를 열심히 나누어 주고 있는데 중학교 1학년인 현철이가 울면서 나에게 왔다. 현철이는 말하기를 전도지를 어떤 할머니께 드렸더니 너무 험한 욕을 자기에게 하더란다. 많은 사람들 앞에서 예수님을 비방하고 교회를 비난했다고 말했다. 어린 마음에 창피하고 속상해서 나에게 와서 울면서 말했다. 나는 현철 이에게

"너는 진짜 하나님의 자녀다. 네가 세상에 속하지 않고 하나님께 속했기 때문에 세상에 속한 사람들이 너를 미워하는 것이다. 먼저 예수님을 미워하기 때문에 예수님을 믿는 너를 미워하는 것이다"

라고 하나님의 말씀으로 위로해주었다.

세상이 너희를 미워하면 너희보다 먼저 나를 미워한 줄을 알라 너희가 세상에 속하였으면 세상이 자기의 것을 사랑할 것이나 너희는 세상에 속한 자가 아니요 도리어 내가 너희를 세상에서 택하였기 때문에 세상이 너희를 미워하느니라 (요 15:18-19)

창피하고 속상해하는 현철이를 하나님의 말씀으로 위로해 주며 하나님의 자녀임을 확인시켜주었다. 나는 현철이에게 내 옆에서 전도지를 나누어주라고 했다. 현철이는 내 옆에서 열심히 전도지를 나누어주었다. 나는 마음속으로 이렇게 하나님께 기도했다.

"하나님 아버지, 복음을 전하다 욕을 얻어먹고 창피하고 속상해하는 현철이 마음을 위로해 주십시오."

기도를 마치자 어떤 아주머니가 현철이에게 다가와서

"너 참 좋은 일을 하고 있구나. 나도 교회를 다니고 있어."

먹을 것을 사다가 주었다. 조금 전만 해도 속상해하던 현철이의 입가에 미소가 생기면서 기뻐했다. 나는 하나님께 감사했다. 그리고 현철이에게

"봐라. 하나님께서는 살아계시기 때문에 전도하다가 핍박을 받는 너를 보시고 즉시 하나님의 자녀를 통해서 위로해 주시잖니? 하나님은 너를 무척 사랑하시고 계신다."

라고 말해주었다. 현철이는 다음 주일 날 오후에 매일성경 큐티 발표 시간에 하나님께서 자기에게 은혜를 베풀어 주셨다며 간증을 했다. 자신은 머리로만 하나님을 알고 있었는데 전도를 하다가 살아계신 하나님을 체험하고 하나님이 자기를 사랑하고 있다고 감격해했다. 하나님은 은혜를 베푸시는 위로의 하나님이시다.

찬송하리로다 그는 우리 주 예수 그리스도의 하나님이시요 자비의 아버지시요 모든 위로의 하나님시시며(고후 1:5)

네 박자

병문이라는 아이의 이야기다. 병문이라는 이름은 내가 동시에 두 아이들을 부를 때 약식으로 부르는 이름이다. 사실은 병준이와 영문이의 이름을 한 글자씩 따서 병문이라 불렀다. 이 아이들은 기린중학교 1학년 아이들이었다. 이때는 사랑의 교회가 건물을 분양받고 아파트 밀집 지역으로

이사를 하면서 대언교회라고 교회 이름을 바꾸었다.

　나는 항상 기린중학교에 심방을 자주 간다. 중학생들을 전도하기 위해
서다. 전주 시내에 있는 모든 중학교는 심방을 자주 가는 편이다. 이 아이
들은 길에서 가수 송대관 씨 '네 박자' 유행가에 맞추어서 춤을 추는데 기
가 막히게 추었다. 노래가 끝나자 아이들의 춤도 끝이 났다.

　나는 구경하다가 박수를 치면서

"너희들 춤을 잘 추는 구나!"

　라며 칭찬을 해주었다. 항상 내가 아이들을 칭찬부터 하는 이유는 그들
에게 접근하기 위함이었다. 처음보기 때문에 서먹서먹한 벽이 가로막고
있다. 이 벽을 허물기 위해서는 칭찬을 아끼지 않았다. 기린중학교에 다니
느냐고 묻자, 기린중학교 1학년이라고 말했다. 교회는 다니느냐고 묻자 전
에는 다녔는데 지금은 다니지 않는다고 말했다. 나는 말하기를

"그러니까 너희들이 지금 세상 노래에 맞추어서 춤을 잘 추는구나. 너희
들이 교회에 다니면서 복음성가에 맞추어서 율동을 하면 하나님이 얼마
나 기뻐하시겠니?"

　나는 두 아이들에게 복음을 전했다. 축구는 잘하느냐고 물었다. 잘한
다고 말했다. 너희들이 대언교회를 다니면 내가 호나우두를 만들어 주겠
다고 했더니 이들은 모두 대언교회에 다니겠다고 약속했다. 나는 아이들
이 교회에 다니겠다고 말하자 집 전화번호를 받았다. 옆에 있는 편의점에
가서 음료수를 사주었다. 그리고 두 아이들을 데리고 우리 교회에 다니는
아이들과 같이 기린중학교에서 축구를 했다.

병준이와 영문이는 축구를 잘하는 아이들이었다. 나는 이 아이들을 통해서 다른 친구들을 전도하기 위해 너희 친구들 가운데 믿지 않는 아이들이 있으면 친구들과 같이 축구팀을 만들어서 우리 교회 아이들과 축구시합을 하자고 제의했더니 병준이와 영문이는 좋아하면서 대답했다.

다음 날 그들은 약속대로 친구들로 구성된 축구팀을 만들어 우리 교회 아이들과 축구시합을 했다. 나는 그들에게 약속하기를 너희들이 이기면 먹을 것과 음료수를 사주기로 약속하고 만약에 너희들이 지면 모두 병준이와 영문이를 따라서 대언교회에 다니라고 하자 그렇게 하겠다고 말했다.

축구시합은 시작되었다. 그들은 잘하는 아이들로 구성되었다고 자신 있게 말했으나 우리 교회 아이들을 이기지는 못했다. 결국 그들은 패하고 대언교회에 다니기로 약속했다. 나는 모든 아이들에게 먹을 것과 음료수를 사주었다. 이렇게 이들은 대언교회 아이들이 되었기 때문이다.

주일날 병문이와 영문이는 약속대로 친구들을 데리고 대언교회에 나왔다. 이들은 오후 예배가 끝나고 많은 아이들과 같이 축구를 하자 너무나 좋아했다. 나는 우리 교회 중·고등부 학생이 지켜야 할 규칙을 알려주었다.

"우리교회에 다니면 무조건 토요일 날 제자훈련을 받아야 한다. 주일예배는 필수적이고 매일성경도 반드시 해야 한다. 그렇게 해야 모든 운동경기에 참석할 수가 있다."

병준이는 초등학교 때, 영문이는 중학교 때 아버지가 돌아가셨다. 홀어머니와 함께 사는 불쌍한 아이들이다. 하나님께서는 아빠가 안 계시는 아이들을 또 보내주셨다는 생각에 깊은 관심을 가지고 이들을 양육했다. 만약 이들을 그냥 방치해두면 다는 그렇지 않지만 대부분의 아이들이 타락의 길을 걷게 된다. 왜냐하면 그들에게는 어떤 삶의 목적이 없기 때문이다.

사람이 꿈과 비전이 없으면 아니 목적이 없으면 방황한다. 이곳저곳을 기웃 거리며 방황하는 아이들이 대부분이다. 나는 병준이와 영문이를 하나님의 말씀으로 양육하고 가르쳤다. 아이들은 내가 시키는 대로 곧 잘했다. 두 아이들은 착했다.

지금 영문이는 신학대학교에 다니고 있다. 그의 꿈은 목사가 되어서 나처럼 청소년 사역을 하겠다는 것이다. 누나까지 전도하여 누나 역시 열심히 신앙생활을 하고 있다. 병준이 역시 신앙생활을 잘하고 온 가족이 병준이를 통해서 신앙생활을 잘하고 있다.

그러므로 한 아이가 소중하다. 마치 요시야가 8세에 왕이 되면서 우상을 제거하며 종교개혁을 일으킨 것처럼 말이다. 그러나 요시야의 배후에는 훌륭한 영적지도자 곧 여선지자 훌다가 있었기 때문이다.

이에 힐기야와 왕이 보낸 사람들이 여선지자 훌다에게로 나아가니(대하 34:22)

생각하는 로댕

기린중학교에 다니는 아이들 중에 공부를 못했던 3명 아이들의 이야기다. 사실 머리가 나빠서 공부를 못하는 것이 아니라 가정 형편이 좋지 못해서 공부를 할 수 없었던 것이었다. 이 아이들이 겪은 에피소드를 듣고 나는 웃음을 참지 못할 정도로 웃었던 기억이 나 소개해 본다.

3명은 같은 반이었다. 앞, 뒤, 옆에 앉아서 시험을 봤다. 어느 날 학교에서 시험을 보는데 '생각하는 사람'을 만든 조각가를 묻는 문제가 나왔다. 한 아이가 공부를 잘하는 아이의 시험지를 슬쩍 보았다고 한다. 공부 잘하는 아이의 답지에는 '로댕'이라고 쓰여 있어서 그것을 답지에 적으려다가 왠지 커닝 했다는 오해를 받을까 봐 살짝 고쳐서 '오뎅'이라고 썼다는 것이다. 그러자 그 옆에 있던 아이는 또 그것을 보고 살짝 고쳐서 '덴뿌라'라고 썼고, 다른 아이는 '어묵'이라고 썼다. 이들은 모두 혹시 커닝한 것이 들통이 날까 봐 일부러 답을 바꿔 쓴 거라고 했다. 이들은 나에게 말하기를

"목사님! 오뎅이나 덴뿌라나 어묵은 똑같은 것 아니에요."

"문제의 답 로뎅과는 전혀 다른 뜻이잖니?"

하며 웃었다. 대부분 아이들은 창피해서 이런 이야기는 안하는데 이들은 순진했기에 나에게 자신들의 부끄러운 경험들을 말했다.

이들은 공부를 못해서 그렇지 착한 아이들이었다. 이들 3명 가운데 2명은 아빠가 일찍 돌아가셨기 때문에 나를 마치 아빠처럼 따랐다. 집안에서 일어나는 모든 일도 나에게 말해주곤 했다. 공부를 못해도 나는 이 아이들이 좋고 사랑스러웠다. 공부를 잘하는 것도 중요하지만 하나님의 말씀대로 착하고 진실하게 사는 아이들이 나는 좋았다.

나는 부흥사들의 예화로만 들었던 이 이야기가 사실인가하며 의심했었는데 우리 교회 아이들이 경험한 이야기를 들으며 청소년들에 대해 심각성을 느끼지 않을 수 없었다. 나는 교회 대학생들에게 3명의 아이들을 일주일에 3일씩 공부를 가르치라고 부탁했고, 이 3명 아이들은 열심히 공부했다. 3명 모두가 2진 학교 인문계 고등학교에 진학하여 공부를 해서 대학을 다녔다. 나는 이들이 예수 그리스도 안에서 꿈과 비전을 갖고 성장하는 모습을 보면서 보람을 느끼며 하나님께 감사했다.

도시락 가져가라

기린중학교에 다니는 한 형제 이야기다. 형은 3학년이고 동생은 1학년이다. 부모님이 이혼을 해서 친할머니와 같이 살았다. 그러나 친할머니는 시골에 자주 가시기 때문에 형제끼리 있을 때가 많았다. 이 아이들은 축구를 좋아하는 아이들이었다. 나는 기린중학교에서 축구를 하던 동생을 먼저 만났다. 항상 아이들에게 복음을 전해야 하기 때문에 칭찬부터 했다.

"너는 축구를 잘하는 아이다. 언제부터 축구를 했냐?"

라고 묻자 아이는 어려서부터 했다고 말했다. 나는 교회에 다니느냐고 물었다. 할머니 따라 교회에 몇 번 가보았다고 하며 지금은 교회에 다니지 않는다고 말했다. 할머니는 시골에 가시면 시골 교회 다니신다고 말하면서도 엄마 아빠에 대해서는 말을 하지 않았다. 이상하게 생각한 나는 엄마 아빠는 교회에 다니느냐고 묻자 아이는 말했다.

"교회에 다니지 않고 따로따로 산다."

이유를 물었더니 이혼하셨다고 한다. 아빠는 다른 여자를 데리고 살고 엄마는 전주 시내에서 사시기 때문에 할머니와 같이 산다고 말했다. 나는 네가 대언교회에 다니면 교회 형들에게 말해서 너에게 축구를 가르치라고 말해주겠다고 말했다. 그리고 나와 함께 축구를 하자고 했더니 기뻐하며 다음 주일 날 교회에 나오겠다고 약속했다. 나는 아이들의 집 전화번호와 주소를 적은 뒤 다른 아이들처럼 편의점에 가서 음료수와 먹을 것을 사주었다.

주일 이 아이는 축구를 좋아하는 자기 형을 데리고 교회에 나왔다. 할머니가 형도 데리고 가라고 해서 같이 왔다며 좋아했다. 우리 교회에 나오면 누구나 주일 낮과 오후 예배에 꼭 참석해야 한다. 그리고 제자훈련은 필수다. 이 아이들의 이름은 형이 영진, 동생이 명진이었다.

　두 형제는 날이 갈수록 인격이 변해가고 항상 우울했던 표정이 밝아졌다. 축구 또한 잘하는 아이들이었다. 나는 하나님께서 가정에 문제가 있는 아이들을 자주 보내 주시기 때문에 이 두 형제 역시 하나님이 보내주신 아이들이라고 생각하여 깊은 관심과 그리스도의 사랑으로 품기 시작했다.

　영진이와 명진이 할머니와 어머니가 나에게 전화를 해서 두 형제를 잘 가르치고 키워주셔서 감사하다는 인사를 했다. 감사의 내용은 엄마 아빠가 이혼해서 아이들이 타락할까 봐 걱정했었는데 좋은 목사님을 만나서 고맙다는 것이었다. 이것은 경험해 본 사람만이 글을 쓰는 나의 심정을 이해할 것이다.

　어느 날 기린중학교에서 소풍을 간다는 소식을 들었다. 명진이한테 전화를 했다.

　"내일 너희 학교에서 소풍을 간다고 하던데 너희들 도시락은 어떻게 하니?"

　"할머니가 돈을 주시면서 점심으로 빵과 음료수를 사먹으라고 했어요."

　그러면서 할머니는 시골에 가셨다고 말했다. 나는 명진이와 영진이에게 내일 아침에 목사님 집에 와서 아침식사를 하자고 말했다. 두 형제는 아침 일찍이 우리 집에 왔다. 같이 아침식사를 하고 내 아내가 준비한 도시락을 주면서 즐거운 소풍이 되라고 말했다. 그리고 할머니가 준 돈은 다른 맛있는 간식을 사먹으라고 말했다. 우리 부부는 두 형제가 도시락을 들고 나가는 모습을 보면서 누가 먼저라고 말하지 않았는데 동시에 엄마가 있으면 더맛있게 도시락을 싸주었을 텐데 하는 아쉬움과 함께 보람을 동시에 느꼈다.

두 형제는 나와 함께 중·고등부 시절에 올곧게 신앙생활을 잘했다. 지금은 두 형제가 삶의 현장에서 받은 달란트대로 열심히 살아가고 있다. 나는 하나님께 감사하고 있다.

내 아들을 부탁해요

기린중학교 3학년에 다닌 수원이 이야기다. 나는 수원이 아빠에게 부탁을 받았다.

"아들이 하나 밖에 없는데 인문계 고등학교에 보내고 싶어요."

수원이는 공부를 잘하지 못 했다. 공부를 하기 싫어했기 때문에 공부를 못하는 것이었다. 현재 상태로는 인문계 고등학교에 가기가 어렵다는 것을 아버지가 알고 있었기 때문에 걱정 가운데 나에게 부탁을 한 것이다. 또한 수원이 아버지는 폐암으로 투병 중에 있었다. 사형 선고를 받은 것이나 다름이 없었다. 만약 자신이 죽으면 아들이 공부를 포기할까 봐 걱정이 되어 죽기 전에 나에게 부탁을 하는 것이었다.

"지금까지 목사님이 우리 아들을 잘 가르쳐주셔서 착하게 자라고 있어고맙습니다. 앞으로도 잘 가르쳐주셔서 인문계 고등학교에 갈 수 있도록 해주십시오."

라는 부탁이었다. 나는 수원이 아버지에게

"그러면 수원이를 나에게 맡겨주십시오. 학교에 갔다 오면 교회 교육관
에서 대학생들에게 수업을 받게 하겠습니다."

라고 말했다. 그러자 수원이 아버지는

"그렇게 해서라도 아들이 인문계 고등학교에 갈수만 있다면 목사님 말
씀대로 하겠습니다."

라고 말했다. 한 걸음 더 나아가서 나는 수원이 아버지에게 부탁했다.

"나는 아들을 위해서 최선을 다하겠습니다. 대신 수원이 아버지가 우리
교회에 나오셔서 예수 그리스도를 믿고 구원을 받으세요."

라며 복음을 전했다. 수원이 아버지는 쾌히 승낙을 하며 다음 주일부터
교회에 나오겠다고 약속을 했다. 수원이 아버지는 열심히 교회에 잘 다니
며 신앙생활을 잘했다. 그러나 아들이 인문계 고등학교에 진학하는 것을
보지 못하고 소천 받으셨다.
수원이는 친구와 함께 매일 저녁 교회에 와서 대학생의 가르침을 받으
며 열심히 공부를 했다. 어느 날 수원이는 나를 찾아왔다.

"목사님! 오늘 하루만 집에 가서 자고 오면 안 돼요?"

나는 수원이의 애원을 단호하게 거절했다.

"네가 고등학교에 진학하면 그때는 집에 가서 자도 된다. 너의 아버지가 네가 인문계 고등학교에 들어가는 것이 소원이었기 때문에 나에게 마지막 부탁을 했다. 나는 너의 아버지의 소원을 들어주어야 하기 때문에 네가 집에 가서 자는 것을 허락할 수가 없다."

나는 수원이가 고등학교에 진학하기 전까지는 집에 가는 것을 절대로 허락하지 않았다. 물론 교회에서 자고 아침에는 집에 가서 밥을 먹고 학교에 간다. 집에서 교회까지는 걸어서 10분 정도 밖에 되지 않는다. 이렇게 수원이는 40여 일 동안 교회 교육관에서 자며 공부를 했다. 친구와 함께 성적이 날마다 올랐다. 인문계 고등학교에 가는 것이 목적이었기 때문에 방황하지 않았다. 인문계 고등학교에 진학하는 것이 수원이의 목적이기 때문에 친구들과 어울리지도 않고 열심히 공부를 하는 수원이의 모습을 보고 나는 하나님께 감사했다.

수원이는 친구와 함께 인문계 고등학교에 좋은 성적으로 합격했다. 나는 수원이뿐만 아니라 모든 중학생들에게 열심히 공부할 것을 매우 강조했다.

"너희들이 지금 열심히 공부하지 않으면 너희들의 꿈과 비전은 이루어지지 않는다."

하나님께 예배드리는 것과 기도를 최우선으로 하고 열심히 공부하라고 예배시간이나 제자훈련시간에 강조했다.

나는 아이들에게 어려서부터
예수 그리스도 안에서 꿈을 가
지고 달려가면 반드시 그 꿈이
이루어진다고 가르쳤다.

희망의

씨앗을
뿌리다

4부

꿈은
이루어진다

꿈과 비전이 이루어지는
청소년 사역

구하라 그리하면 너희에게 주실 것이요
찾으라 그리하면 찾아낼 것이요
문을 두드리라 그리하면 너희에게 열릴 것이니
구하는 이마다 받을 것이요
찾는 이는 찾아낼 것이요
두드리는 이에게는 열릴 것이니라

_마 7:7-8

꿈은 이루어진다

　시간이 흘러 우리 교회 아이들이 전주 시내에 있는 중·고등학교에 골고루 배정되었기 때문에 내가 중·고등학교 심방 가는 것도 매우 힘들어졌다. 고등부 아이들은 신앙이 성숙해서 내가 말하지 않아도 전도도 잘하고 공부도 열심히 잘하고 있다. 그러나 그들이 공부하다가 어려워서 힘들어 할까 봐 나는 자주 고등학교에도 심방을 간다. 그리고 만나면 "현실이 없는 이상은 망상이다."라며 열심히 꿈과 비전을 이루기 위해 노력할 것을 강조했다. 그리고 교회에서 예배시간이나 제자훈련시간에 믿음이 좋은 너희들과 믿음이 없는 아이들 500명과 바꾸자고 해도 나는 거절한다. 왜냐하면 너희들은 훈련이 되어 능동적으로 신앙생활을 하지만 훈련이 되지 않은 아이들은 수동적으로 신앙생활을 하기 때문에 교회에서나 또한 사회에서 하나님의 자녀로서의 삶을 살 수가 없기 때문이다. 또한 고등부 1학년 아이들한테는 3년만 고생하라고 말해준다. 너희들이 대학에 진학하여 졸업 후 너희들은 사회 각계각층에서 귀하게 쓰임 받는 사람들이 될 것이라고 말이다. 사실 지금 그들은 모두가 사회에서 귀하게 쓰임 받는 일꾼들이 되어 있다.

일 년을 기다렸어요

전주 상산고에 진학한 지만이가 나에게 와서 기뻐하며 말했다. 자기가 중학교 3학년 때부터 일 년 동안 오직 상산고에 가게 해달라고 기도했더니 하나님께서 자기의 기도를 들어주셨다며 너무너무 기뻐했다. 나도 함께 기뻐했다. 지만이는 하나님의 말씀을 붙잡고 믿음으로 기도했다고 말했다.

구하라 그리하면 너희에게 주실 것이요 찾으라 그리하면 찾아낼 것이요 문을 두드리라 그리하면 너희에게 열릴 것이니 구하는 이마다 받을 것이요 찾는 이는 찾아낼 것이요 두드리는 이에게는 열릴 것이니라(마 7:7-8)

위의 말씀을 붙잡고 1년 동안 기도했다. 지만이는 하나님께 기도하는 것의 중요성을 알게 되었다. 그리고 중·고등부 아이들과 토요일 저녁마다 모여서 기도했다. 나는 기도체험을 하고 열심히 기도하는 지만이의 모습을 보면서 하나님께 감사하지 않을 수가 없었다. 초등학교 5학년 때 나를 만나 열심히 신앙생활을 하며 빗나가지도 않고 공부하여 자기가 가고자 하는 학교에 하나님께서 보내주셨다며 기뻐하는 모습과 기도하는 모습에 내 눈시울은 뜨거워졌다. 이것은 내가 한 것이 아니라 내 안에 계신 예수 그리스도께서 하신 일이다. 하나님의 은혜였다. 지만이처럼 모든 것이 내가 경험해야 내 것이 된다. 내가 경험하지 못한 지식은 참 지식이 아니다. 지만이는 지금 7급 공무원으로 국세청에서 근무한다.

너는 내게 부르짖어라

우리 교회는 믿음이 좋은 중·고등부 학생들 외에는 기도하는 청·장년들이 그리 많지 않았다. 나는 이것이 늘 마음에 걸렸다. 그래서 하나님께 이렇게 질문하며 기도했다.

"하나님! 왜 청·장년들이 기도하지 않을까요?"

라며 끊임없이 기도하는 가운데 어느 날 하나님께서

"일을 행하시는 여호와 그것을 만들며 성취하시는 여호와 그의 이름을 여호와라 하는 이가 이와 같이 이르시도다 너는 내게 부르짖으라 내가 네게 응답하겠고 네가 알지 못하는 크고 은밀한 일을 네게 보이리라"(렘 33:2-3)"

라는 말씀을 주셨다. 그러므로 "너는 내게 부르짖으라"고 말씀하신 것이다. 나는 기도하는 중. 고등부학생들에게 이 말씀을 전하며 함께 기도하자고 말했다. 나의 기도를 들으신 하나님께서는 "너는 내게 부르짖으라 내가 네게 응답하겠다", "일을 행하시는 여호와께서 부르짖으라" 는 명령이었다. 나는 새벽기도회 때와 토요일 기도모임과 금요기도회 때 모든 성도들에게 이 말씀을 전하면서 기도를 강조했다. 우리 교회는 통성으로 기도하기 시작했다. 일을 행하시는 여호와가 곧 무슨 일을 일으키실 것 같은 느낌을 나는 받았다. 내가 알지 못하는 크고 은밀한 일을 내게 보이실 것 같은 느낌 속에서 부르짖었다. 매일 매일의 기도는 뜨거웠다. 성령이 역사하시는 느낌을 받기 시작했다.

내일 우리 집 굿해요

　고등학교 1학년인 진영이의 이야기다. 금요기도회에 진영이가 참석했다. 금요기도회가 시작하기 전에 진영이가 나에게 충격적인 이야기를 했다.

　"목사님! 내일 우리 집에 굿해요."

　엄마가 아파서 이모들이 무당 데려다가 굿을 한다는 아이의 안색이 좋지 않았다. 나는 자초지종을 진영이에게 자세히 물었다.

　"엄마가 아파요. 병원에 가서 진찰을 해보아도 별 병명이 없는데 그냥 아파서 누워계셔요."

　라는 것이었다. 이런 일은 자기가 어려서부터 일 년에 몇 번씩 겪는 일이라고 말했다. 나는 진영이에게 엄마가 예수 그리스도를 믿느냐고 물어보았다. 진영이는 엄마가 교회에 다닌 적이 없다고 했다. 나는 진영이에게 금요기도회가 끝나면 너희 집에 심방을 가겠다고 약속했다.
　금요기도회가 끝난 뒤 나는 청·장년들과 고등부 학생들을 데리고 진영이네 집에 심방을 갔다. 진영이의 엄마는 방에 누워서 꼼짝을 하지 않았다. 우리는 예배를 드리기 위해서 찬송을 몇 곡 부르고 통성으로 기도하려고 하자 방에 누워 있던 진영이 엄마가 걸어 나오면서 우리들을 보고 욕을 하기 시작했다. 너희들이 무엇이기에 남의 집에 와서 찬송을 부르느냐고 악을 쓰기 시작했다. 그 순간 뻔쩍 깨달아졌다.

　'아! 이분이 귀신들린 사람이구나.'

나는 한 번도 귀신을 쫓아내본 적이 없었다. 그저 귀신들린 사람들을 여러 번 보았을 뿐이다. 이때 우리 교회에 합동신학대학원을 가겠다며 온 청년 하나가 있었다. 그 청년은

"나사렛 예수 그리스도의 이름으로 명하노니 더러운 귀신아, 물러가라!"

고 명령했다. 나는 성경에서 예수 그리스도께서 귀신들린 사람들을 보고 "더러운 귀신아 그 사람에게서 나오라"고 명령을 하자 귀신이 나가는 것을 읽었던 기억이 났다. 이 말씀을 기억하고 나는 자신감이 생겼다. 나도 진영이 엄마를 향해 선포했다.

"더러운 귀신아! 예수 그리스도의 이름으로 명하노니 물러가라."

그러자 귀신들린 사람이 약해지는 것 같아 보였다. 조금 전까지만 해도 사나웠던 사람이 부드러워지기 시작한 것이다. 청년이 명령했을 때는 더 사나웠던 사람이 목사가 명령을 하자 순종하는 것 같았다. 귀신도 목사를 알아보나 싶었다. 나는 계속해서 외쳤다.

"나사렛 예수 그리스도의 이름으로 명하노니 더러운 귀신아, 물러가라!"

그리고 합심해서 통성기도를 하고 찬송을 불렀다. 그랬더니 귀신들린 사람이 하는 소리가 "나가겠다."고 말했다. 그러면서 아직도 셋이 남았다고 귀신은 말했다. 나는 귀신에게 네 이름이 무엇이냐고 묻자 "군대"라고 말했다. 성경에 나오는 말이다.

예수께서 네 이름이 무엇이냐고 물으신 즉 이르되 군대라 하니 이는 많은 귀신이 들렸음이라(눅 8:30)

나는 이 말씀을 근거해서 여러 마리의 귀신이 진영이 엄마를 괴롭히고 있다는 사실을 알았다. 우리는 새벽 2시까지 귀신과 싸웠다. 아직도 3마리가 남아서 버티고 있어서 내일 다시 오기로 하고 새벽기도하러 교회에 왔다.

다음날 저녁은 토요일이었는데 더 많은 성도들과 고등부학생들을 데리고 진영이네 집에 가서 귀신과 싸웠다. 30여 명이 응접실에 모여 앉아서 찬송을 부르고 통성으로 기도하기 시작했다. 진영이 아빠와 형 그리고 누나까지 앉아서 찬송을 불렀다. 이들은 진영이 외에 교회에 다니지 않았다. 그런데 귀신들린 진영이 엄마가 나에게 말하기를,

"왜 이렇게 사람을 많이 데리고 왔느냐? 일대일로 싸우자!"

고 했다. 또한 너의 대장이 누구냐고 물었다.
그때 나는 자신 있게 말했다.

"우리 대장은 십자가에서 우리를 위해 피 흘려 돌아가시고 성경대로 3일 만에 부활하신 예수 그리스도시다."

그러자 귀신들린 진영이 엄마가 내 눈을 똑바로 보지 못하고 눈을 아래로 깔며 악했던 귀신은 내 앞에서 약해지기 시작했다. 나는 귀신들린 진영이 엄마에게 내 눈을 똑바로 보라고 하면서 다시 명령했다.

"나사렛 예수 그리스도의 이름으로 명하노니 더러운 귀신은 나오라!"

그러자 귀신은 나오겠다고 말했다. 그러나 귀신은 얼마나 거짓말을 잘 하는지 내가 깜짝 속을 때가 많았다. 이제 나갔겠다고 생각하면 여전히 귀신들린 모습을 보이곤 했다. 귀신이 나에게 거짓말을 한 것이다. 예수님의 말씀대로 귀신은 거짓말쟁이다.

너희는 너희 아비 마귀에게서 났으니 너희 아비의 욕심대로 너희도 행하고자 하느니라 그는 처음부터 살인한 자요 진리가 그 속에 없으므로 진리에 서지 못하고 거짓을 말할 때마다 제 것으로 말하나니 이는 그가 거짓말쟁이요 거짓의 아비가 되었음이라(요 8:44)

한 마리가 남아서 거짓말을 하며 굉장히 끈질겼다. 나는 그 귀신에게 하나님의 말씀을 전했다.

내가 진실로 진실로 너희에게 이르노니 내 말을 듣고 또 나 보내신 이를 믿는 자는 영생을 얻었고 심판에 이르지 아니하나니 사망에서 생명으로 옮겼느니라(요 5:24)

나는 이때 이 말씀을 제대로 암송하지 못해서 하나님의 말씀을 가감해서 전했더니 귀신이 나보고 하나님의 말씀을 똑바로 알고 전하라고 호통을 쳤다. 나는 다시 성경을 들고 귀신에게 읽어주었다. 그랬더니 귀신들린 진영이 엄마가 눈을 땅으로 깔고 나를 쳐다보지 않았다. 그날도 새벽 3시까지 귀신과 싸웠다. 남은 한 마리가 얼마나 지독한지 좀처럼 나갈 기미를 보이지 않았다.

주일 새벽예배에 참석시키기 위해 힘이 좋은 고등부 학생 등에 진영이 엄마를 업혀서 교회당으로 데리고 갔다. 진영이네 집은 언덕에 있는 아파트였고 교회는 길가에 있는 상가 3층이었다. 그런데 문제는 귀신들린 진영이 엄마가 옥상에 설치된 십자가의 빨간 불빛을 보고 악을 쓰는 것이었다. 진영이 엄마를 업고 있는 고등부 학생은 무척 힘들어했다. 귀신이 빨간 십자가를 보고 발악을 하여 간신히 교회당에 앉혀놓고 예배를 드렸다. 예배를 드리는 동안에도 가만히 있지를 않았다. 난리 법석을 떨었다.

새벽예배가 끝나고 다시 고등부 학생 등에 업혀 집으로 보내고 가족들에게 11시 예배에 참석하라고 말했다. 11시 예배에 가족과 같이 온 귀신들린 진영이 엄마가 예배 중에 소리쳤다.

"목사님! 이년들이 나보고 미쳤대요. 저년들이 미쳐놓고 나보고 미쳤다고 해요."

라며 주변을 아랑곳하지 않고 소란을 피웠다. 주변에 성도들은 조용히 예배를 드리고 있는데도 말이다.

우리는 주일 오후 예배를 마치고 저녁을 먹고 더 많은 성도들과 고등부 학생들을 데리고 진영이네 집으로 다시 귀신과 싸우러 갔다. 찬송을 부르며 뜨겁게 통성으로 기도했다. 성령이 충만했다. 신학대학원에 가기 위해 준비 중인 청년이 진영이 엄마에게 다가가서 어깨에 손을 얹고 울면서 기도했다. 귀신이

"슬픈 건 난데 네가 왜 우니?"

하며 고함을 쳤다. 그 청년은 공부하랴 새벽기도하랴 피곤하여 주일예배 때 자주 졸았다. 귀신은 그것을 알고 있었나 보다. 그것까지 정확히 지

적했다.

"예배시간에 졸기만 하더니 왜 우니?"

라며 말이다. 모든 성도들은 놀라지 않을 수 없었다. 한걸음 더 나아가서 교회에서 기도 생활을 제대로 못하는 남자 집사님이 진영이 엄마에게 무언가 말을 하려고 하자

"네가 여기에 왜 왔니?"

하며 "으앙"하고 악을 썼다. 그러자 남자 집사님도 놀래서 같이 "으앙" 해서 우리 모두는 웃었다. 또한 진영이 친구 중에 신앙생활을 제대로 하지 않았던 아이가 들어오자

"이놈아, 네가 여기 왜 왔니?"

하며 소리를 질렀다. 아이는 놀래서 어안이 벙벙해 서 있었다. 이렇게 귀신은 성도들의 영적 상태를 파악하고 있었다. 성도들은 이런 일을 통해서 기도가 얼마나 중요한지와 예배가 귀한 것임을 잘 알았다. 반면에 기도를 많이 하고 신앙생활을 잘하는 성도들에게는 꼼짝을 못했다. 나로선 목회에 굉장히 도움이 되는 순간이었다.
5일째 되는 날 기적이 일어났다. 그날도 함께 집에 찾아가 기도했다. 내가 진영이 엄마의 머리에 안수 기도하며

"성령이여! 불을 내려주소서. 예수 그리스도의 보혈로 덮어주소서. 더러

운 귀신아, 나사렛 예수 그리스도의 이름으로 명하노니 나오라!"

고 외쳤다. 주변의 성도들은 합심해서 통성으로 기도했다. 남아있는 한 마리의 귀신이 성령의 능력으로 뜨거웠던지 말했다.

"그만! 그만!"

하면서 뜨거워서 죽겠다며 이제 나가겠다고 말했다. 그러면서 귀신들린 진영이 엄마는 울기 시작했다. 나는 귀신에게 물었다.

"네가 누구냐?"

귀신은 대답했다.

"오래 전에 물에 빠져 죽은 아무개."

나는 귀신에게 단호하게 말했다.

"거짓말하지 말라. 너는 뱀이지?"

하니까 귀신은

"그렇다."

고 말했다. 귀신이 과거의 누구라고 말하자 옆에 있던 진영이 아빠가 놀래며 말했다.

"한 동네에 살던 사람이 처녀 때 자기 아내를 짝사랑하다가 물에 빠져 죽었던 적이 있어요."

귀신은 이렇게 죽은 자를 둔갑하여 진영이 엄마를 괴롭혔다. 그런데 나가겠다고 하던 귀신이 갑자기 나한테 안방 침대 베게 속에 부적이 있다고 가르쳐 주었다. 나는 고등부 아이들을 시켜서 부적을 가져오라고 하자 아이들이 방으로 들어가서 부적을 찾아가지고 나오자 귀신은 발악을 했다. 아이들은 부적을 태워버렸다. 그것은 진영이 이모가 굿하기 위해 가져다 놓은 것이다. 이제는 세탁기 밑에 인형으로 만든 우상이 있다고 또 가르쳐 주었다. 아이들을 시켜서 가져오게 하자 갑자기 귀신들린 진영이 엄마가 자리에서 일어나서 인형 우상을 못 가져오게 했다. 며칠을 밥을 먹지 않고 아프다고 하던 사람이 힘이 얼마나 센지 우리 교회 힘이 좋은 아이들이 꼼짝을 못할 정도였다. 인형 역시 이모들이 갖다 놓은 것이다. 그 인형 역시 불에 태워버렸다. 우리는 함께 찬송하며 기도했다.

"나사렛 예수 그리스도의 이름으로 귀신아, 나오라!"

그러자 귀신들렸던 진영이 엄마가 갑자기 뒤로 뻥하고 나가떨어졌다. 우리는 죽은 줄로 알았다. 모두가 놀라서 쳐다보고 있었는데 조금 후에 다시 일어나더니 진영이 엄마가 내 다리를 붙잡고 살려달라고 애원했다. 그때 가족들이 울면서 감사하며 기뻐했다. 40년을 귀신에게 지배받던 진영이 엄마가 귀신이 나가자 정상인으로 돌아오는 기적의 순간이었다. 하나님의 능력이 나타났다. 하나님의 나라는 말에 있지 않고 능력이다. 예수 그리스도를 알지 못하고 지내던 가족들이 모두 입을 모아 고맙다며 예수 그리스도를 잘 믿겠다고 나와 모든 성도들 앞에서 아니 하나님 앞에서 약속했다.

하나님은 나에게 "네가 알지 못하는 은밀한 일을 네게 보이리라"며 "내게 부르짖으라"고 말씀하시더니 이런 기적을 베푸신 것이었다. 나는 정말 하나님의 말씀대로 난생 처음 신비한 일을 경험했다. 이러한 기적을 체험한 우리 교회 성도들은 기도의 불이 붙었다. 중·고등부와 청년들까지 새벽기도에 열심을 내었다. 더 중요한 것은 진영이네 가족들이 열심히 신앙생활을 하며 하나님께 영광을 돌렸다. 또한 진영이 엄마는 나중에 우리 교회의 집사님이 되었다.

아빠가 교주 같아요

우리 큰 아들이 교회 집사님 아들과 함께 경남 거창고등학교에 다니고 있었다. 방학이 되어 집에 와서 새벽기도회에 참석했다. 이때는 진영이 엄마에게서 귀신이 나가는 기적을 온 교인들이 보았기 때문에 기도에 불이 붙었었다. 모두가 성령이 충만하여 기도가 뜨거웠다. 내가 강대상에서 기도하면 중·고등부 학생들뿐만 아니라 청장년들까지 예배당 바닥에 무릎을 꿇고 기도했다. 내 뒤에는 중·고등부 학생들이 새까맣게 엎드려서 기도했다. 이 광경을 본 우리 큰 아들이 아침식사를 하던 중에

"아빠! 오늘 새벽기도회 때 보니까 아빠가 꼭 교주 같아요."

이렇게 아들이 말하자 나는 웃으면서

"저들은 하나님의 기적을 실제로 체험했기 때문에 기도를 하지 않을 수가 없다."

라고 말했다. 우리 교회가 기도를 뜨겁게 하지 않아서 내가 하나님께 기도했더니 하나님께서 말씀하시기를 "너는 내게 부르짖으라"고 말씀하시더라. 그래서 하나님께 부르짖었더니 하나님께서 말씀하신 대로 "은밀한 일을 네게 보이리라"고 말씀하셨다. 그 결과 귀신이 나가는 기적이 일어났다. 그 광경을 체험한 사람들이라 기도에 열중하는 것이라고 말해주었다. 아들은 이해가 된다며 자신도 열심히 기도생활을 하겠노라고 말했다. 나는 아들에게 하나님의 말씀을 들려주었다.

집에 들어가시매 제자들이 조용히 묻자오되 우리는 어찌하여 능히 그 귀신을 쫓아내지 못하였나이까 이르시되 기도 외에 다른 것으로는 이런 종류가 나갈 수 없느니라 하시니라(막 9:28-29)

우리 큰 아들과 집사님 아들은 거창에 가서 교회에 다니는 학생들과 함께 토요일 저녁마다 교회당 옥상에서 뜨겁게 기도하기 시작했다. 이들도 기도의 중요성을 알게 되었던 것이다. 이렇게 기도하면서 우리 큰 아들과 집사님 아들도 겸손해지고 예수 그리스도 안에서 꿈과 비전을 이루기 위해서 열심히 공부하기 시작했다. 그리고 그들은 학교에서 찬양을 인도하는 지도자들이 되었다.

원종수 권사의 간증 테이프

한 동안 원종수 권사의 책과 테이프가 인기를 누렸다. 이유는 원종수 권사의 신앙과 기도의 탁월성 때문이었다. 나는 한창 기도의 불이 붙어 있는 우리 교회 중·고등부 학생들에게 원종수 권사의 간증 테이프를 사다가 들어보라고 하자 아이들은 너도 나도 테이프를 사다 듣고 더 뜨겁게 기도하기 시작했다.

원종수 권사님은 고등학교 때부터 성경을 많이 읽고 엄청난 기도를 한 분이다. 원종수 권사님은 대전고등학교 때 꼴찌하던 학생이었는데 성경을 읽고 뜨겁게 기도하며 섬기는 일에 열심히 하더니 서울대학교 의과대학에 합격했다는 말에 우리 교회 아이들은 도전을 받은 것이다.

공적인 예배뿐만 아니라, 토요일 기도 모임 심지어 새벽기도회까지 아이들이 나와서 통성으로 기도했다. 나는 무슨 일이 일어날 것 같은 느낌 속에서 하나님께 감사했다. 과연 하나님은 말씀하신 대로 나에게 크고 은밀한 일을 보여주시며 나의 소원대로 기도하는 교회가 되었다. 그래서 나는 하나님의 별명을 이렇게 지었다.

"기도를 들으시는 주여!"

우리 하나님은 기도를 들으시는 주님이시다.

기도를 들으시는 주여 모든 육체가 주께 나아오리이다(시 65:2)

이 하나님의 말씀대로 우리 교회 모든 중·고등부 학생들과 청·장년들이 기도를 들으시는 주님 앞에 나와서 부르짖었다. 특별한 일은 중·고등부 학생들이 각 학교에 가서 아침 자습시간에 먼저 성경을 읽고 매일성경으로 큐티를 했다. 이 광경을 본 선생님들이 좋아할 이유가 없었다. 학생이 아침에 자습을 해야 하는데 자습은커녕 성경을 읽고 있으니 선생님들은 지적하지 않을 수가 없었다. 하지만 워낙 사랑의 교회에 다니는 아이들이 모범적이고 나름대로 공부들을 잘하니까 각 학교 선생님들 중에는 오히려 칭찬하시는 분도 계셨다. 어떤 엄마는 나에게 전화를 해서 우리 아들을 잘 키워주셔서 감사하다고 말했다. 나는 내가 키운 것이 아니라 하나님께서 키워주신 것이라며 그 어머니께 복음을 전했다.

사실 나는 하나님의 도구에 불과했다. 부족한 나를 통해서 하나님이 택한 백성들을 가르치도록 한 것만 해도 나는 큰 축복을 받은 사람이다. 내가 아이들에게 열심히 하나님을 경외하도록 한 것은 그 아이 하나하나가 소중하기 때문이다. 이들 중엔 나중에 대한민국을 이끌어 갈 인물들이 나올 것이고, 세계를 이끌어갈 사람도 나올 것이라는 사실을 알았기 때문이다.

이렇게 예수 그리스도 안에서 꿈과 비전을 가지고 그 꿈과 비전을 이루기 위해 열심히 공부하며 기도하는 아이들 때문에 사랑의 교회는 아름다운 교회, 기도하는 교회라며 등록하는 사람들도 있었다. 왠지 이 교회에 다니고 싶어서 왔다고 등록하는 사람들도 있었다. 교회가 기도하니까 하나님이 사람들을 보내주신 것이다.

하나님을 찬미하며 또 온 백성에게 칭송을 받으니 주께서 구원 받는 사람을 날마다 더하게 하시니라(행 2:47)

교회가 생각나서

우리 교회 고등학교 1학년인 형식이의 엄마가 어느 날 나를 찾아왔다. 형식이 아빠는 건설업을 하기 때문에 바쁘기는 하지만 경제적으로는 여유가 있었다. 그럼에도 불구하고 형식이 엄마는 우울증에 시달리다 못해 자살을 시도했다. 형식이는 친구 따라서 사랑의 교회에 다니면서 매주 토요일마다 제자훈련도 받고 주일성수도 잘하는 착한 아이로서 신앙생활을 매우 잘했다. 공부도 잘하는 모범적인 아이였다.

형식이 엄마는 아들이 신앙생활을 잘하며 선하게 변해가며 꿈을 가지고 열심히 공부하기 때문에 아들 따라서 사랑의 교회에 다니고 싶었지만 마음대로 되지 않았다고 했다. 그 이유는 우울증에 시달리다 보니 행동으로 옮길 수가 없었다고 했다. 가정형편도 좋고 남편의 사업도 잘 되며 자녀들 또한 착하게 잘하기 때문에 부러울 것이 없는데도 우울증으로 인해 자살을 결심하고 차를 타고 저수지에 빠져 죽으려고 갔다고 했다. 저수지에 도착하여 신발을 벗어놓고 물에 들어가려는데 갑자기 교회의 모습이 보이면서 교회 종소리가 자기 귀에 들려오더라고 말했다. 그래서 정신을 차리고

'그래 죽더라도 교회에 한 번 가보고 죽자.'

그런 마음으로 아들이 다니는 사랑의 교회에 가보겠다며 음료수를 사들고 나를 만나러 온 것이다. 나는 항상 교회 교육관에서 책을 보며 설교 준비를 하는 시간이 많기 때문에 심방을 가지 않는 한 교회에 늘 있었다. 나는 교인들과 상담을 할 때는 늘 문을 활짝 열어놓고 상담을 한다. 그 이유는 다른 사람들이 오해를 할까 봐서 그렇다. 신학대학원에 다닐 때 스

승님이셨던 박윤선 목사님이 교인들과 상담을 할 때는 반드시 문을 열어 놓고 하라고 가르치셨기 때문이다. 그렇지 않아도 36세 젊은 나이에 목회를 하다 보니까 어떤 성도의 남편이 사랑의 교회 목사님이 젊기 때문에 그 교회에 가지 말고 다른 교회에 가라고 해서 다른 교회로 간 성도도 있었다.

나는 상담을 하면서 형식이 엄마의 말을 전부 들어주었다. 무려 2시간 이상 들어주었다. 형식이 엄마의 속에 있는 모든 말을 다하도록 말이다. 형식이 엄마의 모든 말을 들어보니 큰 문제는 아니었다. 그분은 돈도 있고, 남편과 자녀들도 엄마한테 잘했다. 행복한 가정이었다. 그런데 우울증이 형식이 엄마를 괴롭혔다. 남편은 사업 때문에 바쁘고 아이들은 모두 아침에 학교에 가면 넓은 집에서 혼자 생활하는 것이 외로웠다. 마음이 공허했다. 공허한 텅 빈 마음을 채울 수가 없었다. 돈이 많아도 아무 소용이 없었다. 나는 형식이 엄마의 텅 빈 마음속에 하나님의 말씀을 심어주었다.

수고하고 무거운 짐 진 자들아 다 내게로 오라 내가 너희를 쉬게 하리라(마 11:28)

그리고 예수 그리스도 안에서 소망을 갖고 살라며 복음을 구체적으로 증거했다. 형식이 엄마는 자기의 말을 전부 들어주고 텅 빈 마음에 복음을 심어주자 기뻐하기 시작했다.

평안을 너희에게 끼치노니 곧 나의 평안을 너희에게 주노라 내가 너희에게 주는 것은 세상이 주는 것과 같지 아니하니라(요 14:27)

나는 이 말씀을 전하면서 세상이 주는 평안은 일시적인 평안이지만 예수 그리스도께서 주시는 평안은 참 평안이요 영원한 평안이라고 말해 주었다. 그러면서 아들 형식이와 같이 사랑의 교회에 다니면서 신앙생활을 하라고 했다. 형식이 엄마는 약속하고 헤어졌다. 그 이후 나는 형식이네 집에 심방을 자주 갔다. 형식이 엄마 역시 열심히 사랑의 교회에 다니면서 우울증이 사라졌다. 아빠를 제외한 온 가족이 사랑의 교회에 열심히 다니면서 행복하게 살았다.

형식이가 대학에 진학한 후 온 가족이 서울로 이사를 갔는데 열심히 신앙생활을 잘하고 있다고 소식을 들었다. 하나님께서는 아들을 통해서 가족이 예수 그리스도를 구주로 믿도록 하시는 좋으신 분이시다.

학교에 가기 싫어요

동암고등학교에 막 입학한 경석의 이야기다. 이 학교는 우리 교회에서 가장 먼 학교였다. 사립학교이고 교사들도 젊고 공부도 잘 가르치는 좋은 학교다. 우리 교회 아이들도 여러 명이 다니고 우리 교회 고등부 회장도 그 학교에 다녔다. 그럼에도 불구하고 경석이는 그 학교에 가기 싫어했다. 이유는 학교가 멀다는 것이다. 어느 날 경석이 엄마가 나에게 전화를 했다.

"아들이 학교에 가기 싫다며 집에 누워 자고 있어요."

엄마는 속이 상해 출근하면서 나에게 부탁을 한 것이다. 경석이 엄마는 사랑의 교회 소문을 듣고 교회 옆으로 이사를 하고 사랑의 교회에 열심히 다니는 분이셨다. 경석이 아빠는 돌아가셨기 때문에 엄마가 아들 하나 딸 하나를 키우며 혼자서 열심히 사셨다. 보건소에 다니기 때문에 생활의 어려움은 없었다. 아빠가 없는 아이들을 예수 안에서 잘 키우겠다는 결심을 하신 훌륭한 분이셨다. 나는 이 사실을 잘 알고 있었다. 하나님께서 또 나에게 아빠가 없는 아이들을 보내주셨다는 확신 속에서 예수 그리스도의 사랑으로 경석이를 양육하고 있었다. 하나님은 과부와 고아의 아버지시다.

그의 거룩한 처소에 계신 하나님은 고아의 아버지시며 과부의 재판장이시라
(시 68:5)

이 말씀을 근거로 해서 나는 아빠가 없는 아이들을 하나님이 나에게 보내 주실 때에는 하나님이 나에게 아이들을 가르치라는 명령으로 알고 목회를 했다. 나는 경석이 엄마의 전화를 받고 즉시 집에 갔다. 초인종을 눌렀으나 대답이 없다. 여러 번 눌렀지만 문을 열어주지 않았다. 분명히 경석이가 잠을 자고 있다는 소리를 경석이 엄마한테 듣고 왔는데 아무 대답이 없었다. 인내심을 가지고 다시 초인종을 눌렀더니 안에서 소리가 났다. 그리고 경석이가 "누구세요?" 하며 문을 열어주었다. 나는 들어가서 자초지종을 물었다.

"왜 학교에 가지 않고 집에서 잠을 자고 있느냐?"

경석이가 대답하기를,

"그 학교에 가기 싫어요. 재수해서 내년에 다른 고등학교에 갈래요."

라고 말했다. 나는 경석이에게

"다른 아이들은 인문계 고등학교에 가고 싶어도 실력이 없어서 가지 못하는데 너는 하나님의 은혜로 공부를 잘해서 좋은 고등학교에 갔는데 그 학교가 싫어서 학교를 가지 않는다며 과연 하나님이 기뻐하시겠니?"

라며 설득했다. 그럼에도 불구하고 여전히 경석이는 학교에 가지 않겠다고 고집을 부렸다.

"너희 엄마가 새벽마다 우리 아들 인문계 고등학교에 보내 주세요."

라며 기도한 하나님의 응답인데 감사한 마음으로 다니라며 달래 보기도 했다. 하지만 경석이는 "죽어도 그 학교에는 못 가겠다."고 고집을 부렸다. 나는 태도를 바꾸기로 했다.

"그러면 밖에 나가서 회초리를 가지고 와라. 엄마의 말과 목사님의 말을 듣지 않는 너는 하나님의 말씀도 듣지 않는다."

그러면서 너 정말 예수 그리스도를 믿느냐고 묻자 경석이는 믿는다고 대답을 했다. 자기는 예수 그리스도를 믿기 때문에 구원을 받았고 하나님의 자녀라는 확신 속에서 산다고 말했다. 이렇게 대답한 것은 이 아이가 중학교 2학년 때부터 제자훈련을 받았기 때문이다.

"그러면 네가 예수 그리스도를 믿는다는 것을 입으로만 아니라 행동으로 보여줘라. 지금 엄마는 너 때문에 직장에서 얼마나 걱정하고 있는지 너는 아니? 아침에 울면서 나에게 전화를 했다. 네가 학교에 잘 다니고 열심히 공부를 해야 엄마가 희망을 가지고 너희들을 잘 키울 것이 아니냐?"

며 다시 달렸다. 그리고 다시 말했다.

"나는 하나님께서 너에게 선물로 보내주신 목사님이다. 그러니까 목사님 말을 잘 들어라. 회초리로 매를 맞을래, 아니면 택시를 타고 나하고 같이 학교에 갈래? 선택은 네가 해라."

그러자 경석이는 목사님하고 학교에 간다고 대답했다. 나는 가방을 챙겨서 경석이 어깨에 메어주고 택시를 타고 동암고등학교로 갔다.

학교는 이미 수업이 시작되어 있었다. 나는 경석이와 같이 매점에서 음료수를 먹으면서 수업이 끝나기를 기다렸다. 점심시간이 되었다. 나는 경석이를 데리고 담임선생님을 찾아갔다. 상담을 했다. 담임선생님께 부탁을 했다. 경석이가 아버지가 없이 자랐기 때문에 외로움을 많이 느낀다며 불쌍한 아이라고 말해주었다. 그리고 경석이는 나를 마치 아버지처럼 따른다며 그 동안 신앙생활하며 잘했던 점을 칭찬해 주었다. 담임선생님께서는 잘 알았다며 고맙다고 말했다.

나는 경석이를 담임선생님께 부탁하고 택시를 타고 집으로 돌아왔다. 오면서 하나님께 감사했다. 아버지가 없는 아이에게 한 순간이라도 아버지가 되어준 것이 행복했다. 그 이후 경석이는 학교에 잘 다니며 신앙생활을 잘했다.

재학증명서를 제출해 주세요

전일고등학교에 다니는 대영이의 이야기다. 대영이의 아빠도 일찍 돌아가셨다. 그래서 엄마하고 산다. 대영이 엄마도 사랑의 교회 소문을 듣고 아들을 하나님의 말씀으로 양육하기 위해 사랑의 교회 옆 주공아파트로 이사를 왔다. 그리고 대영이와 함께 사랑의 교회에 등록을 했다.

대영이는 아빠가 안 계셔서 그런지 엄마의 말을 잘 듣지 않았다. 엄마의 마음을 늘 상하게 하는 아이다. 신앙생활도 잘하지 않는다. 꿈과 비전이 없다. 그러다 보니 목적이 없어 방황하고 있다. 그래서 그런지 공부 역시 하지 않으려고 한다. 한마디로 문제다. 구약시대처럼 왕이 없으므로 사람이 각기 자기 소견에 옳은 대로 행한 것처럼 사는 대영이었다.

그 때에 이스라엘에 왕이 없으므로 사람이 각기 자기의 소견에 옳은 대로 행하였더라(삿 21:25)

대영이는 학교만 가면 친구들과 싸워서 파출소를 자기 집 드나들듯이 드나들었다. 학교 선생님들도 힘들어하는 아이였다. 그러므로 대영이 엄마가 사랑의 교회에 보내면 아이가 달라질까 싶어서 우리 교회에 다니는 것이었다. 대영이 엄마는 새벽마다 아들을 위해서 울부짖으며 기도를 했다. 그럼에도 불구하고 대영이는 좀처럼 변하지 않았다.

그런데 내가 보니 문제는 대영이에게 있는 것이 아니라 엄마에게 있다는 것을 알게 되었다. 대영이가 속상하게 한다고 해서 심방을 가면 엄마는 아들을 보고 "사탄아, 물러가라!"며 아들을 마치 사탄으로 취급을 하는 것이었다. 나는 대영이 엄마에게 아들을 그렇게 대하지 말고 인격적으로 대하라고 말해주었다.

"하나님께서는 대영이를 소중하게 생각하고 대영이를 위해 예수 그리스도께서 십자가에 못 박혀 죽으심으로 대영이의 모든 죄를 용서하셨습니다. 그리고 성경대로 3일 만에 부활하셔서 대영이를 의인으로 만들어

주셨는데 어떻게 이런 아들을 사탄으로 봅니까?"

　라며 설명해 주었다. 대영이 역시 자기 엄마가 자기를 사탄으로 보는 것이 늘 불만이기 때문에 엄마가 믿는 예수 그리스도를 믿기 싫다며 교회에 다니지 않으려고 했다.

　대영이 엄마는 신앙생활 역시 잘못하고 있었다. 기복 신앙에 깊이 빠져 있기 때문에 좀처럼 고쳐지지 않았다. 하루는 대영이 엄마의 다급한 전화가 왔다. 아들이 검사실에 있는데 오늘 저녁에 구속영장이 발부된다고 했다. 아들이 아이들과 싸워서 그렇다는 것이다. 나는 즉시 법원으로 갔다. 그 곳 직원에게 아이에 대해 자세히 물어보았다. 오늘 저녁에 구속영장이 떨어진다며 당직판사실 전화번호를 가르쳐주었다.

　나는 당직판사에게 전화를 했다. 내 신분을 밝혔다. 현재 사랑의 교회 목사며 청소년 선도위원이라고 말했다. 대영이의 가정 형편을 말하며 대영이가 우리교회에 출석한지 얼마 되지 않았기 때문에 내가 아이의 대해서 잘 알지 못하고 있지만 한 번만 용서해 주시면 잘 지도해서 다시는 이런 일이 일어나지 않도록 책임을 지겠다며 선처를 부탁했다. 그러자 당직 재판장은 나보고 사랑의 교회 목사님이시냐며 그러면 내일 오전 11시까지 대영이의 재학증명서를 법원에 제출해 주시면 집으로 보내겠다는 약속을 했다. 전주 시내에서는 사랑의 교회를 모르는 사람이 없을 정도로 많은 사람들에게 알려져 있었다. 우리 교회 청소년들이 많았기 때문이다.

　나는 아침 일찍 전일고등학교로 갔다. 그곳에서 교장, 교감, 담임선생님을 만났다. 대영이의 사정을 이야기하고 재학증명서를 부탁했다. 그러나 모두가 대영이 말을 하자 고개를 설레설레 흔들었다. 재학증명서를 발급해 줄 수 없다는 것이다. 이미 이 아이는 학교에서 정학을 시켰다고 했다. 그러나 당시에 학교에서 정학을 시켰다고 해도 정부에서 용서해주라는 기간이 있었던 때다. 나는 이 사실을 말하며 다시 매달렸다. 그러자 학교에서는 재학증명서를 발급해 줄 수 없는 이유가 대영이를 퇴학시키기로 이미 결정을 했기 때문이라고 말했다. 대영이가 학교에 오면 학교에 문제가 많다며 절대로 안 된다고 선생님들은 이구동성으로 말했다.

나는 선생님들에게 내가 사랑의 교회 목사이며 전일고등학교에 우리 교회 아이들이 많이 다닌다며 아이들의 이름을 쭉 나열을 하자 선생님들의 태도가 달라졌다. 반갑게 나를 맞이했다. 나는 또 한 번 대영이의 재학증명서를 발급해 주면 내가 대영이를 잘 지도해서 학교에 잘 다니도록 하겠다고 말했다. 선생님들은 내 말을 듣고 대영이의 재학증명서를 발급해 주었다. 선생님들은 사랑의 교회에 다니는 아이들이 공부도 잘하고 학교에서도 모범적인 아이들이라는 것을 알고 계셨다.

나는 재학증명서를 가지고 전주 법원에 도착해 제 시간에 맞춰서 재학증명서를 제출했다. 그리고 기다렸다가 대영이를 데리고 집으로 돌아왔다. 이때 나의 기쁨은 어떻게 표현할 수가 없었다. "그저 하나님께 감사합니다." 라고 되뇌고 되뇄다.

하나님은 고아의 아버지시라는 것을 나는 성경을 통해서 알고 있다. 하나님은 대영이 역시 아빠가 없다는 것을 아시고 나에게 보내주신 것이다. 하나님 대신 하나님의 말씀으로 양육하라는 하나님의 명령으로 알고 장시간에 걸쳐 대영이와 진지하게 상담을 했다.

대영이는 원래 착한 아이였는데 가정의 어려운 환경과 아빠 없이 자라고 한걸음 더 나아가서 엄마의 잘못된 신앙생활에 대한 거부반응을 일으킨 것이었다. 대영이는 나와 상담을 하면서 목사님이 시키는 대로 하겠다며 흐느꼈다. 나 역시 울면서 대영이를 위해 기도했다.

그 이후부터 대영이는 신앙생활을 잘했다. 제자훈련을 잘 받았다. 그리고 학교 생활에 적응을 잘했다. 대영이도 예수 그리스도 안에서 꿈과 비전을 가지고 열심히 공부했다. 아이가 목적이 분명하니까 방황하는 일도 없었다. 엄마 역시 사랑의 교회에서 올바른 신앙생활을 하면서 가정은 행복해졌다.

청년이 무엇으로 그의 행실을 깨끗하게 하리이까 주의 말씀만 지킬 따름이나이다 (시 119:9)

주일예배에 참석해야 해요

전일고등학교 1학년인 형철이의 이야기다. 전일고등학교는 전주대학교 근처에 있었는데 우리 교회에서 상당히 멀었다. 나는 이 학교도 버스를 타고 자주 심방을 가는 편이었다. 이유는 전도하기 위함과 우리 교회에 다니는 아이들을 관리하기 위함이다. 전일고등학교에도 우리 교회 아이들이 많이 다니고 있기 때문에 내가 심방을 가면 중학교 때처럼 친구들을 데리고 나에게 모여든다. 이 학교에는 신앙생활을 잘하는 아이들도 많았고, 그 아이들은 공부도 잘했다. 전일고등학교는 주일에도 아이들을 학교에 나오게 해서 보충 수업을 한다. 그러나 사랑의 교회에 다니는 아이들은 주일 교회에 나와 예배를 드렸다. 그러므로 전일고등학교 선생님들 가운데서도 인정을 해주는 편이다.

하지만 지독하게 기독교를 비방하는 선생님이 있었는데, 그 선생님이 담임인 반에 형철이가 있었다. 형철이는 신앙이 매우 좋다. 내가 인정할 정도다. 그 반 전원이 주일 학교에 등교하지만 형철이만은 주일 학교에 가지 않고 교회에 나와서 하나님께 예배를 드렸다. 그렇기 때문에 담임선생님은 형철이에 대해 불만이 많았다. 담임선생님이 형철이에게 수없이 주의를 주었지만 형철이는 담임선생님 말보다 하나님의 말씀에 순종했다. 여전히 매 주일 교회에 나와서 예배를 드렸다. 이로 인해 담임선생님은 화가 날 때로 났다. 월요일이 되면 나무막대기로 형철이의 엉덩이를 10대씩 때렸다. 그러나 형철이는 여전히 주일이 되면 학교에 가지 않고 교회에 나와서 예배를 드렸다. 한 번은 담임선생님이 다음 주일에도 학교에 나오지 않고 교회에 가면 20대를 때리겠다고 했다. 형철이는 선생님에게 말했다.

"내가 20대를 맞아도 나는 주일 교회에 가서 나를 구원해주신 하나님께 예배를 드려야 해요."

그러자 담임선생님이 말했다.

"그래. 그러면 20대를 맞아보라."

형철이는 그 주일에도 여전히 교회에 나와서 하나님께 예배를 드렸다. 그리고 월요일이 되자 선생님은 자기가 말한 대로 20대를 때렸다. 어느 주일날 형철이는 나에게 이런 말을 했다.

"목사님! 나는 내일 학교에 가면 선생님한테 30대를 맞아야 해요."

나는 형철이에게

"선생님이 두려우니?"

라고 묻자, 형철이는

"두렵지 않아요."

라고 대답했다. 나는 형철이에게 하나님의 말씀을 전했다.

몸은 죽여도 영혼은 능히 죽이지 못하는 자들을 두려워하지 말고 오직 몸과 영혼을 능히 지옥에 멸하실 수 있는 이를 두려워하라(마 10:28)

막대기로 때리는 선생님을 두려워하지 말고 하나님을 두려워하라고 말해 주었다. 형철이는 하나님의 이 말씀에 마음을 사로잡혀 고등학교 3년 내내 주일이면 어김없이 교회에 나와서 예배를 드렸다. 나중에는 담임선생님도 형철이의 신앙을 인정해주었다. 결국 형철이는 예수 그리스도 안에서 믿음으로 승리한 것이다.

무릇 하나님께로부터 난 자마다 세상을 이기느니라 세상을 이기는 승리는 이것이니 우리의 믿음이니라(요일 5:4)

팔이 빠졌어요

전일고등학교 1학년인 승구의 이야기다. 사랑의 교회 소문을 듣고 엄마와 함께 교회에 등록한 지가 얼마 되지 않았다. 엄마는 승구를 무척 사랑했다. 승구 역시 엄마밖에 모르고 엄마 역시 승구밖에 모른다. 승구에게 무슨 문제가 생기면 엄마는 신발도 제대로 신지 못하고 정신없이 맨발로 뛸 정도셨다. 새벽마다 교회에서 기도할 때 승구의 이름을 부르면서 통성으로 기도하는 분이셨다.

사랑의 교회에서 어느 공휴일에 학교 별로 체육대회를 했다. 전일고등학교와 영생고등학교가 축구 경기를 했다. 우리 교회는 체육대회를 해도 학생들이 많아서 학교 별로 체육대회를 했다. 응원도 학교 별로 했다. 응원이 참 재미있었다.

승구는 후반에 교체되어 10여 분을 뛰다가 상대방과 부딪혀서 넘어졌다. 순간 승구는 팔을 붙잡고 아프다고 뒹굴었다. 나는 아프다며 뒹구는 승구에게 달려갔다. 승구는 나를 보더니 "목사님! 내 팔이 빠졌어요."라고 했다. 나는 놀랐다. 승구 엄마에게 전화를 했다. 승구가 축구를 하다가 팔이 빠져서 아프다고 소리친다고 말하자 승구 엄마는 "팔이 또 빠졌어요?"라고 말했다. 나는 그 말을 듣고 승구의 팔이 자주 빠지는 줄을 알았다.

잠시 후 기린중학교에 승구 엄마가 왔다. 우리는 병원에 가기 전이었다. 우리 교회 대학생 가운데 합기도를 하는 형제가 있었다. 이 형제는 승구의 빠진 팔을 끼웠다. 그리고 승구 엄마는 승구를 데리고 병원으로 갔다. 그 이후 나는 승구에게 운동을 하지 말라고 말해주었다. 왜냐하면 또 팔이 빠질까 봐서 그랬다.

승구는 제자훈련을 받으면서 신앙이 성숙해갔다. 승구 엄마는 아들의 신앙이 성숙해가자 너무 기뻐서 교회에서 헌신 봉사를 하기 시작했다. 반면에 승구 아빠는 승구 동생과 예수 그리스도를 믿지 않았다.

어느 날 승구 엄마가 나에게 이런 말을 했다. 남편의 구두를 가슴에 품고 새벽마다 강대상 밑에서 "하나님 아버지, 이 구두의 임자가 예수 그리스도를 믿게 해주세요. 그래서 나와 함께 하나님께 예배를 드릴 수 있게 해주세요."라고 기도했다고 말했다. 나는 왜 그렇게 기도하셨느냐고 물었다. 그랬더니 승구 엄마는 말하기를 어떤 성도가 남편이 예수 그리스도를 믿지 않아서 남편의 구두 한 짝을 가지고 교회당에 나와서 간절히 기도했더니 남편이 예수 그리스도를 믿었다고 해서 자기도 그렇게 했다는 것이다. 그러면서 하루는 새벽에 남편의 구두 한 짝을 가슴에 품고 하나님께 기도하는데 남편이 와서 혹시 내 구두 한 짝을 보지 못했느냐고 물어보았다고 말했다. 승구 엄마는 겁이 나서 자기 가슴에 품고 있었던 남편의 구두 한 짝을 얼른 꺼내놓았더니 남편이 구두를 신고 가더라고 말했다. 나는 그 말을 듣고 얼마나 웃었는지 모른다. 부흥사경회 할 때 강사 목사님들이 하는 소리를 들어본 적이 있었다. 정말 그런 일이 있었는가하는 생각을 했었는데 우리 교회에서 그런 일이 일어난 것이다.

승구 아빠는 당뇨환자여서 새벽이면 운동을 했다. 그래서 저녁에 운동을 하기 위해 항상 구두를 준비해 놓고 잠을 자는데 아침에 보니 구두 한 짝이 없어져서 혹시 자기 아내에게 물어보려고 구두 한 짝은 신고 깨금발을 하면서 3층까지 올라와서 기도하는 아내를 데리고 나가며 자기 구두 한 짝을 못 보았느냐고 물어보았다고 했다는 것이다. 승구 아빠가 승구 엄마를 찾아온 것은 며칠 전에도 신발 한 짝이 없어져서 다른 신발을 신고 운동을 갔다 왔더니 없어졌던 구두 한 짝이 있어서 이상하다 생각하고 승구 엄마가 기도하는 교회까지 찾아온 것이라고 말했다는 것이다.

하나님은 남편이 예수 그리스도를 믿는 것이 소원이어서 남편의 신발을 가슴에 품고 기도하는 아내의 간절한 기도에 응답을 하셨다. 승구 엄마가 권사님이 되면서 남편 역시 교회에 나와서 예수 그리스도를 믿기 시작했다. 나는 너무 감사해서 승구 아빠에게 어떻게 해서 예수 그리스도를 믿었느냐고 물었더니 승구 아빠는 아내가 권사님인데 남편인 내가 어떻게 예수 그리스도를 안 믿을 수가 있느냐고 말했다. 그 후 승구 아빠도 집사님이 되어서 온 가족이 신앙생활을 잘하고 있다.

그런데 승구 아빠는 사업 관계로 주일 낮 예배만 참석한다. 그래서 나는 승구 엄마에게 그때 남편의 구두 두 짝을 들고 나와서 기도했더라면 아빠가 모든 공적인 예배에 참석했을 것이라며 웃으면서 말했다. 하나님은 말씀하신 대로 거룩한 아내로 말미암아 믿지 않는 남편도 예수 그리스도를 믿게 하는 좋으신 분이시다.

> 아내 된 자여 네가 남편을 구원할지 어찌할 수 있으며 남편 된 자여 네가 네 아내를 구원할지 어찌 알 수 있으리요(고전 7:16)

우리는 하나님의 섭리를 측량할 수가 없다. 그러므로 그리스도인들은 모든 사람에게 복음을 전해야 한다.

여자만 눈에 보여요

전북대 사대 부속 고등학교 1학년인 정석이의 이야기다. 이 학교는 남녀공학이기 때문에 남학생이 여학생을 돌처럼 보지 않으면 공부하기가 매우 어렵다고 남학생들이 말들을 했다. 다 그렇지는 않지만 대부분의 아이들이 그렇게들 말하고 있다.

우리 교회는 여학생들은 소수이고, 남학생들이 많았다. 그래서 여학생 한 사람이 교회에 새로 나오면 그 여학생은 홍일점이다. 오히려 남학생들이 여학생들만 보면 부끄러워한다. 초등학교 때부터 남학생들만 있었기 때문이다. 나는 남학생들에게 여자 친구들을 전도해서 교회에 데리고 오면 푸짐한 상품을 주겠다고 자주 말한다. 그리고 숨어서 연애하지 말고 활짝 열어놓고 연애하라고 말한다. 그러면 내가 기도해 주고 서로 사귀도록 도와주겠다고 약속했다.

이렇게 말을 해도 남학생들은 좀처럼 여학생들을 전도하지 못했다. 옛날 내가 어렸을 때는 예배당을 연애당이라고 까지 했다. 그런데 우리 교회는 어찌된 일인지 남학생들이 연애 할 줄을 모르는 것 같았다.

어느 날 사대부고 1학년에 입학한 정석이 엄마가 나에게 전화를 하셨다. 아들이 학교에 가지 않겠다고 했다며 울먹였다는 것이다. 아들이 공부하지 않겠다니까 정석이 아빠가 정석이의 책을 다 집어 던지고 학교에 가지 말라며 난리가 났다는 것이다. 그러니 어떻게 했으면 좋겠느냐며 나에게 도움을 청했다. 정석이가 목사님 말씀은 잘 듣는 편이니까 목사님이 정석이를 달래서 학교에 가도록 해달라는 부탁이었다.

나는 정석이를 교회로 불렀다. 그리고 이야기를 들어보았다. 정석이는 나에게 솔직하게 말을 했다. 같은 반 여자 친구를 보는 순간 마음이 이상해지더니 자꾸 그 여자 친구가 보고 싶다고 했다. 그래서 학교에서나 집에서나 길에서나 밤이고 낮이고 책을 보더라도 그 여자 친구가 눈에 떠올라서 공부하기가 싫다는 것이다.

나는 정석이의 말을 다 듣고 웃었다. 정석이는 지금 사춘기가 시작된 것이다. 아이들은 대부분이 중학교 1학년 때부터 사춘기가 시작되어 고등학교 1학년쯤 되면 절정에 이른다. 빠른 아이들은 초등학교 6학년 때부터 시작하기도 한다. 사춘기가 시작될 때에 하나님의 말씀으로 잘 양육하면 아이들은 방황하지 않는다. 그리고 나는 아이들에게 예수 그리스도 안에서 꿈과 비전을 갖게 하고 제자훈련을 시켰더니 대부분의 아이들이 사춘기를 잘 넘겼다.

나는 정석이에게 네가 지금 사춘기 병을 앓고 있는데, 이 병을 잘 치료

받으면 너는 틀림없이 성공할 수 있다고 말해주었다. 이 병은 누구나 다한 번씩 겪어야 하는 병이다. 지금 네가 그 여자 친구와 사귄다고 해도 너의 돕는 배필이 될 수 있다고 볼 수는 없다. 그러나 하나님의 뜻이라면 나중에 반드시 너의 돕는 배필이 될 수가 있다. 왜냐하면 "슬기로운 아내는 여호와로 말미암기 때문"이라며 하나님의 말씀을 들려주면서 정석이를 설득시켰다.

> 집과 재물은 조상에게서 상속하거니와 슬기로운 아내는 여호와께로서 말미암느니라 (잠 19:14)

그러면서 네가 지금 할 일은 예수 그리스도 안에서 꿈과 비전을 가지고 열심히 공부하는 것이다. 네가 3년만 고생해라. 그래서 좋은 대학에 가면 그 여자와 계속 사귈 수가 있지만 좋은 대학에 가지 못하면 그 여자 친구가 너를 배신할 수도 있다고 말해주었다. 그러니까 목표를 정해놓고 공부하라고 1시간 이상 상담을 했다. 정석이는 이해가 되었는지 목사님 말씀대로 열심히 공부를 해서 좋은 대학에 가겠다고 약속하고 집으로 돌아갔다.

정석이는 약속대로 학교에 가서 열심히 공부를 하고 제자훈련을 열심히 받아 신앙이 성숙했다. 정석이 아빠와 엄마는 고맙다며 전화를 했다. 나는 전도를 했지만 정석이 부모는 좀처럼 교회에 나오지 않았다.

목사님이 욕해요

영생고등학교는 기독교 학교이기 때문에 매주 월요일마다 예배를 드린다. 우리 교회 아이들이 처음 입학한 후 학교에서 첫 예배를 드렸다. 예배 시간에 아이들이 시끄럽게 떠들었나 보다. 교목이 학생들에게 떠들지 말라고 해도 계속 시끄럽게 떠들자 욕을 한 것 같았다.

우리 교회 아이들은 초등학교 때부터 나와 신앙생활을 하면서 나를 때로는 아빠처럼 또는 친구처럼 인격적인 관계로 대하며 살았다. 나는 아이들에게 잘못하면 야단은 쳤지만 욕을 한 적은 없었다. 그러므로 우리 교회 아이들은 목사님은 욕을 할 줄 모르는 분으로 생각하고 살았다. 그러나 나는 목사님도 인간이라는 모습을 보여주기 위해서 운동을 할 때 과격하게 몸싸움을 할 때도 있다. 그럴 때마다 어떤 아이들은 "목사님! 목사님 맞아요?"라고 하기도 한다. 우리교회 아이들은 나 말고 다른 목사님들은 만나본 적이 없었다. 오직 한 목사님 밑에서 고등학교에 입학하기까지 신앙생활을 한 것이다.

그런데 예배를 드리다가 목사님이 학생들에게 떠든다고 욕을 하자 놀래가지고 내가 심방을 가자 우리교회 아이들이 무슨 큰일이나 일어난 것처럼 나에게 "목사님! 우리학교 목사님이 예배시간에 욕해요."라고 말했다. 우리 교회 아이들이 생각하기를 나와 학교 목사님과는 너무나 차이가 나나보다. 그러면서 아이들이 너나할 것 없이 모두가 나보고 "목사님이 우리 학교 목사님 하셨으면 좋겠어요."라고 말했다. 나는 그런 아이들에게 "목사님도 욕을 할 줄 안다. 얼마나 학생들이 말을 듣지 않고 떠들면 욕을 했겠니? 나라도 그런 상황에서는 욕을 할 수가 있었을 거다."라며 아이들을 설득시켰다.

나는 목회를 하면서 잘못하는 아이들에게 회초리로 종아리를 때린 적은 있었다. 몇 대를 맞겠느냐며 선택권을 준다. 10대를 맞겠다고 하면 7대를 때린다. 그리고 잘못을 지적해주고 회개기도를 시킨다. 나 역시 축복기도를 해주고 먹을 것을 사주면 우리 교회 아이들은 매를 맞고서도 나를 좋아한다. 고등학생들도 예외는 아니다. 어떤 아이는 지금도 나에게 야단을 맞으면 나를 끌어안고 애교를 부린다. 이렇게 아이들에게 욕은 하지 않았지만 매를 든 것은 어려서부터 잘못한 것은 인정하고 즉시 회개하기를 가르치기 위해서다. 어려서부터 이것이 체질화가 되면 어른이 되어서도 바르게 자랄 수 있기 때문이다.

마땅히 행할 길을 아이에게 가르치라 그리하면 늙어도 그것을 떠나지 아니하리라 (잠 22:6)

나 좀 잡아 주세요

영생고등학교 1학년인 영남의 이야기다. 초등학교 5학년 때부터 사랑의 교회에서 신앙생활을 한 영남이다. 신앙생활을 잘하는 영남인데 예수 그리스도를 믿지 않는 엄마의 반대가 심했다. 중학교에 진학하면서부터 엄마의 반대는 극에 달했다. 이유는 공부에 지장이 있다고 생각했기 때문이다. 그러나 영남이는 기독교 학교인 덕진 중학교에서도 항상 전체 상위권에 들 정도로 공부를 잘하는 아이다. 그럼에도 불구하고 엄마는 교회에 다니는 것이 싫은 것이다. 예나 지금이나 부모님들은 마찬가지인 것 같다. 그래서 우리 교회 출신인 전도사가 어느 날 전화를 하면서

"목사님! 기독교 보다 큰 교가 어디인지 아세요? 대학교예요."

라며 부모님들 때문에 학생들을 지도하기가 어렵다고 하소연했다. 영남이는 고등학교에 진학하면서 여학생을 알게 된 것 같았다. 한 학기 동안

공부하면서 매우 힘들었나 보다. 어느 날 영남이가 나를 찾아와서 하는 소리가

"목사님! 나 좀 잡아주세요. 공부가 되지 않아요. 자꾸 여자 생각만 나요."

라며 고백했다. 나는 대부분의 아이들이 고등학교 1학년 때가 사춘기의 절정이라는 것을 알고 있었다. 그러나 지금은 중학교 2학년쯤이 절정이 아닌가 싶다. 나는 영남이의 이야기를 다 듣고

"네가 얼마나 힘들었느냐? 미리 나에게 말하지 그랬니?"

라며 위로해 주었다. 그러면서 나는 영남이에게 몇 가지 제안을 했다. 매주 토요일마다 제자훈련을 받으라고 말했다. 영남이는 엄마의 반대 때문에 제자훈련을 받지 못했었다. 그냥 주일 성수만 했다. 영남이는 목사님이 말씀하신 대로 제자훈련을 받겠다고 약속했다. 한 걸음 더 나아가서 예수 그리스도 안에서 꿈과 비전을 가져야 한다고 말해주었다. 그리고 너의 꿈이 무엇이냐고 묻자 의사가 되는 것이며 나중에는 의료선교사가 되고 싶다고 말했다.

영남이는 그 후 열심히 제자훈련을 받았다. 매일성경 큐티도 빠지지 않고 했다. 주일 오후 예배시간에는 매일성경 큐티도 발표했다. 그렇게 하게 한 이유는 영남이의 변해가는 모습을 다른 학생들에게 보여주기 위해서다. 영남이는 날마다 믿음이 좋아졌다.

나는 어느 날 영남이에게

"지금도 여자 생각이 나느냐?"

고 물었다. 영남이는

"아니요. 지금은 공부하느라 정신이 없어요."

라고 말했다. 영남이는 그의 꿈대로 의사가 되어 예수병원에 신경외과 과장이 되었다. 그리고 그 아내는 치과 의사다. 이제 앞으로 의료선교사가 되면 예수 그리스도 안에서 영남이의 꿈은 이루어지는 것이다.

이렇게 한 아이가 예수 그리스도 안에서 꿈과 비전을 갖고 신앙생활을 할 때 그 꿈은 이루어지고 결국은 하나님 나라를 위해 일하게 된다. 그러므로 나는 한 아이의 소중함을 알고 청소년들에게 열심히 복음을 전했고 하나님의 말씀으로 양육했다. 이것은 내가 한 것이 아니라 하나님이 하신 것이다. 그러므로 나는 항상 하나님께 감사한다.

고등부 회장

중·고등부 학생들이 점점 많아지다 보니 고등부 회장이 필요했다. 물론 중등부 회장은 있었다. 하지만 전체적으로 지도할 고등부 회장을 선출하기로 했다. 조건은 제자훈련을 받은 사람이었다. 나는 제자훈련을 받은 사람 가운데서 내가 먼저 선출해서 두 명을 후보로 세웠다. 어떻게 보면 민주적인 것처럼 보이지만 사실은 독재다. 내가 필요로 하는 사람을 세워야 하기 때문에 후보 선출은 내가 미리 했다. 아이들에게 모든 것을 자유롭게 위임하면 아이들은 자기와 친한 사람을 회장으로 선출할 것이고 학생 수가 많은 학교에 다니는 학생이 유리해진다. 회장이 내 마음에 들지 않으면 아무 소용이 없다. 하나님도 왕을 택하실 때 하나님 마음에 맞는 다윗으로 결정하셨다.

나는 내 마음에 드는 두 명을 선출해서 투표하도록 했다. 낙선이 되는 아이는 자동으로 총무가 된다. 나는 아이들한테 내가 정한 이 방법이 어떠냐고 물었더니 모두가 좋다고 했다. 순진한 아이들은 생각해 보지도 않고 그저 목사님이 하라는 대로 따랐다. 그런 아이들이 좋았다. 그러나 진보적인 성향을 가진 아이가 있다면 "목사님 이것은 독재입니다."라고 말할 수도 있다. 감사하게도 그런 아이는 우리 교회에 한 명도 없었다.

투표 결과 상산고등학교에 다니는 재형이가 회장으로 당선되었다. 내가 바라는 아이가 된 것이다. 사실은 내 계획대로 된 것이나 다름이 없다. 재형이는 나와 중학교 2학년 때부터 신앙생활을 했다. 누가 전도해서가 아니라 사랑의 교회 소문을 듣고 친구 따라서 스스로 나와서 난생 처음 예수 그리스도를 믿었다. 재형이는 운동을 좋아하지 않았다. 하지만 목사님 말씀이라면 무조건 순종하는 아이였다. 나는 그것이 내 마음에 맞았다. 마치 하나님이 이새의 집에서 왕을 택할 때 막내 다윗이 집안으로 들어오자 사무엘 보고 "이가 그니"라고 소리치셨다는데 난 이 아이를 보며 그런 생각을 했다.

마치 내가 재형이를 볼 때 내 마음에 맞는 아이라 "이가 그니"라고 소리칠 정도로 착한 아이였다. 재형이는 사랑의 교회에서 처음으로 "에덴의 밤"을 할 때 주기철 목사님 역할을 잘 소화해 낼 정도로 연극을 잘했다. 연극 중에 자신도 울면서 했지만 보는 성도들의 눈시울을 뜨겁게 한 아이다.

고등부 회장이 선출된 이후 중·고등부학생들은 점점 더 많아지기 시작했다. 문제는 여학생들이 적다는 것이다. 우리 교회에 남학생들이 가장 많이 모일 때가 460여명이 되었다. 예배당 의자가 모자라서 신문지를 깔고 예배를 드리는 아이들도 있었다. 일찍 교회에 나오지 않으면 서서 예배를 드리든가 아니면 친구 옆에 끼어서 예배드려야만 했다. 지각한 아이들은 9시 정각에 예배당 문을 닫아 버리기 때문에 계단에서 서서 예배를 드리기도 했다. 나는 이런 상황에서 서울의 큰 교회에 가건물이라도 지을 수 있도록 도움을 청했지만 그 교회 사정으로 거절되고 말았다. 그때 나는 이런 생각을 했다.

'만약 청소년들에게 복음을 전해야할 필요성을 알았다면 쉽게 거절할 수가 없다. 청소년들에게 복음을 전해서 아이들이 어려서부터 하나님을 경외하지 않으면 한국 교회의 미래는 불투명하다. 물론 어른들도 중요하다. 하지만 자라나는 청소년들이 예수 그리스도를 믿어야만 된다.'

이런 사실을 나는 일찍이 목회를 하면서 느꼈다. 우리 교회는 하나님의 은혜로 중·고등부가 부흥되기 시작했다. 고등부 회장이 된 재형이는 나의 동역자가 되어 하나님 나라 확장을 위해 노력했다.

여자 고등부 회장

여자 고등부 회장 유진이의 이야기다. 중·고등부가 부흥은 되었지만 남학생들이 대부분이었다. 여학생들이라고는 성도들의 자녀들이 전부였다. 나는 남학생들에 대한 전도는 연구를 해서 운동으로 그들에게 복음을 전했지만 여학생들에 대한 연구는 하지 못했다. 그래서 여학생 전도에 대한 것을 가장 문제점으로 생각해 왔다. 그러다 생각하기를 내 대신 여학생회장을 세워서 그로 하여금 전도하게 해야겠다고 마음을 먹었다. 나의 간절한 기도를 하나님께서 들으시고 지혜를 주신 것 같았다. 하나님께서는 옛날에 선지자들이나 당신의 종들이 기도를 하면 들어주신 것을 생각해 보면 나에게도 하나님께서 응답해 주심을 믿고 감사했다.

> 그의 제사장들 중에는 모세와 아론이 있고 그의 이름을 부르는 자들 중에는 사무엘이 있도다 그들이 여호와께 간구하매 응답하셨도다(시 99:6)

나는 여학생들 가운데서 제자훈련을 받은 유진이를 후보로 선출해서 전체 투표를 했다. 이것 역시 민주주의적인 독재였다. 학생들에게 추천을 해서 투표하라고 하지 않고 내가 원하는 학생을 뽑아서 투표하도록 했기 때문이다. 내 대신 여학생들에게 전도를 하기 위해서는 나와 동역할 수 있는 리더십이 있는 아이가 필요했다. 내가 계획했던 대로 아이들 모두가 유진을 여고등부회장이 되도록 표를 모아 주었다.

이제 우리 교회는 회장이 둘이 되었다. 남학생 회장과 여학생 회장이었다. 물론 전체적인 리드는 남학생 고등부 회장인 재형이 했다. 여학생 회장 유진은 여학생들을 리드하도록 했다.

유진의 리더십이 발휘되기 시작했다. 고등부 여학생들이 서서히 늘어나기 시작했다. 서너 군데 학교에 다니는 고등부 여학생들이 회장을 중심으로 해서 매주 각 학교에서 전도하여 여학생들이 모여들기 시작한 것이다. 그 가운데 어떤 여학생들은 사랑의 교회에 가면 남학생들이 많다는 소문을 듣고 친구 따라오는 아이들도 있었다고 한다. 어떤 여학생들은 사랑의 교회에 아이들은 착하고 공부도 잘하는 것을 보고 온 아이들도 있었다.

여학생들이 숫자가 늘어나기 시작했다. 1년이 되어가면서 여학생들의 수가 200여 명으로 늘어났다. 내가 상상할 수 없는 하나님의 역사였다. 한 아이의 리더십이 이렇게 크다는 것도 나는 깨달았다. 그때부터 나는 한 아이가 소중하다는 것을 느끼기 시작했다.

그러므로 더욱 청소년들에게 깊은 관심을 갖고 복음을 전했다. 이들은 주일 낮뿐만 아니라 공적인 예배 특히 금요기도시간에도 모여서 기도하기 시작했다. 토요일 날도 모여서 남녀 고등부 학생들이 뜨겁게 기도하기 시작했다. 나는 그들이 모임에 참석해서 아이들의 기도가 얼마나 뜨겁고 은혜를 끼쳤는지 곧 무슨 일이 일어날 것 같은 느낌에 사로잡히기도 했다.

공적인 예배시간에는 예배당 의자가 모자랐다. 왜냐하면 주일 낮 예배를 제외하고는 장년들과 같이 예배들 드려야 하기 때문이었다.

주일 오후 예배 시간에는 중·고등부 학생들이 찬양을 했다. 이들 가운데 드럼을 치는 아이들도 있었고, 기타를 치는 아이들, 피아노를 치는 아이들 등등 악기를 다루는 아이들도 많았다. 마치 예배가 축제의 분위기였다. 어떤 집사님은 집에 가서 자기 아내에게 교회가 아니라 학교라고 할 정도였다.

청소년들이 많다보니 교회가 젊어 보였다. 이토록 내가 고민하였던 여학생들의 전도 문제가 해결되니까 얼마나 기쁜지 말로 표현하기가 어려웠다. 내가 이렇게 기쁜데 하나님은 얼마나 기뻐하실까 생각하게 되었다. 물론 내가 한 것이 아니고 하나님이 하셨지만 말이다.

나는 늘 생각하기를 어떻게 하면 하나님이 기뻐하실까 생각했다. 이것이 하나님의 뜻이기 때문이다.

5분 기도

사랑의 교회 중·고등부 학생들의 5분 기도의 이야기다. 중·고등부 학생들이 각 학교에서 점심시간을 이용해서 5분 기도의 시간을 가졌다. 그때도 기도의 능력은 위력이 있었다. 전도가 되었기 때문이다. 이제는 남녀고등부가 많아졌기 때문에 나는 강대상에서 전주 시내 각 학교에서 점심시간에 5분 기도를 하도록 목이 터져라 외쳤다. 오직 기도만이 하나님의 역사가 나타난다면서 이렇게 하나님의 말씀을 전했다. 야고보서의 말씀을 읽도록 했다.

> 엘리야는 우리와 성정이 같은 사람이로되 그가 비가 오지 않기를 간절히 기도한즉 삼 년 육 개월 동안 땅에 비가 오지 아니하고 다시 기도하니 하늘이 비를 주고 땅이 열매를 맺었느니라(약 5:17-18)

아이들은 모두가 이 말씀을 읽고 기도하기를 시작했다. 내가 토요일 저녁에 모여서 기도하는 아이들을 보고 이런 계획을 세운 것이다. 나는 전주 시내 각 학교마다 남녀중고등부 조장들을 세웠다. 학생들은 조장들의 지도 아래 점심을 먹고 어떤 아이들은 금식을 하며 모여서 뜨겁게 5분 기도를 했다. 어떤 조에서는 시간이 지난 줄도 모르고 기도하기까지 했다고 한다. 나는 주일에 학교 별로 조장들의 보고를 받았기 때문에 학교마다 재미있는 일도 많이 일어난 것도 알게 되었다.

나는 기도하는 아이들에게 기도의 목적을 제시했다. 우리 교회가 교회당이 좁아서 예배드리기에 불편하기 때문에 더 큰 예배당에서 마음껏 찬양하며 기도하며 예배를 드릴 수 있도록 하나님께 간절히 부르짖으라고 했다. 이 목적은 아이들에게 적중되었다. 아이들 역시 예배당이 부족해서 불편함을 느끼고 있었기 때문이었다.

또 한 가지 목적은 전도를 위해서였다. 우리 교회가 존재하는 이유가 무엇이냐? 전주 시내 청소년들에게 전도하기 위함이 아니냐? 아직도 전주 시내에는 마귀의 지배를 받으며 고통스러워하는 아이들이 많다. 그들이 나중에 하나님의 나라에 가서 하나님께 이렇게 너희들을 고발하면 어떻게 되겠니? "하나님! 사랑의 교회 아이들이 우리들에게 전도하지 않아서 우리가 예수 그리스도를 믿지 못했어요."라고 말했다. 하나님은 우리 교회에 그 책임을 물으신다. 아이들은 이런 말에 책임을 느끼며 기도하고 전도하기 시작했다. 매주 모였던 아이들은 사랑의 교회에서 처음 예수 그리스도를 믿기 시작한 아이들이 대부분이었다.

깨닫고 마가라 하는 요한의 어머니 마리아의 집에 가니 여러 사람이 거기에 모여 기도하고 있더라(행 12:12)

이렇게 각 학교에서 매일 점심시간에 모여서 5분 기도를 했다. 그 결과 사랑의 교회에 아이들은 모여들기 시작했다.

하나님의 말씀은 흥왕하여 더 하더라(행 12:24)

유일여자고등학교에서는 이런 일도 있었다. 이 학교에는 여고등부 회장인 유진이가 다녔다. 매일 점심시간마다 아이들이 모여서 기도하자 선생님들과 학생들이 무섭다고 했다. 그래서 학교에서 아예 선생님들이 사랑의 교회에 다니는 아이들에게 교실 하나를 정해주고 그곳에서 기도하라고 하기까지 했다고 한다.

어떤 선생님은 사랑의 교회 아이들에게 혹시 너희 교회가 이단이 아니냐고 묻기도 했다고 한다. 하지만 사랑의 교회 다니는 아이들은 성실하고 착하고 공부를 대부분 잘했기 때문에 선생님들의 오해는 쉽게 풀렸다. 그러므로 이단이냐고 묻는 것은 그저 의심에 그쳤고 오히려 선생님들의 반응이 좋아서 너희 교회의 목사님을 한 번 만나보고 싶다고 하기까지 했다고 한다. 그러나 나는 당시에 부교역자 없이 혼자 했기 때문에 시간이 좀처럼 나지 않았다. 아이들은 선생님들에게 우리 교회 목사님을 만나는 일은 중·고등부 예배시간에만 가능하다고 말했다고 한다.

나는 전주 시내 30여개나 되는 중·고등학교에 가서 아이들을 일일이 만나서 그들을 관리하고 그리고 그들과 같이 운동을 했다. 그리고 모든 예배와 기도, 장년들 심방, 전교인 제자훈련 등 이 모든 일이 나에게는 벅찼다. 하지만 돌아보면 내게 그 시절이 가장 행복했었다. 왜냐하면 청소년뿐만 아니라 장년층 새 신자들이 예수 그리스도를 믿고 성숙해 가는 모습에 나는 기쁨으로 흠뻑 젖어 있었기 때문이었다. 이는 마치 농부가 여름 내내 수고하여 가을에 누렇게 익은 곡식들을 보고 기뻐하는 것처럼 말이다.

나와 중·고등부학생들은 거의 교회에서 생활을 같이 했기 때문에 좀처럼 장년들은 나와 같이 시간을 가질 수가 없었다. 그래서 어떤 성도들은 목사님은 아이들만 좋아한다고 했다. 그러나 이렇게 청소년들에게 복음 전하는 것에 미치지 않으면 어떻게 그들에게 복음을 전할 수 있겠는가? 이것은 하나님께서 나에게 주신 소명이다. 이 소명을 잘 감당하기 위해서 그들을 섬길 수밖에 없다. 그래서 나중에 하나님 앞에서 "저들이 나의 기쁨이고 나의 면류관이다."라고 외칠 수가 있다. "그러므로 나의 사랑하고 사모하는 형제들 나의 기쁨이요 면류관인 사랑하는 자들아 이와 같이 주 안에 서라"(빌4:1)는 사도 바울의 외침이 나의 외침이 될 것이기 때문이다.

고등부 성가대

사랑의 교회 고등부 성가대의 이야기이다. 남녀 고등부 성가대가 최초로 구성되었다. 남학생들만 있었기 때문에 성가대가 화음을 내기 어려운 점도 있었지만 이제 고등부 여학생들이 많아졌기 때문에 성가대가 가능했다. 중·고등부 예배만 아니라 주일 오전 11시 장년 예배에도 이들은 성가대로 활동했다. 많은 아이들로 구성되었기 때문에 보기에도 좋았지만 아름다운 목소리로 하나님을 찬양하는 모습에 모두가 감동을 받았다. 매 주마다 찬양하는 성가대의 아름다운 찬양에 예배의 분위기는 축제의 분위기였다. 장년들뿐만 아니라 중·고등부 자체적으로도 너무 좋아했다.

부흥회가 있을 때도 항상 고등부 성가대가 찬양을 했다. 한 번은 서울의 큰 교회 목사님이 강사로 오셨다. 고등부 성가대를 보고 이 아이들을 그대로 떠서 서울 자신이 섬기는 교회로 옮기고 싶다고 말하며 칭찬했다.

이들이 이렇게 성가대를 구성하게 된 것도 그들의 기도 응답이었다. 이들은 찬양을 하고 싶어도 자기들을 지도할 성가대 지도자가 없었다. 그래서 고등부 학생들은 토요일뿐만 아니라 새벽기도회 때에도 하나님께 우리를 지도할 성가 지도자를 보내 주시라고 기도했다. 기도를 들으시는 주님은 고등부 학생들의 기도를 외면하지 않으셨다.

기도를 들으시는 주여(시 65:2)

어느 주일 사랑의 교회에 반주하는 여대생을 보내주셨다. 이 자매는 열심히 피아노 연습을 해서 성가대를 이끌어갈 정도의 수준이 되었다. 자매는 이제 자기 남자친구를 사랑의 교회로 데리고 왔다. 신앙생활을 잘하다가 잠시 방황하는 친구였다. 사랑의 교회가 제자훈련을 한다는 소문을 듣고 데리고 온 것이다. 이 형제는 음악에 탁월했다. 기타도 잘치고 음악을 좋아하는 형제며 대학원생이었다. 음악에 목말라했던 사랑의 교회 고등부 학생들은 너무나 좋아했다. 학생들은 이 형제와 자매의 지도 아래 성가대를 구성할 수 있었다. 학생들은 자기들의 기도를 하나님이 들어주셨다며 열심히 성가대 연습을 했다. 이 형제와 자매의 지도 아래 고등부 학생들은 꽃이 피고 열매를 맺기 시작했다.

나는 지금도 고등부학생들의 성가대가 부른 "본향을 향하여"와 "엘리야의 하나님"을 잊지 못한다. 더욱이 "본향을 향하여"라는 곡을 이들이 부를 때 너무나 감동적이어서 찬양을 들으면서 마치 내가 천국에 들어가는 모습에 사로잡혀 있었다. 그 이후 나는 고등부 성가대에게 매년 한 번씩 이 찬양을 부를 것을 부탁하기까지 했다.

고등부 성가대가 구성되면서 학생들은 겨울 방학에 찬양의 밤을 계획하고 있었다. 사랑의 교회는 운동을 통하여 남학생들에게 복음을 전했는데 여학생들이 모여들면서 찬양으로도 복음을 전했다. 하나님은 남자만 존재할 수 없다는 것을 아시고 여자를 만들어서 조화를 이루도록 하신 것을 나는 지식이 아니라 몸으로 체험하게 하셨다. 운동으로 전도할 때는 교회가 어딘가 모르게 딱딱함을 느꼈는데 여학생들이 있으므로 인하여 부드러운 교회로 바뀌어가기 시작했다.

할렐루야 여호와의 종들아 찬양하라 여호와의 이름을 찬양하라 이제부터 영원까

지 여호와의 이름을 찬양할지로다 해 돋는 데에서부터 해 지는 데에까지 여호와의
이름이 찬양을 받으시리로다(시 113:1-3)

사랑의 교회는 고등부 성가대가 구성된 이후로 아름답고 활기가 넘치
는 교회, 열정이 넘치는 교회로 되어갔다. 하나님은 찬양하는 공동체에
임하셔서 복을 주셨다.

에딤의 밤

고등부 학생들이 "에딤의 밤"이라는 주제로 "찬양의 밤"을 열었던 이야
기이다. 나는 찬양의 밤을 통하여 전주 시내에 있는 각 학교 학생들에게
복음을 전하는 것에 대해 임원들과 회의했다. 각 학교마다 학생들에게 초
청장을 보내기로 했다. 우리들만이 하나님께 찬양을 올려드리는 것으로

에딤의 밤을 하는 것이 아니라 예수 그리스도를 믿지 않는 학생들을 초청하여 살아계신 하나님을 전하자는 것이었다. 당시 전국적으로는 서울 온누리 교회의 찬양을 통하여 찬양의 붐이 일어났다. 나는 이것을 기회로 삼아 찬양에 불붙길 원했다.

사랑의 교회 제1회 "에딤의 밤"에는 많은 학생들로 구성된 성가대와 합창, 독창, 중창, 연극을 하기로 했다. 그리고 특별 출연으로 경남 거창에 있는 거창 고등학생들도 함께 하기로 계획했다. 거창 고등학교에는 재학 중인 나의 큰 아들과 집사님 아들이 있었다. 이들을 중심으로 해서 거창 고등학교 음악에 재능이 있는 아이들의 모임도 있었다. 우리 큰 아들은 거창 고등학교 방송반에서 활동했고, 집사님의 아들은 찬양을 지도했다. 거창 고등학교 학생들은 각기 악기를 다루며 중창, 독창 등 다양한 재능을 보였다. 이들은 자율적으로 공부를 하는 아이들이라서 그런지 어딘가 다르게 탁월한 재능을 보였다. 그러므로 사랑의 교회에서 인기가 대단했다.

드디어 제1회 "에딤의 밤"이 열렸다. 학생들 나름대로 각 학교에서 친구들과 부모님들까지 초청했다. 나는 모인 사람들에게 복음을 전하고 이어서 "에딤의 밤"은 시작되었다. 2시간 동안 하나님의 은혜는 모인 무리들 가운데 임했다. 찬양으로 은혜 받고, 연극 중에 연극을 하는 아이도 울었고, 보는 성도들도 눈가에 눈물이 흘러 내렸다. 은혜였다. 학생들의 기도를 들으시고 하나님께서는 성령으로 역사하셨던 것이다. 이렇게 찬양의 밤은 하나님의 은혜로 마쳤다. 더 나아가서 그때 참석했던 학생들이 사랑의 교회에 모여들었다. 심지어 믿지 않았던 부모님들까지도 사랑의 교회에 나오셨다.

주께서 구원 받는 사람을 날마다 더하게 하시니라(행 2:47)

263

중·고등부 농구대잔치

사랑의 교회 중·고등부 전체 농구대잔치 이야기다. 중등부 농구대잔치 때에 폭발적인 인기로 말미암아 고등부들도 자신들이 농구대잔치에 참석할 수 있도록 해달라는 간곡한 부탁으로 인해 결정하게 되었다.

중·고등부 농구대잔치를 시작하자마자 참가팀이 폭주했다. 5박 6일 일정으로 초청장을 전주 시내 각 학교, 각 학급마다 배부했더니 무려 83팀이 신청을 했다.

중·고등부 농구대잔치는 각 학년마다 게임을 하도록 했다. 우리 교회에서도 12팀이 참석했다. 참가비는 팀당 3만5천 원이었다. 당시 청소년들은 놀이 공간이 없었기 때문에 그저 TV로 대학농구대잔치를 보며 즐겼고 학교 운동장에서 아이들끼리 농구를 했었다. 그러다가 사랑의 교회에서 농구대잔치를 개최하자 청소년들은 너무 너무 좋아했다.

중·고등부 전체가 농구대잔치를 하자 전주시의 큰 행사처럼 느껴졌다. 물론 전주 시내에서도 사랑의 교회에서 중등부 농구대잔치를 하자 전주 시내 고등부에서도 서클을 만들어서 농구를 잘하는 사람들만 할 수 있는 소규모 농구대회를 했다. 하지만 사랑의 교회에서 전체적으로 농구대잔치를 하자 폭발적인 인기였다. 전주 시내 중·고등학교 축제 분위기 같았다. 사랑의 교회에서 개최하는 농구대잔치 포스터는 전주시내 거리마다 붙어있었고, 또 각 학교마다 포스터가 붙어 있었다. 심지어는 전주 시내 곳곳에 현수막을 걸어서 모든 중·고등학교 학생들이나 시민들이 볼 수가 있었다. 거기에다 각 학교, 각 학년, 각 학급마다 농구대잔치 초청장을 보냈기 때문에 모르는 아이들은 없었다. 이 모든 일을 사랑의 교회 대학부에서 수고했다. 물론 중·고등부 학생들도 수고를 많이 했다. 한 걸음 더 나아가서 교회에서 기도 또한 많이 했다.

이렇게 농구대잔치를 대대적으로 한 것은 전주 시내 중·고등부 학생들에게 복음을 전하기 위해서였다. 특히 교회에서 스폰서들이 나와서 대회를 운영하는 데는 어려움이 없었다. 상품도 푸짐했다. 그렇지만 아이들이 상품을 보고 하는 것은 아니었다. 자기네들이 좋아하는 농구대잔치에 참석해서 즐길 수 있다는 것에 더욱 기뻐했다.

우리 교회에서 하는 농구대잔치는 제한을 두었다. 농구를 좋아하는 학생들은 모두 참석할 수 있지만 서클에서 농구를 했거나 현재 선수는 참석할 수가 없었다. 단, 1명의 용병은 가능했다. 83팀이 7명씩이면 581명이나 되었다. 우리 교회에서 조 추첨을 할 때는 예배당 의자가 모자라서 서 있는 학생들이 많았다. 우리 교회 선수들은 밖에서 안내를 할 정도였다.

나는 학생들에게 1시간 정도 하나님의 말씀을 전하면서 그들에게 예수 그리스도 안에서 꿈과 비전을 가지라고 외쳤다. 꿈과 비전이 없으면 사람은 방황하게 된다며 분명한 목적을 가지고 공부하라고 강조했다. 고등학생들은 진지하게 하나님의 말씀을 듣는 것 같았다. 사랑의 교회에 다니겠다고 하는 아이들도 나타났다. 멀어서 오지 못하는 아이들은 집 근처 교회에 다니겠다고 말하는 아이들도 있었다. 예배시간에는 우리 교회 여학생들이 나와서 율동을 하고 찬송을 했다.

전주 시내 실내체육관을 빌려서 조명까지 사용하여 농구대잔치를 했다. 선수들은 마치 자기네들이 무슨 훌륭한 선수가 된 것처럼 여자 친구들을 데리고 오는 고등학생들도 있었다. 실내체육관은 관객들이 많았다.

이때를 놓치지 않고 나는 성도들에게 사랑의 교회 선수를 제외한 모든 학생들에게 전도지를 들고 복음을 전하도록 했다. 특히 여자 고등부 학생들이 잘했다. 일일이 관람하는 학생들에게 다가가서 복음을 전했다. 등록

하는 아이들도 속출했다.

　방학 때 실내체육관은 5박 6일 동안 장사진을 이루었기에 마치 즐거운 잔치 분위기 같았다. 선수들 부모님들까지 참석하여 자기 아들들을 응원했다. 나는 승부욕이 강해서가 아니라 덕을 끼치며 복음을 전하기 위해 우리 교회 선수들은 각 학년별로 반드시 우승을 하라고 강조했다. 그래야만 다른 선수들이 사랑의 교회 선수들을 이기려고 매 대회 때마다 참석하게 될 것이기 때문이다. 그리고 나는 무슨 경기를 하던 간에 기도를 강조했다. 그래서 선수들은 경기 일정이 정해지면 선수들끼리 모여서 뜨겁게 기도한다.

　경기가 시작되어 3박 4일이 지나면 우리 교회 선수들은 모두가 8강에 들어 있었다. 그 이유는 간단했다. 전주 시내에서 농구 잘하는 아이들 대부분이 사랑의 교회에 다녔기 때문이다. 또한 이들은 우승하기 위해 하나님께 간절히 모여서 기도했고, 한 마음 한 뜻을 가지고 경기에 임하기에 승리했던 것이다.

　선수들이 하나가 되는 것이 중요하다. 또한 운동장에서 농구경기가 시작되기 전에 선수들이 모여서 기도한다. 나는 그 모습이 너무나 아름답게 보였다. 예수 그리스도께서 중·고등부 학생들을 이처럼 변화시켜 놓으셨다. 만약 복음을 받아들이지 않았다면 지금쯤 저들은 방황하고 있을 것이 틀림없다.

　특히 나 또한 용병으로 중등부 2학년과 고등부 1학년 또는 2학년에서 뛴다. 4박 5일이 지나면 우리 교회 다윗 팀 모두가 4강에 들어 있다. 내가 뛰는 다윗 두 팀은 모두 들어있다. 그래서 내가 뛰는 다윗 팀에 들어오려고 우리 교회 아이들은 난리다. 하지만 기도하지 않으면 다윗 팀에 들어오기 어려웠다.

　나는 아이들한테 농구를 배웠다. 중·고등학생들에게 복음을 전하기 위해서였다. 나는 외곽에서 3점 슛 연습을 많이 했는데, 3점 슛 10개를 던지면 5-6개는 정확하게 들어갔다. 경기 하면서 3점 슛을 보기 좋게 넣으면 상대방 선수들과 관중들 쪽에서 난리가 났다. 나이 먹은 목사님이 농구를 하는 것도 신기한데 한 걸음 더 나아가서 3점 슛을 잘 넣으니 인기가 대단했다. 나는 이것을 위해 얼마나 연습을 많이 했는지 손가락이 성할 날이 없었다. 손가락이 부어서 한의원에 가서 피를 뽑는 것이 한두 번이 아니었다. 하지만 이렇게 해서라도 청소년들에게 복음을 전하기 원했다. 청소년들에게 복음을 전할 수만 있다면 나는 내 손가락이 부러져도 괜찮다는 생각을 했다. 한의사 장로님은 내게 나중을 생각해서라도 농구를 그만두라고 했었다. 나이 들었을 때 이로 인해 손가락에 관절염이 생겨서 고생할 것이라고 말하시며 말리셨다. 그러나 나는 이것이 예수 그리스도를 위한 흔적이라고 생각하면서 열심히 운동을 했었고, 복음을 전했다.

내가 내 몸에 예수 그리스도의 흔적을 지니고 있노라(갈 6:17)

어쩜 바울의 이 고백이 나의 고백이라고 생각한다.

아줌마 슛

내가 농구를 할 때 아이들은 내가 하는 모습을 보고 목사님이 하는 폼은 아줌마 슛 같다고 말했다. 어느 겨울 방학 때의 일이었다. 나는 여전히 사랑의 교회 중학교 2학년 다윗 팀 용병으로 뛰고 있었다. 하얀 내복에 추리닝 바지를 입고 경기가 시작하자마자 3점 슛을 넣었다. 상대방 선수들뿐만 아니라 구경하는 관중들이 환호성을 질러댔다.

"목사님! 목사님! 아줌마 슛 파이팅."

이때 나는 내가 농구공을 던지는 폼이 "아줌마 슛"이구나라는 것을 알게 되었다. 아줌마 슛도 괜찮다. 너희들이 즐겁게 복음만 잘 받아들여서 변화되기만 하면 된다. 이런 마음으로 3점 슛을 넣는다.

경기장에서 우리 교회 중·고등부 학생들은 관중석에서 사영리 책자를 가지고 일대일로 전도를 했다. 이렇게 해서 전도된 아이들도 많았다. 우리는 전도하고 하나님은 일하셨다. 그러므로 중·고등부에는 구원 받는 자들이 날마다 더해갔다.

해를 거듭할수록 사랑의 교회 농구대잔치는 전라북도에서 인기가 대단했다. 전주 시내 학생들을 중심으로 한 농구대잔치가 전라북도로 확산되었다. 예수 그리스도가 전파되자 교회는 이름이 알려지기 시작했다. 전라북도에서 전주 사랑의 교회를 모르는 학생들은 없었다. 내가 전주 시내를 다니면 학생들이 부모님들과 같이 가다가 사랑의 교회 목사님이라고 자기 부모님한테 알려주기까지 했다. 전주 시내 체육사들도 농구대잔치를 한다고 하면 많은 곳에서 협력해 주었다. 병원에서도 의료진들까지 협력하여 스폰서가 되어주었다.

농구경기 시 상대팀에서는 아예 나를 전담하는 아이들도 있었다. 그래서 나는 그들에게 너희들은 농구를 해야지 나만 졸졸 따라다니면 무슨 재미가 있느냐고 물어본다. 그러면 그들은 목사님을 막으라고 해서 목사님을 따라다닌다고 말한다. 하지만 하나님은 사랑의 교회 다윗 팀이 늘 우승을 하게 만드셨다. 사랑의 교회 선수들까지도 내가 뛰는 다윗 팀을 부러워할 정도로 인기가 대단했다. 아줌마 슛을 쏘는 목사님이 있었기 때문이었다. 나는 열심히 3점 슛을 쏘고 하나님은 내가 어디를 가든지 이기게 하셨다. 그래서 다윗의 고백이 나의 고백이 되었다.

입장료가 얼마예요?

어느 중학교 1학년 아이의 이야기다. 방학 때만 되면 사랑의 교회에서 주최했던 농구대잔치 및 축구대회를 전주 시내 아이들은 좋아했기에 방학 때를 많이 기다렸다. 또한 방학 때가 되기 한 달 전부터 아이들은 축구 연습 및 농구 연습을 했다. 부모님들의 반대가 있을까봐 아이들은 열심히 공부하며 학원에 다녔다. 그래서 운동 경기하는 아이들은 부모님의 허락된 자유 속에 경기를 할 수 있었다. 아이들이 공부하지 않고 운동만 한다고 했다면 부모님들의 심한 반대가 있었을 것임은 분명하다.

어떤 부모님들은 나에게 전화를 해서 운동 경기가 언제부터냐고 묻기도 했다. 그때가 되면 아이들이 오히려 더 많이 또 자연스럽게 공부를 했기 때문이었다. 어떤 부모님들은 아이의 유니폼을 사주기도 하셨고, 또 다른 부모님들은 아들의 참가비와 참가 신청을 직접 해 주시기도 하셨다.

5박 6일 동안 진행되었기 때문에 시간이 없어서 참가하지 못하는 아이들도 있었다. 선수들뿐만 아니라 구경하는 아이들에게도 농구대잔치는 인기가 있다.

하루는 중학교 1학년 아이가 나에게 전화를 했다. 참가 신청을 늦게 해서 경기를 하지 못하게 되었는데 구경을 하려고 한다고 말하면서

"목사님! 입장료는 얼마예요?"

라고 물어보았다. 나는 그런 아이들에게 기회를 놓치지 않는다.

"너희 팀 아이들 교회에 다니니?"

아이들은 교회에 다니지 않는다고 말했다.

"너희 팀 모두가 사랑의 교회에 다니겠다고 약속만 하면 다음 경기 때는 우선적으로 받아 주겠다."

그러자 그 아이는 팀 전원이 교회에 다니겠다는 약속을 했다. 그리고 다음 주일 자기 팀 모두를 데리고 사랑의 교회 예배에 참석 했다. 나는 그들을 관리하기 시작하면서 사랑의 교회에서 하는 제자훈련을 시키며 모든 운동을 함께 했다. 아이들은 믿음이 좋아지면서 전도도 했고, 다음 농구대잔치에서는 사랑의 교회 선수로 뛰기도 했다. 이렇게 해서 전도된 아이들도 많았다.

사랑의 교회에서 하는 농구대잔치 때문에 전주 시내 학생들은 즐거워한다. 사랑의 교회 농구대잔치 및 축구대회는 전주 시내 중·고등학생들을 전도하기 위한 목적으로 시작했고, 진행했기 때문에 하나님께서는 역사해 주셨다. 그저 교회에서는 주께서 원하시는 것을 위해 기도하며 계획을 세우고, 그것을 실천에 옮긴다면 우리 하나님께서는 그것을 기뻐하시어 주의 뜻을 이루어 주셨다. 사랑의 교회는 주의 구원의 역사를 보았다. 주께서 많은 청소년들을 사랑의 교회에 보내셔서 신앙생활을 하도록 해 주셨다.

부탁 하나 들어주세요

어떤 중학교 2학년 아이 아버지의 이야기다. 겨울 방학이 되면 사랑의 교회 대학부와 중·고등부 학생들은 바빠지기 시작했다. 농구대잔치 포스터를 만들어서 각 학교 게시판과 전주 시내 곳곳에 붙였다. 참가신청서를 만들어서 전주 시내 중·고등학교 각 학급에 배부한다. 포스터는 인쇄소에 칼라로 제작해서 보기가 좋았다. 해가 갈수록 인기가 좋아서 참가 팀들도 많아지기 시작했다.

올해는 86팀을 받기로 진행팀과 계획을 세웠다. 5박 6일 동안 해야 하기 때문에 더 이상 받으면 진행하기가 어려웠기 때문이었다. 팀 신청은 하루 만에 끝났다. 대학부 진행부에서는 나에게 다짐을 받았다.

"목사님! 더 이상 받으면 진행이 어려우니까 더 이상 받지 마세요."

나는 알았다고 대답했다. 내가 번번이 진행부와의 약속을 어기고 팀을 더 받았기 때문에 내게 다짐을 시킨 것이었다. 어느 해에는 103개 팀이 몰려들었다. 86개 팀 밖에 참석할 수 없었기에 여러 팀들은 그냥 집으로 돌아가야 했는데, 나에게 찾아와서 사정을 한다.

"사랑의 교회에 다닐 테니까 우리 팀 하나만 받아주세요."

라는 부탁이었다. 나는 이 말을 듣고 대학부 진행부에 부탁을 했지만 절대로 안 된다는 것이다. 나는 보기 좋게 거절당했다. 그들은 내 뜻을 모른다. 참새가 어찌 봉황의 뜻을 알겠는가? 사실은 내가 이렇게 농구대잔치를 하는 것은 운동이 목적이 아니라 청소년들 한 영혼이라도 구원하기 위함인 것을 말이다.

그런데 어떤 중학교 2학년 아이의 아버지가 나에게 전화를 했다.

"사랑의 교회 목사님이시죠. 목사님에 대한 소문을 들어서 잘 알고 있습니다. 목사님이 학생들을 무척 사랑하신다고 들었습니다."

"과찬입니다. 감사합니다."

아이의 아버지는 본론을 꺼냈다.

"목사님께 한 가지 부탁이 있습니다. 우리 아들이 중학교 2학년입니다. 제가 늦둥이를 낳았습니다. 올해 농구대잔치에 조금 늦게 신청을 하는 바람에 참가를 못하게 되었습니다. 울면서 밥도 먹지 않고 아빠가 목사님한테 부탁해서 참가할 수 있도록 해달라고 애원을 합니다. 아비로서 차마볼 수가 없어서 염치를 불구하고 부탁을 드립니다. 우리 아들 팀 좀 받아주시면 감사하겠습니다."

라는 부탁이었다. 나는 사정이 딱하지만 내가 대학부 진행부에 약속을 했기 때문에 안 된다고 말했다. 나는 그 아이의 아버지에게 다음번에 내가 책임지고 우선적으로 참가하도록 하겠다고 말했지만 소용이 없었다. 그러나 그 아이의 아버지는 애원을 하면서 사정을 했다. 늦둥이를 낳아서 그 아들을 보고 사는데 아들이 저렇게 울고불고 하는 것을 부모로서 보기가 좋지 않다는 것이다. 나도 자식을 키우는 입장에서 외면하기 어려웠다. 나는 아들을 바꿔달라고 했다. 아이가 전화를 받았다. 여전히 울고 있었다. 나는 울고 있는 그 아이를 설득했다. 아이는 오히려 나를 설득하려고 했다. 자기 팀은 1개월 전부터 참가하기 위해서 유니폼을 사고 연습을 했는데 아빠가 늦게 신청해서 참가를 못하게 되었다고 울면서 말했다.

나는 생각을 바꾸었다. 이 아이들이 예수 그리스도를 믿지 않는다면 진행부와 싸워서라도 한 팀만이라도 더 받아야겠다고 생각하고 물었다.

"너희 팀 교회에 다니니?"

한 명을 제외한 모두가 교회에 다니지 않는다고 말했다. 그러면 만약 너희 팀 모두가 사랑의 교회에 다음 주일부터 다니겠다고 약속을 하면 참가시켜주겠다고 말하자 울던 아이는 기뻐하면서 "네!"하고 대답을 했다. 자기가 팀 모두를 책임지고 교회에 열심히 다니겠다며 환호성을 질렀다. 이 아이는 7명 전원을 데리고 참가비를 가지고 교회에 나와서 예배를 드렸다. 약속을 지킨 것이다. 농구대잔치가 무엇이기에 교회에 한 번도 다녀본 적 없는 아이들이 교회당에 나와서 예배를 드리는 모습이 너무 신기하고 놀라웠다. 사도 바울은 이런 고백을 했다.

형제들아 너희도 알거니와 하나님이 이방인들로 내 입에서 복음의 말씀을 들어 믿게 하시려고 오래 전부터 너희 가운데서 나를 택하시고(행 15:7)

목회를 하면서 하나님이 나를 통해서 하시는 일을 보면 바울의 고백이 나의 고백처럼 느껴진다. 한 팀을 출전시키기로 약속하자 아이들은 내 말을 믿고 약속대로 교회당에 나와서 예배를 드리며 하나님의 말씀을 들었다. 문제는 대학부 진행자들과 싸워야할 일이었다. 나는 대학부 진행자들에게 한 팀만 더 받자고 말했다. 아이들이 나와 약속하고 7명이나 주일날 예배당에 나와서 예배를 드렸다고 말을 했다.

"우리 교회가 농구대잔치를 하는 목적이 무엇이냐? 중·고등학생들에게 복음을 전하기 위함이 아니냐?"

이렇게 진행자들을 설득하자 의외로 그렇게 하자고 말을 했다. 사실 나는 며칠 동안 대학부 진행자들의 이름을 불러가며 기도를 했었다. 하나님께서는 내 기도를 들어주셨다. 아니 하나님께서도 내가 농구대잔치를 하는 목적이 무엇인지 아셨다. 그래서 아이들 한 영혼이라도 구원하고자 하는 내 마음을 아시고 진행자들의 마음을 움직이신 것이다.

대학부 진행자들은 쉬는 시간을 줄여서 한 팀을 더 받기로 결정했다. 결국 87팀이 5박 6일 동안 농구대잔치를 하나님의 은혜 가운데 잘 마쳤다. 7명은 열심히 사랑의 교회를 다녔다. 이 팀은 중3 때 사랑의 교회 다윗 팀으로 출전하여 우승까지 했다.

너희 팀 우승하고 싶니?

전주 남중 1학년 학생들의 이야기다. 사랑의 교회 농구대잔치는 진행 시간이 모자라서 모든 신청 팀을 받을 수 없을 정도로 폭발적 인기를 누렸다. 나는 농구대잔치를 할 때 잘하는 팀을 주목한다. 올해도 수많은 팀들이 참가하여 농구대잔치를 했다. 내 눈에는 남중학교 1학년생들이 들어왔다. 이 학교는 빈부차이가 심한 학교였다. 부모님이 맞벌이 부부인 경우 방황하는 아이들이 많았다. 반면 잘사는 아이들은 그렇지 않았다. 환경에 지배를 많이 받는 학교였다. 하지만 가난한 아이들은 대부분 운동을 잘했다. 이번에 농구대잔치에 참석한 아이들은 농구에 자질이 있는 아이들로 보였다.

나는 남중학교 1학년 팀 주장을 불렀다. 그는 재혁이란 아이였다. 가드를 보는데 공을 다루는 솜씨가 뛰어났다.

"재혁아! 너희 팀은 농구를 잘한다. 조금만 더 지도를 받으면 이번에 우승할 수 있겠다."

라며 칭찬을 했다. 재혁이는

"목사님! 감사합니다."

라고 말했다. 혹시 교회에 다니고 있는지를 물었다. 재혁이는 모두가 집이 가난해서 교회에 다닐 시간이 없다고 말했다. 그 소리를 들은 나는 가슴이 찡했다. '부모님들이 가난하게 살았다면 저들은 가난을 대물림해서는 안 되는데……' 생각하면서 복음을 전해야겠다고 마음을 먹었다.

"점심은 어떻게 먹니?"

라고 물었다. 재혁이는 그냥 빵 하나 사먹을 것이라고 말했다. 내가 너희 팀 모두에게 자장면을 사주겠다고 말하자 재혁이는 너무나 좋아했다. 나는 그러는 재혁이에게

"너희 팀 모두가 사랑의 교회에 다니면 좋겠다. 만약 너희들 모두가 사랑의 교회에 나오면 우승을 하도록 도와주겠다."

고 말했다. 아니 그들은 우승할 수밖에 없는 아이들이었다. 그러나 순진

한 아이들인지라 혹시 우승을 못하면 어떻게 하나 고민은 하고 있었던 차였다.

"내가 사랑의 교회 대학부에 부탁해서 너희들 연습을 시켜서 우승하도록 해주겠다."

고 약속했고, 재혁이는 친구들에게 물어보고 다니도록 하겠다며 친구들한테 갔다. 잠시 후 재혁이는 나를 찾아와서 말했다.

"목사님! 우리 모두가 사랑의 교회에 열심히 다니기로 했어요. 대신 우승은 우리가 할 수 있도록 해주세요."

나는 하나님께 감사했다. 한 영혼을 구원하기가 힘든데 이번에도 7명이나 전도할 수 있도록 해주신 하나님께 말이다. 진행자에게 말해서 이 아이들 주소, 이름, 학교, 전화번호를 적도록 했다. 그리고 고등부 팀장을 불러서 이 아이들을 잘 관리하도록 했다.

나는 약속대로 점심시간에 재혁이 팀 모두를 데리고 자장면 집에 가서 그들이 좋아하는 탕수육과 자장면을 사주었다. 우리 교회 고등부 여학생들은 이 아이들이 경기할 때 응원을 해주었다. 누나들의 응원에 이 팀은 계속 승리를 해서 사랑의 교회 다윗 팀과 결승을 하게 되었다. 다윗 팀도 잘하는 팀이었다. 나는 진행자들에게 압력을 넣어서 재혁이 팀이 승리하도록 말했다. 진행자들은 이구동성으로 말했다.

"그러지 않아도 저 팀이 우승해요."

진행자들의 말대로 이들은 우승했다. 팀 전원이 나에게 와서 인사를 하면서 고맙다고 말했다. 이들은 다음 주일부터 열심히 교회를 다녔다. 제자 훈련도 받았다.

어느 날 눈이 많이 오는 날이었다. 전주 시내에 부분적으로 버스가 다녔는데 이 아이들은 버스를 타고 오다가 내려서 걸어서 눈을 맞고 교회당에 나와서 예배를 드릴 정도로 신앙생활을 잘했다. 나는 아이들의 이 모습에 감동을 받았다. 그 이후 이들은 중3때까지 사랑의 교회 선수로 뛰어 계속 우승을 했다. 고등부 때도 마찬가지였다. 하나님의 은혜 가운데 신앙생활도 잘하고 그들이 좋아하는 농구도 했다. 이들은 사랑의 교회 일꾼들이 되었다. 이들은 날마다 주님의 마음을 닮아갔다. 제자는 주님의 마음과 인격과 삶을 닮아가는 것이다.

정보 부장님

전주경찰서 정보 부장님의 이야기다. 우리나라에도 프로농구가 생기게 되었다. 전주에는 프로야구팀은 있어도 프로농구팀은 없었다. 대학농구대잔치와 프로농구까지 하자 전주 시내 중·고등학생에서부터 대학생들까지 농구에 미친 상태가 되었다. 그러다 보니 사랑의 교회 농구대잔치는 더욱 폭발적인 인기에 도달했다.

올해는 다른 해보다 더 많은 아이들이 참석해서 100팀을 받기로 했다. 그런데 무려 108개 팀이 찾아왔다. 8개 팀은 다음에 참석하라고 하자 아이들이 애원했다. 수없이 나에게 전화를 하고 찾아오며 너무 큰 간절함을 보였다. 나는 진행부에 부탁해서 쉬는 시간을 줄이고 시간을 단축해서라도 이 아이들을 받자고 제의했다. 그러자 성질이 고약한 대학부 형제 하나가

"목사님! 농구대잔치를 하자는 거예요, 하지 말자는 거예요? 한 팀도 아닌 8팀을 어떻게 받아요? 농구할 시간이 있는지 목사님이 한번 짜 보세요."

라며 진행표를 던지고 밖으로 나가버렸다. 나는 어이가 없었다. 나도 잘 안다. 진행부의 고통을 말이다. 하지만 어찌하랴, 저렇게 좋아하는 아이들을 외면하고 농구대잔치를 우리끼리 한다면 농구대잔치의 진정한 의미가 없었다. 나는 진행자들 가운데 순종을 잘하는 형제들을 불러서 농구대잔치의 목적을 말하며 설득하자 그들은 대답했다.

"목사님이 그렇게 하시자고 하면 우리는 따르겠습니다."

라고 말하는 것이 아닌가. 나는 늦게 접수한 8개 팀 주장들을 불렀다. 너희들 팀 중에서 사랑의 교회를 다니겠다고 하면 받아주겠다고 하자 이들은 모두가 다니겠다고 약속했다. 물론 그중에서는 농구대잔치가 끝나자 나오지 않은 아이들도 있었지만 말이다. 그렇지만 다음 농구대잔치에는 그 아이를 절대로 참석시키지 않았다. 이것이 내가 정한 법이었다. 반면에 이 사실을 아는 아이들은 다음 번 농구대잔치에도 참석하기 위해서는 열심히 교회에 다녔다.
참가 선수들에게 양해를 구하고, 20분 뛸 것을 18분으로 줄였다. 108개 팀의 팀 당 인원을 7명으로 했을 때, 이는 참가 선수만 756명에 달한다는 것을 알게 된다. 거기에 구경하러온 아이들까지 포함하면 대단히 많은 인원이 농구대잔치를 경험하는 것이었다. 농구대잔치가 시작하려고 하자 어떻게 알았는지 경찰서 정보 부장님이 나를 찾아오셨다.

"사랑의 교회 목사님 안녕하세요. OO경찰서 정보 부장입니다."

하면서 명함을 주었다. 나는

"감사합니다."

라며 명함을 받았다.

"소문을 들어 잘 알고 있습니다. 목사님 수고가 많으십니다. 이 많은 아이들을 통제하기가 어려울 겁니다. 경찰서에서 전경들을 배치해서 도와드리겠습니다."

라고 말했다.

"감사합니다. 그러나 지금까지 교회에서 행사하는 농구대잔치에는 한번도 사고가 없었습니다. 교회에서 하는 것이기 때문에 아이들이 말을 잘들어요. 그리고 모두가 착하기 때문에 괜찮습니다."

정보부장은 대답했다.

"그러면 전투경찰들을 철수시키겠습니다."

그 이후 우리는 대회를 할 때마다 어려움이 있으면 정보 부장님께 도움을 청하기로 했다. 수많은 아이들을 데리고 5박 6일 동안 농구대잔치를 진행했는데, 하나님 은혜의 보호막 아래에서 모든 순서를 잘 마쳤다.

이스라엘아 여호와를 의지하라 그는 너희의 도움이시요 너희의 방패시로다(시 115:9)

전투 경찰들의 도움을 받기보다는 우리의 능력이신 하나님을 의지한 결과로 아무 사고 없이 농구대잔치를 마쳤다.

도청에 갔다

또다시 겨울 방학이 되었다. 고등부 회장과 함께 전라북도 도청에 갔다. 해마다 사랑의 교회 농구대잔치가 폭발적인 인기에 중·고등학생들이 몰려오기 때문에 실내체육관 담당자를 만나기 위해서였다. 지난 번 농구대잔치에 참석한 108개 팀의 명단을 들고 찾아갔다. 실내체육관 사용과 관련하여 담당자를 찾아간 것이다. 전주실내체육관은 우리 교회만 사용하는 것이 아니라 전주시민 모두가 사용한다. 그러므로 우리 교회가 필요로 할 때 실내체육관을 사용하기란 매우 어렵다. 그래서 우리 교회가 사용하고자 할 때 우선적으로 사용하게 해달라는 부탁을 했다. 또한 실내체육관 사용료도 저렴한 가격으로 해달라는 부탁과 아울러 실내 라이트 사용료에 대해서도 구체적으로 말했다.

108개 팀의 명단을 보고 내 말을 들은 담당자는 사랑의 교회에서 이렇게 청소년들을 위해서 좋은 일을 하는 것을 소문으로만 들었는데 목사님을 뵙고 보니 소문보다 더 귀한 것을 알게 되었다고 했다. 그러면서 앞으로 사랑의 교회에서 실내체육관을 최우선적으로 사용할 수 있도록 하며 사용료도 하루에 4만 원씩만 받겠다고 말했다. 파격적인 것이다. 그리고 라이트는 무료로 사용할 수 있도록 해주겠다고 했다. 나와 고등부 회장은 너무나 감사해서 하나님께 감사하며 담당 직원에게 고맙다고 말했다. 한 걸음 더 나아가서 축구경기를 하더라도 종합운동장을 저렴한 가격으로 사용할 수 있도록 해주겠다고 약속했다. 또한 사랑의 교회 중·고등부 학생들이 공휴일과 토요일에는 2시간씩 무료로 실내체육관을 사용할 수 있도록 하겠다는 약속까지 받았다. 이렇게 담당자를 만나고 돌아오면서 나는 고등부 회장에게 일찍 담당자를 만났으면 좋았을 뻔 했다며 아쉬워했다.

그 이후 우리 교회는 농구대잔치 때 들어가는 비용이 많이 절감되었다. 절감된 금액으로 인해 참가팀들에게 상금과 상품이 푸짐하게 돌아갔다. 그리고 사랑의 교회 중·고등부학생들이 농구 연습을 하더라도 무료로 사용할 수 있었기 때문에 농구를 좋아하는 학생들에게 전도하기가 매우 용이해졌다. 농구를 좋아하는 학생들에게 우리와 같이 실내체육관에서 농구를 하자고 제의하고 대신 사랑의 교회에 다녀야 된다고 조건을 내세우면 아이들은 농구 때문에 모두가 그렇게 하겠다고 약속했기 때문이다. 나는 이렇게 하나님의 은혜로 복음을 전하게 되었다.

내게 주신 모든 은혜를 내가 여호와께 무엇으로 보답할까(시 116:12)

광주에서 왔어요

광주에서 온 고등학생들 이야기다. 사랑의 교회 농구대잔치는 전주 시내 중·고등학생들을 위해 시작되었다. 하지만 당시 중·고등학생들이 농구를 좋아했기 때문에 전라북도 전역에 소문이 퍼져 학생들이 몰려들기 시작했다. 대회 규모가 커지기 시작하면서 우리 교회는 그들을 감당하기 어려워졌다. 올해는 참가팀을 접수하는 대학부 진행자가 나에게

"목사님! 광주에서 왔다는데 받아도 돼요?"

라고 물었다. 나는 그 아이들을 내 사무실로 불렀다.

"너희들이 농구를 하는 것도 좋은데 5박 6일 동안 숙식문제를 어떻게 해결할 거냐?"

고 물었다. 그러자 그들 가운데 주장이 말하기를 실내체육관 앞에 여관을 잡아놓았기 때문에 문제 될 것 없다고 자신 있게 말했다. 식사는 사서 먹고 그리고 가끔 친구 엄마가 밥을 가져다줄 것이라고 말했다. 나는 그들의 말을 듣고 매우 난처했다. 이들이 얼마나 농구를 좋아하면 광주에서 전주까지 와서 그것도 여관까지 잡아놓고 농구대잔치에 참석하겠다는 것일까? 진행 상황을 보아서는 거절해야 하겠는데, 이들의 열정과 성의를 보니 거절하기가 어려워 난처했다. 그러자 주장이 먼저 선수를 쳤다.

"목사님! 우리는 광주에서 교회도 다녀요. 목사님이 우리를 받아주시면 아직 교회에 다니지 않는 친구들은 내가 책임지고 교회에 데리고 다니겠습니다."

나는 이 말을 듣고 주저 없이 결정을 내렸다. 사랑의 교회 농구대잔치의 목적은 청소년들에게 복음을 전하기 위해서다. 저들이 교회에 다니겠다는데 내가 반대할 이유가 없었다. 나는 그들의 신청서를 진행부에 말해서 받도록 했다. 아이들은 머리가 땅에 닿도록 나에게 고개를 숙이며 고맙다고 말한 뒤 돌아갔다.

이들은 농구대잔치 3일 전에 실내체육관 앞에 있는 여관을 잡아놓고 전북대 운동장 농구 코트에서 농구 연습을 했다. 이 아이들은 농구를 참 잘했다. 경기가 시작되면서 계속 승리했다. 4강까지 가는 기적이 일어났다. 나는 속으로 고등부 1학년 부분에서 이들이 우승을 했으면 좋겠다고 생각했다. 하지만 그것은 내 생각에 불과했다. 전주 시내 아이들 팀 가운데서도 잘하는 팀도 있고, 특히 사랑의 교회 다윗 팀을 이기기란 매우 어려웠다. 사랑의 교회는 다윗, 바울, 여호수아 이렇게 각 학년별로 팀이 있기 때문에 바울과 여호수아 팀은 8강에서 떨어져 나가기도 했지만 하나님이 도와주시면 4강까지도 갔다. 그러나 다윗 팀은 6개 팀 모두가 우승할 때가 많았다. 광주에서 올라온 팀이 각 학년별로 4강에 올라온 팀들 가운데 다윗 팀과 경기를 하지 않기를 나는 바랐다. 내 말대로 그들은 4강에서 대진 운이 좋았는지 다윗 팀과 경기를 피했다.

　나는 그들을 불러놓고 다윗 팀과 경기를 피하게 된 것을 다행이라고 말했다. 그러자 주장은

　"우리는 사랑의 교회 다윗 팀을 이기는 것이 목적입니다."

　그러나 그들은 결승전에서 1학년 다윗 팀에 패하고 말았다. 준우승을 하고 광주로 가면서 나에게 간곡하게 부탁을 했다. 다음 번에도 자기네들이 농구대잔치에 참석할 수 있도록 해달라는 부탁이었다. 이들은 고등학교 3학년 때까지 사랑의 교회 농구대잔치에 참석을 했다. 하지만 그들의 소원대로 사랑의 교회 다윗 팀은 이기지 못했다. 사랑의 교회가 우승을 해야만 학생들은 다윗 팀을 이기기 위해서 계속 참석한다. 하나님은 사랑의 교회 중·고등부를 사랑하시기 때문에 어디를 가든지 승리하게 하셨다. 특히 사랑의 교회 다윗 팀은 기도를 많이 하는 아이들이다. 다윗 팀에 들어오기 위해서는 경쟁이 심했다. 특히 농구도 잘해야 되지만 기도를 얼

마나 많이 하는가가 중요했다. 아이들은 기도를 하면 하나님이 들어 주신다는 사실과 기도의 중요성을 다윗 팀을 통해서도 알아갔다. 우리는 경기 중에서도 다윗 팀을 통해 기적을 목도하였다. 예수 그리스도의 말씀하신 대로다.

내 이름으로 무엇이든지 내게 구하면 내가 행하리라 (요 14:14)

모험을 경험하다

완주고등학교 1학년인 영현이의 이야기다. 완주고등학교는 전기 입시에 실패한 아이들이 가는 학교다. 그런데 영현이가 고등학교에 진학할 때는 학생이 부족해서 미달 사태가 일어났었다. 하지만 영현이는 자신이 공부가 조금 뒤진다는 사실을 알고 후기인 완주고등학교에 진학한 것이다.

사랑의 교회 아이들 가운데 영현이와 같이 완주고등학교에 다니는 아이들이 몇 명이 된다. 이들 또한 미리 겁을 먹고 자진해서 완주고등학교에 지원해서 다니게 된 것이다. 완주고등학교에 진학한 아이들은 나중에 미달사태가 일어나자 후회를 하는 아이들도 있었다. 그들은 나와 함께 초등학교 5학년 때부터 야구와 축구를 하며 신앙생활을 하던 아이들이었다.

영현이는 원래 운동을 잘하는 아이로서 중학교 때부터 농구를 잘하기 시작하여 사랑의 교회 중등부 바울팀으로 출전했다. 영현이는 완주고등학교에 진학하면서부터 서클을 만들어서 농구대회에 참석했다. 가끔 우승도 하는 그런 학교였다. 영현이는 신앙생활도 열심히 잘하는 아이였다.

어느 날 영현이가 사랑의 교회 친구들에게 자기네 학교 농구 서클팀과 사랑의 교회 농구 선수들과 시합을 하자고 제의했다. 우리 교회는 선수층이 두텁기 때문에 영현이는 완주고등학교 선수로 뛰겠다고 했다. 그런데 조건이 있었다. 영현이의 말에 의하면 자기네들이 이기면 완주고등학교 서클팀 10명의 유니폼을 해주라는 것이었다. 반면에 지면 서클 전원을 데리고 사랑의 교회에 다니도록 하겠다는 조건이었다. 전주고등학교에 다니는 우리 교회 아이들이 나에게 찾아와서 자기네 학교에 다니는 아이들을 데리고 시합을 하겠다고 허락해 달라는 것이다. 사실 우리 교회에 다니는 아이들 가운데 전주고등학교에 다니는 아이들이 농구를 제일 잘했다. 어떤 아이는 선수 못지않게 잘하는 아이들도 있다. 나는 그래도 모험이니까 잘하는 아이들로 선별해서 하라고 하자 자기네들과 몇 번 경기를 해봤기 때문에 이길 자신이 있다고 장담을 했다.

내가 허락을 하자 전주고등학교에 다니는 아이들이 모여서 기도하기 시작했다. 시합을 며칠 앞두고 그들은 뜨겁게 기도했다. 이기고 지고가 문제가 아니었다. 문제는 완주고등학교에 다니는 아이들 10명을 전도하는 일이다. 기도 없이 안 된다는 사실을 알고 이들은 모여서 기도했던 것이다.

이들이 모여서 기도하는 이유는 오직 하나님을 의지함이었다. 우리의 힘으로는 불가능하오니 하나님이 간섭하셔서 역사해 달라는 요청이었다. 마치 다윗이 골리앗과 싸울 때 자신의 힘으로는 불가능하니까 하나님께서 조석으로 괴롭히는 골리앗을 물리쳐 달라며 너는 창과 칼로 나오지만 나는 만군의 여호와의 이름으로 간다며 물맷돌을 던져 골리앗을 쓰러뜨린 장면을 연상하며 기도한 것이라고 그들은 고백했다.

다윗이 블레셋 사람에게 이르되 너는 칼과 창과 단창으로 내게 나아오거니와 나는 만군의 여호와의 이름 곧 네가 모욕하는 이스라엘 군대의 하나님의 이름으로 네게 나아가노라(삼상 17:45)

나는 전주고등학교 선수들의 말을 듣고 완주고등학교 아이들이 져도 이겨도 유니폼을 만들어 주기로 마음을 먹었다. 그래서 성도들 가운데서 후원금을 받아 준비했다.

경기를 하는 날 나는 대학부 아이들과 같이 전주고등학교 농구 코트에 갔다. 경기는 시작되었다. 사랑의 교회 대표로 뛰는 전주고등학교 아이들은 사랑의 교회 유니폼을 입고 뛰고 완주고등하교 선수들은 빨간 조끼를 입고 뛰었다. 나는 하나님께 이렇게 기도했다.

"저들은 농구를 하면서 기쁨을 누리고 있지만 나는 저 아이들 모두가 사랑의 교회에 나와서 나와 함께 신앙생활을 할 수 있기를 바랍니다."

만약 저들이 모두 예수 그리스도를 믿고 주님 품으로 돌아온다면 하나님이 얼마나 기뻐하실까 생각해 보면서 즐거워했다. 그런 기도와 생각 속에서 나는 농구경기를 지켜보았는데 우리 교회 아이들이 승리할 것을 확신했다. 왜냐하면 한 영혼을 구원하기 위해 아이들은 하나님께 도와달라고 기도했다. 우리의 기도를 들으시는 하나님은 반드시 응답해 주실 것을 믿었다.

전반전에서 시소게임을 했다. 후반전에서 전주고등학교 선수들은 선수들끼리 운동장 한가운데 서서 손을 붙잡고 기도하는 아름다운 모습을 보였다. 사랑의 교회 선수들이 근소한 차이로 승리했다.

나는 양쪽 선수들을 모아놓고 칭찬을 아끼지 않았다. 너희들이 있음으로 인하여 내가 목회하는데 보람을 느낀다며 완주고등학교 선수들 전원에게 유니폼을 맞추어 주겠다고 약속했다. 대신 너희들이 약속한 대로 사랑의 교회에 열심히 다니라고 말했다. 사랑의 교회 대표로 뛴 전주고등학교 선수들에게는 한 영혼 구원하는데 수고했다며 칭찬을 했다. 그리고 너희들이 하나님께 기도한 결과 하나님의 응답으로 승리한 것이라고 말해 주었다. 특별히 이런 말을 했었던 것 같다.

"너희들은 이번 기회를 통해서 모험을 경험했다. 그리고 기도가 얼마나 중요한가를 체험했을 것이다."

선수들 모두가 이번에는 무척 힘이 들 정도로 완주고등학교 아이들이 잘했다고 말했다. 그 이후 완주고등학교 선수 10명은 약속대로 영현이를 따라 신앙생활을 잘했다. 제자훈련도 받고 주일성수도 잘하며 신앙생활은 날로 발전했다. 사랑의 교회의 귀한 일꾼이 되었다. 나는 아이들을 때로는 엄하게 가르쳤지만 때로는 예수 그리스도의 사랑으로 품었다.

선생님이 미안하다

상산고등학교에 다니는 사랑의 교회 고등부 회장인 고재형이의 이야기다. 상산고등학교에는 우리 교회 아이들이 많이 다닌다. 중학교 3년 내내 기도하여 상산고등학교에 간 아이도 있었다. 전주에서 상산고등학교가 아이들에게 인기가 있는 것은 사립인데다 설립한지도 얼마 되지 않았다. 교사들 역시 젊고 능력이 있는 분들이 많았기 때문이다.

우리 교회 고등부 회장인 재형이도 상산고등학교에 다녔다. 재형이는 덕진중학교에 다닐 때에는 상위 10권에 들지 못했었다. 사랑의 교회에 중학교 2학년 때 와서 나를 만나서 제자훈련을 받고 신앙생활을 하기 시작하면서 그에게는 예수 그리스도 안에서 꿈을 갖게 되었다. 그 이후로 재형이는 공부를 잘하기 시작했다. 상산고등학교에 과 수석으로 진학하면서부터 더욱 열심히 공부하는 재형이가 되었다.

재형이는 새벽기도를 열심히 했다. 그리고 사역훈련을 받으면서 섬기는 삶을 살기 시작했다. 매일 학교에서 늦게까지 공부하고 집에 가서 밥을 먹고 교회에 와서 자고 새벽기도를 했다. 재형이만 그런 것이 아니고 많은 아이들도 새벽기도에 열심히 했다. 이들은 기도 없이는 아무것도 할 수 없다는 것을 알기 때문에 새벽기도를 하고 공부를 열심히 했다. 사랑의 교회는 차량이 없었기 때문에 아이들은 새벽기도를 하고 각자 걸어서 집으로 간다. 재형이 같은 경우는 교회에서 30분을 걸어가야 집에 도착할 수가 있다. 그러나 눈이 오나 비가 오나 빠짐없이 새벽기도 하는 재형이였다.

수많은 아이들을 내가 사랑하고 신임하지만 재형이는 내가 가장 사랑하고 신임하는 아이였다. 다른 아이들도 그렇지만 재형이는 기도하며 하나님의 말씀대로 살려고 했고, 세상과 타협하기를 싫어했다. 다시 말해서 하나님이 싫어하는 것은 절대로 하지 않으려고 했다.

하루는 사역훈련을 할 때다. 재형이는 나에게 이런 말을 했다. 담임선생님이 주일에 공부하러 학교에 나오라고 했다는 것이다. 재형이는 반에서 3년 내내 1등을 했다. 담임선생님은 어느 교회 집사님이셨고, 성가대 대장이라고 했다. 담임선생님은 재형이의 믿음을 아시고 주일에 학교로 공부하러 나오라고 말을 못하다가 교장 선생님의 강한 압력에 의해 마지못해 재형이의 눈치를 보면서 말을 했다는 것이다. 재형이는 주일 교회에 나와서 예배를 드렸지 2년 동안 한 번도 학교에 가서 공부를 한 적이 없었다. 재형이는 담임선생님께 단호하게 말했다. 나는 하나님의 자녀로서 주일 예배를 드리지 않고 학교에 나와서 공부를 할 수 없다고 말했다.

문제는 이렇게 시작되었다. 주일에 교장선생님이 3학년 학생들의 공부하는 모습을 보러 다니다가 늘 재형이의 자리가 비어 있자 담임선생님한테 물어보았다고 한다. 이 자리는 늘 비어 있는데 누구의 자리냐고 묻자 반장인 재형이의 자리인데 주일에 교회로 예배를 드리러 간다고 말하자 교장선생님은 화를 내면서 주일에 교회 가지 말고 공부하라고 강한 압력을 넣어서 선생님이 재형이 보고 말했다는 것이다. 그러면서 담임선생님은 자기를 봐서라도 학교에 나와서 공부를 하라고 하자 재형이는 선생님한테 말했다.

"나는 사람의 말을 듣는 것보다 하나님의 말씀에 순종할 것이니 저보고 학교에 나오라고 말아 주세요."

이제 내가 사람들에게 좋게 하랴 하나님께 좋게 하랴 사람들에게 기쁨을 구하랴 내가 지금까지 사람들의 기쁨을 구하였다면 그리스도의 종이 아니니라(갈 1:10)

사도 바울의 고백이 재형이의 고백처럼 나에게 들려왔다. 재형이는 종로학원에서 시행하는 시험지를 받아 보았다. 월30만 원을 내면서 주일 이 시험지를 학교에서 꼭 봐야 했다. 그러나 재형이는 시험지를 받아서 공부는 했지만 주일에 한 번도 학교에서 시험을 응시해 본 적이 없었다. 그래서 담임선생님이 재형이 보고 주일날 학교에 와서 시험만 보고 가라고 늘 말을 했다고 한다. 선생님의 간곡한 부탁에도 재형이는 단호했다.

"내가 대학을 못 가는 한이 있더라도 주일을 범하면서 하나님의 말씀에 불순종하여 하나님의 마음을 아프게 할 수는 없습니다."

안식일을 기억하여 거룩하게 지키라 엿새 동안은 힘써 네 모든 일을 행할 것이나 일곱째 날은 네 하나님 여호와의 안식일인즉 너나 네 아들이나 네 딸이나 네 남종

이나 네 여종이나 네 가축이나 네 문안에 머무는 객이라도 아무 일도 하지 말라 (출 20:8-10)

재형이는 하나님의 말씀을 인용하면서 담임선생님에게 단호하게 거절을 했다. 그러자 담임선생님이 이렇게 말했다.

"그러면 너는 토요일에 남아서 먼저 시험을 봐라. 그 대신 다른 아이들한테는 비밀로 하라."

재형이는 선생님의 말씀대로 토요일 학교에 남아서 종로학원에 보내는 시험지를 반 학생들보다 먼저 보았다. 한 걸음 더 나아가서 담임선생님은 선생님들과 회식을 하면 언제나 술을 마시므로 얼굴이 벌겋고 술 냄새가 났다. 그럴 때마다 선생님은 재형이 보고 "재형아! 미안하다"고 했다는 것이다. 교회 집사로서 세상과 타협하지 말아야 되지만 어쩔 수가 없었다고 했다는 것이다. 마치 사울 왕이 사무엘의 질책 앞에 어쩔 수가 없어서 제사를 자신이 드렸다고 하는 것과 같았다. 사울 왕이 어쩔 수가 없었다며 세상과 타협한 것과 같이 말이다.

이에 내가 이르기를 블레셋 사람들이 나를 치러 길갈로 내려오겠거늘 내가 여호와께 은혜를 간구하지 못하였다 하고 부득이하여 번제를 드렸나이다 하니라(삼상 13:12)

재형이의 말이 담임선생님에게는 하나님의 말씀처럼 느껴졌기 때문에 신앙 양심으로 재형이를 보고 술만 먹으면 미안하다고 말한 것이다. 그 후 재형이는 연세대학교에 진학하여 지금은 목사님이 되었다. 그것이 재형이의 꿈이었다. 예수 그리스도 안에서 재형이의 꿈은 이루어졌다.

정인교 아저씨

사랑의 교회는 농구대잔치를 통해서 전주 시내 중·고등학생들과 대학생들에게도 널리 알려졌다. 나 역시 농구대잔치를 하면서 3점 슛을 잘 쏘는 목사님으로 알려져 있었다. 대학생들까지도 나를 알아봤다. 농구대잔치를 하던 학생들이 대학에 진학한 아이들이 많았기 때문이다. 특히 사랑의 교회는 모든 운동을 잘하는 교회로 소문이 나있었다.

나는 가끔 전북대 농구 코트장에 간다. 농구 코트에는 청소년들과 대학생들로 인산인해를 이룬다. 발 디딜 틈이 없다. 얼마나 많은 아이들이 농구를 좋아하는지를 알 수 있다. 그런 상황에서 농구를 하려면 많은 시간을 기다려야 한다. 그러나 나와 우리 교회 아이들이 농구 코트에 나타나면 어떻게 알았는지 정인교 목사님이 오셨다고 여기저기서 인사를 한다. 내가 목사님인줄을 모르는 아이들은 나보고 정인교 아저씨라고 한다. 그 이유는 내가 농구대잔치 때나 전북 대학교 농구 코트에서 농구를 하면 3점 슛을 잘 넣기 때문이다. 당시에 정인교 프로선수가 3점 슛을 잘 넣었기 때문에 3점 슛 하면 정인교 선수였다. 그러므로 3점 슛을 잘 넣는 나를 가리켜서 정인교 아저씨 또는 목사님이라고 불렀다. 그래서 내 별명은 농구장에서만은 정인교 목사님이었다.

또 하나는 아이들이 나를 보고 아줌마 슛을 하는 목사님이라고도 불렀다. 아이들이 나를 보고 아줌마 슛을 한다고 놀려댔다. 하지만 내 폼은 내가 정식적으로 농구를 배우지 못하고, 내 방식대로 3점 슛 넣는 것을 연습한 결과였기 때문에 어쩔 수 없었다. 나이 40이 넘었다 하더라도 청소년들에게 접근하기 위해서는 그들이 좋아하는 운동을 해야 한다고 생각한 것의 결과이기도 했다. 그렇지 못하면 그들 속에 들어가서 전도하기가 쉽지 않기 때문이었다.

전북대 농구 코트에 가면 우리 교회 아이들과 나를 보고 농구를 하자고 한다. 그래서 우리는 순서를 기다릴 필요가 없었다. 그 만큼 우리 교회와 내가 그들에게는 인기가 있었다. 우리는 농구를 하더라도 재미있게 했다. 우리가 승리를 해도 근소한 차이로 이긴다. 아쉬움을 그들에게 남기는 것이다. 예를 든다면 시소게임을 하다가 마지막 몇 십초를 남겨 놓고 내가 외곽에서 3점 슛을 넣고 끝냈다. 그러면 상대방 아이들이 얼마나 허탈해 하는지를 나는 볼 수가 있었다.

한 경기가 끝나면 바로 다른 코트에서 기다리다가 우리 교회 팀과 경기 하자고 졸라댄다. 그러면 나는 아이들에게 이런 제의를 한다. 너희들이 이기면 내가 음료수를 사주고 지면 사랑의 교회에 다니라고 한다. 중·고등학생들이나 대학생들까지도 좋다고 한다. 농구에 소질이 있는 우리 교회 아이들인지라 패한 적이 없었다. 이들과도 역시 근소한 차이로 우리 교회가 승리를 한다. 패한 자들은 약속대로 사랑의 교회에 나오겠다고 한다. 그러면 나는 그들에게 음료수를 사준다. 이렇게 해서 전도된 아이들이 수없이 많다. 아이들이 좋아하는 운동을 하면서 전도한 것이다. 우리 교회 아이들의 한 가지 특이한 점은 무슨 운동을 하든지 운동장 한가운데 서서 선수끼리 손을 붙잡고 기도를 한다는 것이다. 나도 마찬가지다. 재미있는 것은 그것을 보고 있는 아이들이

"또 사랑의 교회가 이긴다. 저렇게 기도하는데 패하겠니?"

라고 말한다고 우리 교회 아이들 중 선수가 아닌 아이들이 내게 말해주었다. 그래서 우리 교회 아이들이나 믿지 않는 아이들까지도 하나님이 승리하게 하신다는 것을 그들은 알고 있었다.

전주 시장이 다니는 교회

전주 시장의 억울한 이야기다. 사랑의 교회에서 진행한 농구대잔치는 매우 인기가 있었는데 농구대잔치뿐만 아니라 축구대잔치도 인기가 있었다. 해마다 여름 방학에는 축구대잔치를 했다. 이 또한 각 학년별로 한다. 중학교 1학년부터 3학년까지 참가할 수가 있다. 그러나 해가 갈수록 참가팀이 많다보니까 올해는 중1~2학년 학생들만 하기로 했다. 그러자 중3 아이들이 아우성이다. 그래서 나는 중 3학년 아이들을 설득했다. 시간은 없고 참가팀들은 많고 진행할 수가 없다는 것과 너희들은 고등학교에 진학해야 하기 때문에 공부를 하고 겨울 방학 때 농구대잔치에 참석하라고 말했다. 중1~2학년 참가팀만 받아주었는데도 무려 60팀이나 모였다.

전주 시내 중학생들은 여름만 되면 축구대잔치 때문에 마음이 들떠 있었고, 겨울에는 농구대잔치 때문에 중·고등학생들의 마음이 들떴다. 전주 시내 체육사는 잔치 분위기였다. 아이들이 축구화와 농구화, 유니폼을 샀기 때문이다. 몇 년 전에는 야구용품과 탁구용품이 팔렸는데 사랑의 교회가 축구와 농구를 하면서 농구, 축구용품이 많이 팔린다고 말했다.

그런데 문제가 생겼다. 전주에도 프로축구팀 '현대'가 생겨서 전주 공설운동장을 사용하기가 어렵게 되었기 때문이다. 물론 예선전은 중학교 운동장에서 하고 준준결승전은 전주 전매청 잔디구장을 빌려서 사용한다. 하지만 준결승과 결승전은 공설운동장을 사용해야 하기 때문이다.

현대 프로 축구팀이 자기네들이 운동장을 사용해야 하기 때문에 우리 교회 축구대잔치를 못하게 했다. 우리 교회는 그 동안 종합운동장에서 항상 준결승과 결승경기를 해왔었는데 이번에는 어렵게 된 것이다. 그러나 어린아이들은 종합운동장에서 축구하는 것이 소원이었다.

그래서 나는 전주 시장을 찾아갔다. 속담에 가는 날이 장날이라고 시장은 만나지 못했다. 비서를 만나서 사정 이야기를 했다. 비서는 사랑의 교회에 대해서 너무 잘 알고 있었다. 비서 말로는 사랑의 교회에서 청소년들을 위해서 좋은 일을 한다며 나를 한 번 만나보고 싶다고 말했다는 것이다. 나는 비서에게 시장님께 사랑의 교회에서 종합운동장에서 축구대잔치를 할 수 있도록 2일만 하락해 달라는 부탁을 했다. 비서는 충분히 알았으니까 염려마시고 가셔서 기다리라고 했다.

얼마 후에 비서로부터 전화가 왔다. 시장님이 허락을 했다는 것이다. 그리고 운동장 사용료도 아주 저렴한 가격으로 할 수 있도록 해놨다는 좋은 소식이었다. 하나님께 우리 교회가 기도한 결과였다.

운동장에서 한 게임을 사용할 수 있는 시간은 1시간 40분이다. 저녁까지 한다고 하더라도 하루에 5게임 밖에 할 수가 없다. 그리고 게임당 8만 원이므로 하루에 40만 원의 운동장 사용료를 내야 한다. 하지만 시장님의 배려로 저렴한 가격으로 사용할 수 있게 되어 고마웠다.

드디어 종합운동장에서 첫날 경기가 시작되었다. 경기가 시작되자 아니나 다를까 현대 프로축구 담당자가 나를 불렀다. 자기네들이 전용으로 사용하는 축구장을 누구 허락을 받고 운동장을 사용하느냐고 화를 냈다. 경기를 중단해줄 것을 요구했다. 나는 담당자에게 말했다.

"정당하게 허락을 받고 사용료도 지불하고 사용하는데 무슨 문제가 있습니까?"

그리고 사용료 영수증을 보여주었다. 담당자는 경기장 관리인을 찾아가고 우리는 축구경기를 계속 진행했다. 관람석에는 아이들과 부모님 학교 선생님들까지 오셔서 응원을 했다. 축구경기장은 응원하는 소리에 축제 분위기였다. 우리는 각 학년별로 3팀씩 출전을 하여 우승과 준우승을 차지했다. 5박 6일 동안 사랑의 교회 축구대잔치는 하나님의 은혜 가운데 모두 마쳤다. 그런데 다음날 전주시장 비서로부터 나에게 전화가 왔다. 다급한 목소리였다.

"목사님! 선데이 스포츠 신문을 보셨습니까? 전주시장이 자기가 다니는 교회 학생들에게 운동장을 빌려주고 학생들은 잔디구장에서 운동화를 신고 축구를 했다고 하던데요."

나는 이 소식을 듣고 황당했다. 사실 전주시장은 기독교인이 아니다. 물론 우리 교인도 아니다. 완전히 모함이었다. 전주시장은 단지 전주 시내 청소년들을 위해서 정당하게 운동장 사용료를 받고 허락을 해준 것뿐이다. 그것도 내가 찾아가서 사정을 해 비서로부터 말을 듣고 허락을 해주었다. 우리로서는 전주시장을 상당히 고마운 분으로 기억을 하고 있다. 그리고 잔디구장은 축구화를 신지 않으면 운동장 관리인이 들어가지 못하게 한다. 그러므로 학생들은 모두가 축구화를 신고 경기를 했다. 나는 서울에 있는 선데이 스포츠 신문사에 전화를 해서 글을 쓴 기자를 바꿔달라고 했다. 신문사에서는 바꿔주지 않았다. 신문사 직원에게

"우리는 전주시민을 위한 운동장을 정당하게 사용료를 지불하고 사용했다. 또한 경기하는 학생들은 모두가 축구화를 신고 경기를 했다. 운동장 관리인이 확인을 했다. 그런데 무슨 운동화를 신고 축구를 했다는 허위 기사를 쓰느냐?"

라고 따졌다. 또한 전주시장은 우리 교회 교인도 아니고 그분은 기독교인이 아니다. 이런 분이 어떻게 교회 아이들과 축구를 했다는 모함을 할 수 있느냐, 내가 알기로는 선데이 스포츠는 기독교 재단에서 하는 것으로 알고 있는데 청소년 전도를 위해 교회에서 하는 일에 이렇게 방해를 하면 하나님이 살아계신데 두렵지 않느냐고 따졌다. 그러자 신문사 직원은 이렇게 말했다.

"운동화가 축구화지 축구화가 따로 있느냐?"

고 대답했다. 나는 너무 터무니없는 소리를 하는 직원에게 운동화와 축구화도 구별할 줄 모르는 사람들이 무슨 기자 노릇을 하느냐고 말해주었다. 선데이 스포츠 신문을 읽어본 전주 시내 여러 교회에서 나에게 위로 전화와 함께 자기네들이 인터넷에 글을 올리며 따지겠다고 했다. 나는 그분들을 진정시키고 우리 교회에서 일어난 문제이므로 우리 교회 자체적으로 해결할 문제니까 기도만 해주시라고 했다.

이때 우리 교회 대학생 가운데 의대생 형제가 인터넷에 글을 올렸다.

"전주 시내 공설운동장은 전주 시민을 위한 운동장이니 현대 구단을 위한 운동장이 아니다. 외국에서는 프로축구팀은 자기네 전용축구장을 만들어서 사용한다. 현대축구팀도 전라북도 도민을 위해 자체적으로 구장을 만들어서 사용하라. 그리고 전주공설운동장은 전주 시민을 위해 사용하도록 간섭하지 말라."

이 글을 통해서 전주 시내는 조용해졌다. 다음날 전주시장 비서로부터 전화가 왔다. 의대생이 글을 잘 써서 고맙다고 했다. 나중에 안 사실인데 현대 프로 축구 담당자가 선데이 스포츠 기자를 불러서 거짓 기사를 쓰게 했던 것이다. 글을 쓴 기자는 전주에서 사라졌다. 하나님께서는 잘못된 것을 공의 가운데 정리되게 해 주셨다.

> 우리를 내주어 그들의 이에 씹히지 아니하게 하신 여호와를 찬송할지로다 우리의 영혼이 사냥꾼의 올무에서 벗어난 새 같이 되었나니 올무가 끊어지므로 우리가 벗어났도다 우리의 도움은 천지를 지으신 여호와의 이름에 있도다(시 124:6-8)

하나님이 살아계시면

동생들의 전도로 사랑의 교회에 고등학교 1학년 때 온 성희의 이야기다. 성희네 집에는 5남매가 있다. 그럼에도 불구하고 성희의 아빠는 더 많이 낳을 걸 그랬다며 자식 욕심이 많았다.

> 보라 자식들은 여호와의 기업이요 태의 열매는 그의 상급이로다 젊은 자의 자식은 장사의 수중의 화살 같으니 이것이 그의 화살 통에 가득한 자는 복 되도다 그들이 성문에서 그들의 원수와 담판할 때에 수치를 당하지 아니하리로다(시 127:3)

구약의 자손이 많으면 좋았던 것처럼 성희 아빠의 마음은 이해가 된다. 5남매는 사랑의 교회에 열심히 다녔다. 성희도 제자훈련과 사역훈련을 잘 받았다. 그런데 고등학교 3학년 때 자기가 원하는 대학 진학에 실패를 하고 말았다. 나에게 찾아와서 울고불고 난리가 났다. 성희는 나에게 따졌다.

"목사님! 하나님이 살아계시면 나에게 이럴 수가 있어요. 새벽기도도 제자훈련과 사역훈련, 교회도 열심히 다녔는데 나에게 이러면 안 되죠."

라며 울었다. 사실이다. 성희는 그의 말대로 교회에서 하는 모든 프로그램에 열심히 했다. 나도 그것은 인정을 한다. 나는 울고 있는 성희에게 아무 말도 할 수가 없다. 그냥 실컷 울도록 했다. 성희가 우는 동안 나는 하나님께 이렇게 기도했다.

"하나님 아버지, 성희의 마음을 어떻게 위로해줄 수 있습니까? 나에게 지혜를 주시옵소서."

라며 하나님의 지혜를 구했다. 나는 울고 있는 성희에게 이렇게 말했다.

"하나님은 너에 대한 또 다른 계획이 있을 거다. 그것을 너와 내가 모르고 있을 뿐이다. 네가 전북대 영어영문학과에 가는 것이 하나님의 뜻이 아니었기에 실패하게 하신 것이야. 그러니 그만 울고 네가 가야할 길을 묻고 함께 기도하자."

그랬더니 울고 있던 성희가 울음을 그치고 나를 보더니

"목사님! 그럴까요?"

라며 이제 목사님이 하라는 대로 하겠다고 했다. 그리고 다른 대학 독어독문학과를 지원했다. 성희는 합격했다. 나는 성희에게 네가 대학에 합격했으니까 영어공부를 열심히 하라고 말해주었다. 성희네 가족들이 얼마나 기뻐하는지 그렇게 좋아하는 것을 보니 나도 기뻤다.

어느 날 성희 아빠가 우리 집에 양복재단사를 보냈다. 내 양복을 맞춰야 한다고 했다. 나는 내가 양복점에 가면 되지 어떻게 재단사가 우리 집에 올 수 있느냐고 말했더니 성희 아빠가 이렇게 말했다.

"하나님의 종님이 어떻게 양복점에 갈 수 있습니까?"

나는 성희 아빠를 웃기기 위해서

"종은 종님이 아닙니다. 종놈입니다."

라고 말했다. 결국 나는 성희 아빠 의도대로 우리 집에서 양복을 맞췄다. 그 후에 성희는 열심히 신앙생활을 하면서 공부 또한 열심히 했다.

졸업 무렵 대한항공사의 승무원 모집에 합격을 했다. 30명 모집에 3000명이 모였다. 30명 중에 성희는 당당하게 합격을 한 것이었다. 성희는 나에게 고백하기를 승무원 시험을 볼 때 자기가 아는 영어만 물어보았다며 기뻐했다. 나는 기뻐하는 성희에게 네가 말한 대로

"하나님은 살아계신다."

그러자 성희는

"정말 하나님은 살아계셔요. 살아계신 것을 내가 체험했어요."

하나님은 살아계시기 때문에 사랑의 교회에 기적을 많이 보여주셨다. 나는 청소년 사역을 하면서 이런 하나님의 기적을 많이 체험했다. 그래서

누구의 지식에 의해서가 아니라 내가 경험한 지식을 바탕으로 나는 열심히 청소년들에게 복음을 전했다.

당신 안에 계신 분

초등학교 4학년 때부터 귀신의 지배를 받았던 용성이의 이야기다. 매주 토요일 저녁 9시부터 우리 교회 중·고등부학생들은 기도모임을 한다. 학생들은 자신들을 기도 특공대라고 부른다. 수많은 아이들이 모여서 말씀을 읽고, 찬송하며 기도를 한다. 내가 보더라도 기도 특공대들은 뜨겁게 기도한다. 회장과 조장들이 인도를 하는데 인도자가 없을 경우에만 내가 인도했다. 그러나 내가 인도하는 일은 그다지 많지 않았다.

학생들은 여러 번 나에게 용성이가 기도 시간마다 이상하다는 보고를 했다. 그때 용성이는 고등학교 2학년이었다. 우리 교회에 나온 지는 1년이 채 안 된 시기였다. 아이들 말에 의하면 기도 시간마다 침을 흘리는데 교육관 바닥에 흥건하게 흘리고 나서 자신이 휴지로 닦아낸다는 것이다. 목사님이 한 번 참석해 보시라고 했다. 그래서 내가 참석해서 기도하다 보니까 아이들의 말대로 기도하는 중에 용성이는 침을 많이 흘리면서 괴로워했다. 나는 마귀가 용성이를 괴롭히고 있다는 것을 발견하고 시간을 정해서 용성이를 괴롭히는 마귀를 쫓아내자고 학생들에게 말했다. 물론 용성이 본인에게도 말했다.

시간은 겨울 방학 때로 정했다. 7일 후면 겨울 방학이 시작되었기 때문이다. 일주일 동안 용성이를 위해 기도하자고 했다. 그리고 교회에도 이 사실을 알리고 성도들에게 기도 부탁을 했다. 전교인들이 새벽마다 그리고 기도 시간마다 용성이를 위해 뜨겁게 기도했다. 하나님의 기적으로 용성이를 괴롭히는 마귀가 물러가도록 기도했다.

드디어 겨울방학이 되었다. 기도하는 중·고등부학생들과 집사님들을 불러서 귀신 쫓는 사역을 시작했다. 전에도 성도 한 분을 괴롭히는 귀신을 쫓아낸 경험이 있었지만 이는 보통 힘든 사역이 아니다. 나는 귀신을 쫓아내고 나면 몸무게가 2kg이상 빠진다. 용성이 엄마와 동생들도 참석했다.

첫날 찬송을 부르고 기도했지만 마귀의 반응은 없었다. 이때 두 가지 경우를 생각해 볼 수 있다. 첫째는 단순한 사고로 인해 귀신 들린 것과 같은 증상을 보이는 경우이다. 머리에 심한 충격을 받으면 사람은 자기도 모르게 침을 흘리기도 하고 이상 행동을 하는 경우가 있었다. 전에 자매 한 명도 꼭 귀신 들린 것처럼 보였는데 기도해도 반응을 보이지 않아 병원에 가보라고 했다. 병원에서 치료받은 후에는 정상으로 돌아왔다. 또 한 경우는 역시 귀신들렸지만 귀신이 속임수를 쓰는 경우이다. 용성이를 위해 1시간 이상 기도하고 찬송을 불렀지만 반응이 없었다. 내가 용성이의 머리에 손을 얹고 기도하자 서서히 마귀가 반응하기 시작했다. 하나님의 말씀을 증거하며 기도하자 마귀는 더욱 본색을 드러냈다. 역시 용성이를 괴롭히는 마귀는 성경에서 말한 것처럼 군대였다.

이는 예수께서 이미 그에게 이르시기를 더러운 귀신아 그 사람에게서 나오라 하셨음이라 이에 물으시되 네 이름이 무엇이냐 이르되 내 이름은 군대니 우리가 많음이니이다 하고(막 5:8-9)

용성이를 괴롭히는 귀신이 이렇게 많았다. 용성이를 괴롭히는 귀신은 입을 열기 시작했다. 자정이 되자 귀신은 나가겠다고 했다. 여섯 마리가 나갔다. 남은 한 마리가 얼마나 끈질긴지 힘들었다. 귀신은 용성이의 입을 통해 거짓말을 하기 시작했다. 이것이 마귀의 특징이다. 예수님도 성경에서 마귀를 거짓의 아비라고 말씀하셨다. 우리는 다음 날 계속 기도하기로 하고 헤어졌다. 왜냐하면 새벽기도를 해야 하기 때문이다.

다음 날 저녁에 다시 모여서 귀신을 좇아내기 시작했다. 수많은 사람들이 모여서 찬송을 부르고 기도하고 하나님의 말씀을 전했다. 귀신은 말씀을 전하고 기도하면 괴로워서 발악을 한다. 나는 이때를 놓치지 않고 귀신보고 "너 뱀이지." 하며 뱀 흉내를 내보라고 하면 용성이를 괴롭히는 마귀는 용성이를 통해서 흉내를 낸다. 눈이 빨갛다. 혀를 날름거리고, 침을 질질 흘리며 발과 발가락으로 뱀이 꼬리를 흔들듯이 흔들어 댄다. 기도하던 성도들은 그 모습을 보고 소리를 지른다.

거기에 모인 사람들은 기도하는 사람들도 있었지만 호기심에 온 사람들도 있었다. 나는 이 광경을 보면서 계속 귀신에게 예수 그리스도 이름으로 명하며 뱀의 흉내를 내라고 한다. 귀신은 내가 지시하는 대로 온갖 형태로 뱀의 모습을 보여준다. 내가 이렇게 하는 것은 믿음이 없는 성도들과 믿음이 있는 성도들이라도 마귀의 실체를 보여줄 수 있는 귀한 시간이 되기 때문이다. 그리고 예수 그리스도가 살아계심을 보여줄 수 있는 좋은 기회가 되기 때문이었다. 또한 기도의 중요성을 보여줄 수 있기 때문이었다. 귀신을 좇아내는 일을 시작하면 새벽기도부터가 달라진다. 예수 그리스도를 믿지 않았던 용성이의 엄마와 여동생은 아들과 오빠의 모습을 지켜보면서 울기 시작했다. 나는 용성이를 괴롭히는 마귀에게 그만하라고 한다. 그러면 마귀는 조용해진다.

그날은 중단하고 다음 날이 시작되었다. 벌써 3일째가 되었다. 나는 귀신에게 네가 누구냐고 물었다. 전주 코아 백화점 근처에 있는 점쟁이 집을 말하면서 자신이 누구누구라고 말했다. 물론 이것 역시 거짓말이다. 이때 나는 마귀에게 나사렛 예수 그리스도의 이름으로 명하노니 그 아이에게서 귀신아 나오라고 명령을 했다. 마귀는 울면서 나가겠다고 하며 울기 시작했다. 슬프게 울었다. 마귀는 말하기를 자기가 나가면 지옥으로 가야 하는데 그곳을 어떻게 무서워서 갈 수 있느냐며 운다. 마귀의 위력은 첫날보다 약해졌다. 나는 계속해서 성도들과 찬송하고 기도하며 하나님의 말씀을 전하면서 예수 그리스도의 이름으로 귀신에게 나오라고 명령을 했다. 마귀는 이번에는 이렇게 말했다. 여기서 나가면 지옥에 가는데 마치 진공청소기가 먼지를 빨아들이듯이 자신이 지옥에 빨려 들어간다면서 울었다. 그러면서도 마귀는 계속해서 온갖 거짓말을 해댄다. 내가 마귀에게 내 눈을 똑바로 보라고 하면 고개를 땅에 대고 나를 보지 않는다. 용성이 눈에 마귀가 들어가 있는 것 같았다. 내 눈을 똑바로 보라고 하자 나를 쳐다보았다.

"나사렛 예수 그리스도의 이름으로 명하노니 마귀는 용성이게 서 나오라."

고 하자 마귀가 이렇게 말했다.

"당신 안에 계신 그분이 두려워서 나가겠다."

수많은 성도들은 이 말을 듣고 놀라며 나를 쳐다보았다. 예수 그리스도가 내 안에 계시다는 것을 마귀를 통해서 성도들이 들은 것이다. 그런 마귀에게 나는 나가라고 하자 마귀가

"그거 있잖아요. 그걸로 쫓아내 달라."

는 것이다. 나는 지쳐있는 가운데서 무슨 소리인지를 모르고 있었다. 무슨 거짓말을 하려고 그러느냐 그에게서 나오라고 하자,

"그것 있잖아요. 그 이름으로."

나는 얼른 알아차리고 즉시 나사렛 예수 그리스도의 이름으로 명하노니 마귀는 나오라고 하자 용성이는 그대로 뒤로 넘어지면서 기절을 했다. 성도들은 소리를 지르고 용성이 엄마는 통곡을 했다.

더러운 귀신이 그 사람에게 경련을 일으키고 큰 소리를 지르며 나오는지라(막 1:26)

마귀가 3일 만에 용성이에게서 나간 것이다. 하나님의 능력이었다. 또 한 번 모든 성도들은 하나님의 기적을 체험한 것이다.

다 놀라 서로 말하여 이르되 이 어떠한 말씀인고 권위와 능력으로 더러운 귀신을 명하매 나가는도다 하더라(눅 4:36)

용성이는 잠시 후 일어나서 내 발을 붙잡고 자기를 살려달라고 애원했다. 하나님은 거기 모인 모든 사람들에게 당신의 살아계심과 일하심 그리고 택한 백성을 마귀의 손에서 구원해 주신 것을 똑똑히 보여주셨다.
그 이후에 용성이의 가족들은 열심히 신앙생활을 했다. 성도들 역시 뜨거운 기도를 하면서 열심히 신앙생활을 했다. 그리고 용성이는 대학교에 진학했다. 용성이를 통해 하나님께서 영광을 받으신 것이다.

이 건물을 주소서

사랑의 교회 중·고등부 학생들의 기도에 대한 이야기다. 중·고등부 학생들이 날로 부흥되자 예배당이 모자라서 예배를 드리기가 매우 불편했다. 그래서 중·고등부 학생들뿐만 아니라 우리 모두가 넓은 예배당에서 하나님께 예배드리는 것이 소원이었다. 새벽마다, 금요기도회, 중·고등부 학생들이 모여서 기도하는 토요일 기도모임에도 온통 넓은 예배당을 달라고 하나님께 매달려 기도했다.

어느 날 하나님께서 내가 경건의 시간을 갖는데 이런 말씀을 주셨다. 이 말씀을 읽으면서 내 마음은 뜨겁다 못해 흥분 상태였다.

주 여호와께서 이같이 말씀하셨느니라 내가 너희를 모든 죄악에서 정결하게 하는 날에 성읍들에 사람이 거주하게 하며 황폐한 것이 건축되게 할 것인즉 전에는 지나가는 자의 눈에 황폐하게 보이던 그 황폐한 땅이 장차 경작이 될지라 사람이 이르기를 이 땅이 황폐하더니 이제는 에덴동산 같이 되었고 황량하고 적막하고 무너진 성읍들에 성벽과 주민이 있다 하리니 너희 사방에 남은 이방 사람이 나 여호와가 무너진 곳을 건축하며 황폐한 자리에 심을 줄을 알리라 나 여호와가 말하였으니 이루리라 주 여호와께서 이같이 말씀하셨느니라 그래도 이스라엘 족속이 이같이 자기들에게 이루어 주기를 내게 구하여야 할지라 내가 그들의 수효를 양 떼같이 많아지게 하되 제사 드릴 양 떼 곧 예루살렘이 정한 절기의 양 무리 같이 황폐한 성읍을 사람의 떼로 채우리라 그러한즉 그들이 나를 여호와인줄 알리라 하셨느니라
(겔 36:33~38)

이 말씀 속에는 건축이라는 단어가 많이 나온다. 내 눈과 마음이 이 건축이라는 단어에 고정이 되어버렸다. 하나님께서 곧 우리 교회를 건축하

게 하실 것 같은 믿음이 생기기 시작했다. 성도들과 중·고등부 학생들에게 알리고 하나님만 바라보고 기도로 매달렸다. 울부짖다시피 통성으로 기도했다. 기적이 일어날 것 같았다.

그런데 어느 날 우리 교회 집사님 가운데 엘리트 학원을 하는 분한테 전화가 왔다.

"목사님! 호성동 아파트 단지 내에 상가를 분양하는데 3층 전체를 분양받으면 수의 계약을 할 수 있다고 합니다. 교회에서 반을 받고 엘리트학원이 반을 받으면 어떻습니까?"

나는 즉시 하나님의 기도응답임을 알고 점심식사 후에 가서 보기로 약속했다. 이 전화를 받기 전에 나는 에스겔서를 가지고 경건의 시간을 가질 때였다.

여호와께서 권능으로 내게 임재하시고 그의 영으로 나를 데리고 가서 골짜기 가운데 두셨는데 거기 뼈가 가득 하더라 나를 그 뼈 사방으로 지나가게 하시기로 본즉 그 골짜기 지면에 뼈가 심히 많고 아주 말랐더라 그가 내게 이르시되 인자야 이 뼈들이 능히 살 수 있겠느냐 하시기로 내가 대답하되 주 여호와여 주께서 아시나이다 또 내게 이르시되 너는 이 모든 뼈에게 대언하여 이르기를 너희 마른 뼈들아 여호와의 말씀을 들을 지어다 주 여호와께서 이 뼈들에게 이같이 말씀하시기를 내가 생기를 너희에게 들어가게 하리니 너희가 살아나리라 너희 위에 힘줄을 두고 살을 입히고 가죽으로 덮고 너희 속에 생기를 넣으리니 너희가 살아나리라 또 내가 여호와인 줄 너희가 알리라 하셨다 하라(겔 37:1-6)

이 말씀을 붙잡고 기도하는 중에 집사님으로부터 전화를 받은 것이다.

나는 점심식사 후에 집사님과 같이 분양하는 상가를 가보았다. 상가 옥상에서 내려다보니 하나님의 말씀대로 골짜기에 마른 뼈들이 널려 있는 것 같은 느낌을 받았다. 사실 이곳은 호성동 골짜기였다. 전주시에서 개발하여 아파트를 지은 것이다. 앞으로 이곳에 입주하는 사람들이 모두가 마른 뼈들이 아니겠는가 하는 생각을 하니 가슴이 떨리기 시작했다. 나와 집사님은 분양 사무실에 가서 자세히 물었다. 3층 전체를 계약하면 수의 계약을 할 수 있다는 것이다. 나는 즉시 제직회를 열어 분양받기로 결정했다.

문제는 돈이었다. 보증금을 내고 월 16만 원씩 월세를 내고 사는 교회가 1억 7천만 원을 만들어 낸다는 것은 불가능 그 자체였다. 하지만 나는 믿음으로 시작했다. 말씀하신 하나님은 절대로 빈말을 하실 분이 아니라는 것을 나는 체험했기 때문이다. 교인들을 하나님의 말씀으로 설득시켰다. 그래서 사랑의 교회는 오직 주님만 바라보고 믿음으로 기도하기 시작했다.

나와 엘리트학원을 운영하는 집사님과 같이 분양 신청을 했는데 분양 사무실에서 약속을 어겼다. 분양받으려고 하는 사람들이 많아 수의 계약을 할 수 없다는 것이다. 나와 집사님은 신청을 했다. 집사님은 두 사람 이름으로 신청을 했고 우리는 사랑의 교회 이름으로 신청했다. 무려 27대 1이 되었다. 산 너머 산이었다. 나중에 알고 보니 3층에만 5개 교회가 분양 신청을 했다는 소식이 들렸다.

경쟁이 심했다. 그 교회들도 기도하지 않겠는가? 전북대 사랑방에서 이런 말을 하기도 했다. 어느 교회가 기도의 능력이 있는가를 시험해 보자고 했다는 것이다. 우리 교회 중·고등부 학생들 70여 명은 추첨을 하기 전에 상가 3층에 가서 합심해서 통성으로 뜨겁게 기도했다. 나는 건물 자체가 흔들리는 것 같은 느낌을 받았다. 어떤 여학생들은 바닥에 앉아 울면서 기도하기도 했다.

"하나님 아버지 이 건물을 우리 교회에 주시옵소서."

나도 함께 가서 기도했는데 학생들의 기도가 얼마나 간절한지 하나님께서 응답하실 것을 확신했다. 마치 갈렙이 "이 산지를 내게 주소서."라는 말씀을 방불케 할 정도였다.

그 날에 여호와께서 말씀하신 이 산지를 지금 내게 주소서 당신도 그 날에 들으셨거니와 그곳에는 아낙 사람이 있고 그 성읍들은 크고 견고할지라도 여호와께서 나와 함께 하시면 내가 여호와께서 말씀하신 대로 그들을 쫓아 내리이다 하니(수 14:12)

하나님께서 말씀하신 대로 우리 교회에 이 건물을 주실 것을 확신하며 기도했다. 추첨하는 날 우리는 집사님들과 같이 가서 추첨을 했는데 우리 교회와 엘리트학원이 당첨되었다. 전북대 사랑방에서 학생들은 말하기를 사랑의 교회 기도가 위력이 있었다고 말했다. 교회는 온통 즐거운 잔치 분위기였다.

이제 하나님께서 물질만 주시면 된다. 이 문제를 놓고 우리는 기도하기 시작했다. 새벽이고 밤이고 낮이고 온통 기도에 매진했다. 학생들은 또 다시 학교에서 5분 기도를 시작했다. 어느 날 아침에 나에게 하나님은 이런 말씀을 주셨다.

그가 이르되 여호와의 말씀이 이 골짜기에 개천을 많이 파라 하셨나이다 여호와께서 이르시기를 너희가 바람도 보지 못하고 비도 보지 못하되 이 골짜기에 물이 가득하여 너희와 너희 가축과 짐승이 마시리라 하셨나이다(왕하 3:16-17)

나는 이 말씀을 가지고 모든 성도들은 확신을 가지고 기도했다. 우리가 할 수 있는 것은 하나님의 말씀을 믿고 기도하는 것밖에 없었다. 하나님께서는 순수한 중·고등부 학생들의 믿음의 기도를 들으시고 당신이 말씀하신 대로 응답하셨다.

주 여호와께서 이같이 말씀하셨느니라 그래도 이스라엘 족속이 이같이 자기들에게 이루어 주기를 내게 구하여야 할지라(겔 36:37)

교회는 기도의 능력을 체험했다. 이제 우리 교회는 하나님의 말씀하신 대로 호성동으로 이사하여 말씀을 전하고 기도하면 된다. 그러면 하나님께서 말씀하신 대로 마른 뼈들에게 생기가 들어가 큰 군대가 될 것이다.

하나님께서는 건물을 살 수 있도록 물질도 주셨다. 한 은행의 장로님을 통해서 담보도 없이 대출을 받게 하셔서서 이사를 하게 되었다. 우리 교회 중·고등부 학생들의 소원대로 상가 건물을 분양받아 그곳으로 이사했다.

우리는 그 동안 사랑의 교회라는 이름으로 전주 시내에서 청소년들과 청·장년들에게 복음을 전했다. 그러나 이사를 하고 나서는 이름을 바꾸었다. 에스겔 37장에 나오는 말씀 가운데 "대언"이라는 단어가 많이 나온다. 그 단어대로 대언교회로 이름을 바꿨다. 그리고 나중에는 엘리트 학원 건물까지 대언교회가 샀다. 총 153평이라는 넓은 예배당에서 여러 개의 교육관을 가지고 예배를 드렸다. 하나님께서 주신 복이었다. 이것은 전부 하나님의 계획 속에 이루어진 것이다.

노방전도

중·고등부 학생들의 노방전도에 대한 이야기다. 제자훈련을 받는 중·고등부 학생들은 누구나 노방전도를 한다. 전도는 하나님의 백성이라면 누구나 해야 할 일이다. 그러나 말씀과 기도가 병행되어야 성령이 충만하여 복음을 전할 수가 있다.

> 오직 성령이 너희에게 임하시면 너희가 권능을 받고 예루살렘과 온 유대와 사마리아와 땅 끝까지 이르러 내 증인이 되리라 하시니라(행 1:8)

특히 하나님은 당신의 백성들에게 지상최대의 명령으로 전도할 것을 말씀하셨다.

> 그러므로 너희는 가서 모든 민족을 제자로 삼아 아버지와 아들과 성령의 이름으로 세례를 베풀고 내가 너희에게 분부한 모든 것을 가르쳐 지키게 하라 볼지어다 내가 세상 끝날 까지 너희와 항상 함께 있으리라 하시니라(마 28:19-20)

나는 하나님의 말씀을 근거해서 제자훈련을 받은 학생들에게 전도할 것을 강조했다. 그래서 아이들은 전도하는 일에 열심을 내었다. 전도에 목적을 두고 기도하다 보면 성령님께서 가만히 있지 않게 하신다.

내가 시키지도 않았는데 중·고등부 회장 및 조장들의 인도에 따라 노방전도를 했다. 찬양하는 팀, 율동하는 팀, 전도지 나누어 주는 팀, 악기를 다루는 팀 등으로 구성해서 교회 근처 아파트 단지에서 매주 토요일 오후에 전도를 한다. 특히 우리 교회에서는 제자훈련 및 사역훈련을 받은 아이들은 반드시 간증문을 써서 우리 교회 신문에 기록하여 전도지로 나누어 준다. 이 전도지를 받아 들고 자녀들과 함께 대언교회에 나오신 분들도 많다. 노방전도를 하면서 전도지를 나누어주는 팀과 찬양팀은 대언교회 티셔츠를 입고 띠를 어깨에 메고 전도지를 나누어준다.

하루는 찬양을 하며 전도지를 나누어 주다가 주민 신고로 경찰이 제지를 하러 왔다가 학생들이 전도하는 모습을 보고, 하지 말라고 하지 않고 악기의 음량을 줄이면서 하라고 했다. 경찰들이 볼 때도 요즘 아이들처럼 보이지 않았기 때문이다. 어떤 분들은 매우 좋은 일을 한다고 음료수를 사다주는 분들도 있었다. 대언교회는 아파트 단지에서 청소년들이 많고 착한 일을 많이 한다는 소문이 나서 자녀들을 보내는 분들도 있었다. 나는 학생들이 노방전도를 하는 것을 보면서 하나님의 일이 얼마나 축복이고 보람된 일인가를 느끼며 산다. 저들이 나중에 다 내 면류관이라는 사도 바울의 고백이 떠오른다.

우리의 소망이나 기쁨이나 자랑의 면류관이 무엇이냐 그가 강림하실 때 우리 주 예수 앞에 너희가 아니냐 너희는 우리의 영광이요 기쁨이니라(살전 2:19-20)

나는 아이들이 매주 토요일마다 아파트 단지 내에서 노방전도를 하는 모습을 보고 내가 이렇게 기쁜데 우리 하나님 아버지는 얼마나 기뻐하실까 생각하며 감사했다.

대언교회 주변에 여러 교회가 있지만 우리교회 중·고등부 학생들처럼 전도에 열심을 내고 극성스러운 아이들은 볼 수가 없었다. 제자훈련을 통해서 우리 아이들은 작은 예수의 모습으로 살아가는 것이다. 예수 그리스도의 삶과 인격과 성품을 닮아가고 있었다.

사실 이것이 제자훈련의 목적이다. 훈련된 아이들과 훈련받지 않은 아이들과의 삶은 다르다. 내가 늘 하는 말이 있다. 나는 제자훈련을 받은 너

희들과 훈련받지 않은 아이들과는 절대로 바꾸지 않는다. 왜냐하면 훈련
받지 않은 아이들은 아무 데도 쓸모가 없다. 섬김을 모르고 남을 배려하
는 것도 없다. 자기중심적이다. 전도하는 일과 기도하는 것도 모른다. 하지
만 제자훈련을 받은 아이들은 다르다. 이들은 시간, 몸, 물질로 섬기며 특
히 기도로 섬기는 축복받은 하나님의 자녀들이다. 바로 부활하신 예수 그
리스도가 그들의 마음에 임하시기 때문이다.

예수 그리스도께서는 이 땅에 오실 때부터 섬기기 위해서 오셨다. 제자
들의 발을 씻기시며 중보기도로 섬기셨다. 이런 주님의 모습을 닮고 행하
는 것이 제자들이다.

축호전도

대언교회 중·고등부 학생들의 축호전도에 대한 이야기다. 우리 교회에
서 제자훈련과 사역훈련을 받는 아이들은 누구나 노방전도 및 축호전도
를 한다. 축호전도는 가가호호 다니면서 벨을 눌러 사람이 나오면 일대일
로 전도를 하는 것이다. 처음에는 아이들이 어색해하고 부끄러워했지만
한두 번 경험을 쌓으면 잘한다. 나는 아이들에게 사람을 두려워하지 말라
고 말한다.

우리 교회 아이들은 특별한 전도훈련을 받은 것이 아니다. 내가 개척 당
시 장년들에게 한 것을 경험삼아 아이들에게 가르친 것이다. 나는 "제임
스 케네디 전도폭발" 책을 읽고 축호전도를 했다. 성령의 능력으로 전도가
되었다. 내가 전도해야겠다는 간절한 마음과 기도를 하고 나가서 전도를
하자 내 안에 계신 성령이 역사를 하신 것이다.

개척 당시 새벽에 내 아내와 같이 두 시간 이상씩 기도하고 나갔다. 예

나 지금이나 아파트 벨을 누르면 쉽게 열어주는 사람은 없다. 성령이 일하실 때만 문이 열린다. 그것을 어떻게 아느냐 하면 문을 열어주는 것은 대부분이 아이들이다. 엄마가 하는 소리가 내가 누구든지 문을 열어주지 말라고 했지 그런데 왜 문을 열어주었느냐고 아이들에게 야단 치는 것을 보고 나는 알 수 있었다. 그리고 문은 열렸지만 아이의 엄마가 곧 문을 닫으려고 할 때 성령의 지혜로 현관문을 내가 한쪽 발을 대고 있기 때문에 문을 닫을 수가 없다. 이러면 나는 아이의 엄마에게 복음을 전한다. 이렇게 해서 전도된 사람들을 성경공부를 해서 예수 그리스도를 믿게 했다.

이들 가운데는 불교 신자였던 사람 아니 대대로 불교 가정에서 자란 사람이 복음이 들어가자 가정에 개혁이 일어났다. 온 가족이 예수 그리스도를 믿을 뿐 아니라 지금은 여전도사로 헌신하고 있다.

그리고 내가 대학생들과 같이 축호전도를 하다가 어떤 할머니의 망언도 들었다. 대학생들에게 복음을 전하는 것을 가르치기 위해서 실습현장을 보게 했다. 저녁을 지을 무렵 대학생들과 같이 복음을 전하다가 할머니 한 분을 만났다. 저녁식사 준비를 하시는 할머니에게 복음을 전했다.

"할머니 내가 기쁨의 좋은 소식을 전해드릴까요? 예수 그리스도를 믿으시고 구원을 받으세요."

할머니는 나에게 소금 한 주먹을 뿌렸다.

"재수 없게 어디 와서 예수를 믿으라고 하느냐?"

나는 졸지에 소금 세례를 받았다. 옆에서 함께 하던 대학생들이 민망해하며 어쩔 줄 모르는 눈치였다. 만약 이 할머니가 예수 그리스도를 믿는 분이시라면 이렇게 하지 않는다. 예수 그리스도를 알지 못하고 어려서부터 우상을 섬기고 살았기 때문에 즉, 하나님에 대해서는 알지 못하기 때문에 이렇게 하신 것이라고 민망해하는 대학생들에게 나는 말해주었다.

"하나님의 말씀대로 할머니가 세상에 속했기 때문에 하나님께 속한 나를 미워한 것이다. 할머니가 하나님께 속했다면 망언을 하지 않는다."

세상이 너희를 미워하면 너희보다 먼저 나를 미워한 줄을 알라 너희가 세상에 속하였으면 세상이 자기의 것을 사랑할 것이나 너희는 세상에 속한 자가 아니요 도리어 내가 너희를 세상에서 택하였기 때문에 세상이 너희를 미워하느니라(요 15:18-19)

이 말씀을 들은 대학생들은 자기들이 하나님께 속해 있다는 것에 긍지를 가지고 기뻐했다. 나는 전도의 현장에서 경험한 말을 제자훈련 받는 중·고등부 학생들에게 말해주었다. 그러면 그들은 신기하게 생각하며 기뻐했다. 그리고 그들은 자신들이 직접 나가서 전도하며 경험하기 시작했다. 아이들은 자신들도 기도하고 나가서 벨을 누르고 문이 열리면 무조건 발을 현관문에 걸고 복음을 전했다. 그래서 전도된 가정도 있다. 아이들의 간증을 듣고 자녀들을 데리고 교회에 나온 것이다.

이렇게 대언교회 청소년들은 노방전도, 축호전도 또는 학교에서 친구들에게 가정에서는 믿지 않는 부모 형제에게 복음을 전했다. 어떤 방법으로든 복음이 전파되어 모든 사람이 예수 그리스도를 믿고 구원받아 하나님의 자녀가 되는 것이 하나님의 뜻이다. 이 하나님의 뜻을 청소년들은 어려서부터 실천하고 있는 것이다.

동해에서

대언교회 중·고등부 학생들이 동해 바닷가로 수련회를 갔을 때의 이야기다. 버스 두 대와 봉고차 한 대에 학생들을 나눠 태운 뒤 동해에 있는 교회당을 빌려서 수련회를 3박 4일 동안 했다. 나는 수련회를 할 때마다 새벽예배와 저녁예배만 인도하고 나머지 시간은 조별로 시간을 갖도록 한다. 그래서 전체 진행은 12명의 조장과 회장을 비롯한 임원들에게 위임했다. 12명의 조장 밑에는 9~10명씩 조원이 편성된다.

남학생들은 조별로 텐트를 준비하여 텐트 속에서 잠을 자고 여학생들은 예배당 안에서 잠을 자도록 했다. 나 또한 텐트 안에서 잠을 잔다. 식사도 조별로 했고, 내게는 식사 때마다 조별로 밥을 가져다 줬다. 나는 아이들이 조별로 식사 때마다 가져다주는 음식을 먹고 평가를 한다. 나는 예배시간 외에는 아무것도 하지 않고 텐트 속에서 책을 보거나 잠을 잔다. 그래서 아이들은 나에게 "목사님은 먹고 자고 먹고 잔다."고 말한다.

하지만 저녁예배 시간과 새벽예배 시간은 철저하고 엄했다. 경건하고 거룩한 예배를 하나님께 드려야 하는데 자세가 흐트러진다든지 잡담을 한다든지 하면 여지없이 경건의 훈련을 시킨다. 그래서 아이들은 목사님의 성격을 잘 알고 있었기 때문에 예배시간은 경건함과 거룩함 속에서 예배를 드렸다. 내가 이렇게 하는 것은 자라나는 청소년들에게 예배의 중요성과 예배를 받으시는 하나님이 어떠한 분이신가를 알게 하기 위해서다.

그리고 우리 교회 아이들은 수련회를 갈 때 조별로 음식을 준비해서 갔고, 수련회 비용도 자신들이 만들어서 갔다. 교회에서는 지원이 없다. 있다면 간식 정도 집사님들의 도움으로 충당한다. 나는 어려서부터 아이들에게 이렇게 가르쳤다. 그래야 성장해서도 물질로 섬길 줄 안다.

수련회 이틀이 되는 날이었다. 중학교 1학년 아이가 아프다고 해서 청년 교사를 데리고 동해시로 나가서 병원에 데리고 갔다. 가면서 나는 조장들에게 너희들 마음대로 바닷가에 가지 말라고 신신 당부를 하고 갔다. 아이들은 모두가 그렇게 하겠다고 약속을 했다. 나는 아픈 아이를 치료하고 교회당에 와서 보니 아이들이 아무도 없었다. 청년 교사와 나는 이곳저곳을 찾아다녔다. 30분을 찾아보아도 아이들은 없었다. 은근히 걱정이 되기 시작했다. 혹시 아이들이 잘못되기라도 하면 하나님의 영광을 가리는 것이다. 주변의 수많은 교회들이 수련회를 가서 사고를 겪는 것을 보았기 때문이다.

그래서 우리 교회는 수련회를 앞두고 1개월 전부터 전교인 특별새벽기도회를 한다. 금요기도회 때도 집중적으로 기도한다. 중·고등부 학생들도 토요일 기도모임과 조별로 기도한다. 그 결과 하나님의 은혜의 보호막 속에서 아무 사고 없이 수련회를 마쳤었다.

그런데 처음 일어나는 일이었다. 가만히 생각해보니 아무래도 바닷가에 간 것 같은 느낌이 들었다. 나는 청년 교사와 함께 동해 바닷가를 찾아다녔다. 그때 멀리서 많은 아이들을 발견했다. 우리 교회 아이들이었다. 모두가 물에 들어가서 즐기고 있었다. 나는 한편으로는 반갑기도 하고 한편으로는 속이 상했다.

물속에서 즐기는 아이들을 모두 물 밖으로 나오게 하고 큰 소리로 화를 냈다. 모든 아이들이 겁을 먹은 눈치였다. 물론 회장과 임원들, 조장들이 잘 인도하고 있었지만 나는 내 말을 듣지 않고 자기들 마음대로 물속에서 놀고 있다는 것이 괘씸했다. 아이들에게 물속에서 나온 그대로 교회당까지 걸어가도록 했다. 더운 여름에 교회당까지 걸어간다는 것은 고통 그 자체다. 그들이 그렇게 고통을 당해야 하는 것은 목사님의 말을 듣지 않고 자기네들 마음대로 한 죄의 결과라는 것을 보여주기 위해서다. 그래야 아이들이 하나님의 말씀을 듣지 않고 인간 마음대로 살 때 불순종의 결과가 삶의 현장에서 고통을 당한다는 것을 깨닫게 된다. 차라리 아이들이 이렇게 잘못을 통하여 뉘우치고 고통을 당하는 것이 낫지 아이들이 물속에서 사고라도 났다면 교회와 내가 당하는 고통의 아픔은 너무도 컸을 것이다.

나는 아이들을 데리고 교회당에 와서 걸어온 모습 그대로 점심식사 준비를 하도록 했다. 바닷물 속에서 나온 아이들은 불편한 모습으로 걸어왔다. 그 상태로 식사준비를 한다는 것이 고통이다.

아이들과 점심식사를 한 후, 아이들을 교회당 옥상으로 모두 불렀다. 그리고 회장과 임원들, 조장들을 앞으로 불러내어 엎드리게 했다. 한 아이를 시켜서 몽둥이를 가지고 오라고 하자 이 아이는 좋은 몽둥이 하나를 가지고 왔다. 나는 엎드려 있는 회장과 임원들, 조장들의 엉덩이를 7대씩 때렸다. 매에 약한 아이들은 한 대를 맞고 그대로 엎어지고 말았다. 다시는 안 하겠다고 말하며 용서를 빌었지만 나는 용서하지 않았다. 쳐다보고 있는 아이들은 자기들 때문에 조장들이 매를 맞고 있다는 것을 생각하며 울며 나에게 애원을 했다. 용서해 달라고 말이다. 하지만 나는 거절했다. 불순종의 결과는 아픔과 괴로움이라는 것을 똑똑히 보여주기 위해서다.

나는 맞은 아이들이나 쳐다보는 아이들 모두에게 회개기도를 시켰다. 아이들은 대성통곡을 하면서 회개기도를 하기 시작했다. 옥상이 떠나가도록 소리치면서 울어댔다. 아마도 그 중에는 아파서 우는 아이들도 있었을지 모른다. 하지만 내가 보기에는 모두가 잘못을 뉘우치면서 회개기도를 하나님께 한 것으로 안다.

울면서 회개한 아이들에게 나는 따뜻한 사랑의 마음으로 그들을 감싸주었다. 한 걸음 더 나아가서 아이들 모두를 데리고 바닷가에 가서 물놀이를 하도록 했다. 음료수도 사주고 먹을 것도 사주면서 깊은 곳에 들어가지 말고 물속에서 즐기도록 했다. 아이들은 모두가 좋아했다.

만약 지금 내가 요즘 아이들에게 그렇게 했다고 하면 아이들은 그렇지 않을지 몰라도 아이들의 부모님이 경찰에 신고하지 않겠는가 하는 생각을 해본다. 그 만큼 요즘 아이들과 부모님들은 자기중심적이다. 이런 자들에게 복음은 필요하다. 복음이 아니고는 자기중심적인 아이들을 올바로 인도하기란 매우 어렵다.

너는 이것을 알라 말세에 고통 하는 때가 이르러 사람들이 자기를 사랑하며
(딤후 3:1-2)

싸움을 통해서도

고등학교 2학년인 기원이와 경현이가 싸운 이야기다. 이들은 초등학교 때부터 나와 함께 신앙생활을 했다. 둘은 친하게 지낸다. 특히 기원이는 아이가 착해서 다른 아이들과 싸우는 것을 나는 보지 못했다. 반면에 경현이는 조금 다르다. 성질이 다혈질이어서 자주 성질을 부리는 것은 아니지만 한 번 성질이 나면 물불을 가리지 않는 아이다.

그런데 어느 날 기원이 엄마한테 전화가 왔다. 기원이가 교회 아이한테 매를 맞고 왔다는 것이다. 속상해서 죽겠다고 말했다. 어떻게 교회에서 아이들이 매를 맞을 수 있느냐며 항의를 하는 것이다. 아들을 때려서 얼굴이 퉁퉁 부었고, 눈이 시퍼렇게 멍들었다고 한다. 나는 기원이 엄마의 전화를 받고 기원이네 집으로 갔다.

기원이의 모습은 엄마가 말한 그대로였다. 기원이 엄마도 화가 나있었고, 아빠는 내게 말도 못하게 했다. 앞으로 아들을 대언교회에 보내지 않겠다고 했다. 교회 보냈다가는 아들 하나가 맞아 죽을 수 있다고 극단적인

말을 했다.

나는 기원이와 싸운 경현이를 불렀다. 경현이의 말을 들어보니 경현이 역시 맞았다고 한다. 경현이네서 가만히 있는 것은 경현이 엄마가 우리 교회 집사님이기 때문에 나에게 뭐라고 항의하지 않았다는 것이다. 오히려 아이들이 크면서 싸움도 하면서 크는 거지 어떻게 곱게만 자랄 수 있느냐며 괜찮다고 했다.

경현이는 내가 부르자 처음에는 안 오겠다고 했는데, 나중에 기원이네 집까지 찾아왔다. 기원이 아빠는 경현이를 보자마자 소리를 지르며 금방 때릴 것만 같은 모습이었다. 나는 자제를 시키고 두 아이에게 사과를 하도록 했다.

"누가 잘못을 말하기 전에 너희들은 하나님의 자녀들인데 어떻게 싸울 수가 있느냐? 예수 그리스도를 믿는 것이 사실이라면 손을 붙잡고 사과를 하라."

고 하자 이들은 손을 붙잡고 서로가 잘못했다며 사과를 했다. 이 광경을 본 기원이 엄마, 아빠의 모습에서도 화가 사라진 것 같았다. 나는 기원이와 경현이 보고 서로 손을 잡고 회개기도를 하도록 말했다. 둘은 손을 붙잡고 울면서 기도했다. 나 역시 두 아이를 붙잡고 기도해줬다. 나중에 보니 기원이 엄마, 아빠도 눈가에 눈물이 고여 있었다. 이후에 기원이 엄마가 나에게 찾아와서 내 사무실에 커튼을 설치해 주고 갔다.

기원이 엄마와 아빠는 예수 그리스도를 믿지 않았다가 아이들이 서로 붙잡고 기도하면서 사과하는 것에 감동을 받아 대언교회에 나왔다. 이들은 자녀들과 이 열심히 신앙생활을 하고 집사님들이 되었다. 내가 말하고자 하는 것은 하나님은 아이들의 싸움을 통해서도 영생을 주기로 작정된 자들은 다 믿도록 하시는 하나님이시라는 점이다.

이방인들이 듣고 기뻐하여 하나님의 말씀을 찬송하며 영생을 주시기로 작정된 자는 다 믿더라(행전 13:48)

늦둥이

고등학생이었던 영훈이의 이야기다. 당시 전주에 전주상업고등학교라는 실업계 학교가 있었는데 이 학교가 교명을 제일고등학교로 바꾸고 인문계 학교가 되었다. 전주는 평준화였고, 우리 교회 아이들도 몇 명이 학교로 배정을 받았다.

영훈이도 이 학교로 배정을 받았는데, 이 학교에 다니지 않겠다고 선언을 했다. 그 학교에 가느니 차라리 재수를 해서 다른 학교에 가겠다고 고집을 부렸다. 영훈이는 집에선 늦둥이 아들로 늘 보호 속에서만 자라서 그런지 자기 밖에 모르는 아이였다.

영훈이는 부모님에게 우상이었다. 한 번은 영훈이가 학교에서 친구들과 장난을 치다가 고무줄에 맞아 눈을 심하게 다친 적이 있었다. 담임선생님은 부모에게 연락을 해서 아이가 눈에 상처가 심해서 잘못하면 실명할지도 모르니 빨리 병원에 데리고 가라고 했다. 이 말을 들은 영훈이 아버지는 실성한 사람처럼 행동했다. 자기 아들의 눈을 다치게 한 학생을 낫으로 찍어버리겠다며 학교에 낫을 들고 나타났다. 학교에 도착하자마자 고래고래 소리를 지르며 그 학생을 찾았다. 그 학생은 이미 몸을 피한 상태여서 불상사는 일어나지 않다. 이토록 영훈이 아버지는 아들을 끔찍하게 아꼈다. 이 일로 인해 영훈이는 더 이상은 그 학교에서 학교생활을 하지 않기로 했다. 아버지 때문에 창피해서 학교를 다니지 못하겠다며 등교를 거부한 것이다. 부모님이 아무리 달래도 막무가내였다. 선생님이 찾아와서 설득해도 소용이 없었다. 나는 이 소식을 듣고 영훈이를 조용히 불렀다.

"영훈아, 아빠가 영훈이를 너무 사랑하기 때문에 그런 일을 하셨던 거란다. 영훈이는 집안의 소망인데, 실명할지도 모른다니까 아빠가 잠시 흥분하셨던 것 같아. 만약 내가 그런 상황에 놓인다면 나도 아빠처럼 했을지 모른다. 물론 방법이 잘못되었지만, 영훈이가 나중에 결혼해서 아이를 낳는다면 아빠 마음을 이해할 수 있을 거야."

이렇게 오랜 시간을 두고 차근차근 설명해가며 설득을 했더니 아이의 마음이 움직였다. 그리고 학교에 다시 나가기로 했다. 사실 영훈이는 중학교 2학년까지도 공부를 잘못해서 인문계 고등학교에 가는 것을 포기해야 할 정도였다. 영훈이는 나에게 늘 말했다.

"목사님! 공부는 해서 무엇해요. 목사님 중국에 가서 선교하실 때 나도 따라 갈래요."

영훈이는 공부에는 흥미를 못 느꼈지만, 전기와 관련된 일 그리고 컴퓨터 다루는 일은 탁월하게 잘 했다. 그래서 난 영훈이가 공업계 학교에 진학하길 바랐다. 그러나 영훈이 부모님은 오직 인문계 고등학교만을 원했다. 그 사이에 끼여 영훈이는 스트레스를 받았나 보다. 영훈이는 사실 뚜렷한 꿈이 없었고, 그러다 보니 방황하며 지냈다. 그래서 나는 영훈이에게 자주 성경에 나오는 요셉의 꿈에 대해 가르쳤다.

요셉이 그들에게 이르되 청하건대 내가 꾼 꿈을 들으시오(창 37:6)

요셉은 하나님의 섭리로 꿈을 꾸었다. 그런 꿈이 있었기 때문에 고난 속에서도 달콤한 유혹 앞에서도 승리할 수 있었다. 결국 요셉은 하나님 안에서 꿈을 가지고 목표를 향해 전진했다. 결과는 꿈이 이루어져 세상과 자기 형제와 가족들을 구원하는 모델이 되었다는 것을 아이의 마음에 심어주고 싶었다.

"너도 예수 그리스도 안에서 꿈과 비전을 가져라. 그리고 그 꿈을 이루기 위해 열심히 공부해라. 꿈만 꾸고 노력하지 않으면 그 꿈은 망상에 불과하다. 너는 꿈만 있으면 공부를 잘 할 수 있는 아이이다."

그리고 아이에게 제자훈련과 공적인 예배뿐 아니라 새벽기도를 하라고 제안했다. 영훈이는 나와의 약속을 잘 지켰다. 그리고 겨울 방학에는 수련회에도 참석하라고 권했다.

"수련회 때 네가 기도하면서 살아계신 하나님을 만나면 공부를 열심히 하게 될 것이다. 내가 너를 위해서 기도를 많이 하겠다."

아이는 순종했다. 나 역시 이 아이를 위해 기도했다. 드디어 겨울 방학 수련회가 되었다. 영훈이는 시간 시간마다 수련회 상황과 자신의 상태를 핸드폰으로 보고했다. 수련회 3일 차에 영훈이는 눈물 콧물 범벅이 되어 바닥에 앉아 울며 기도하고 있었다. 그리고 하나님이 살아계심을 증거하며 다녔다. 이렇게 하나님의 은혜를 받고 나서 영훈이는 열심히 공부를 했다. 담임선생님도 놀라고 친구들도 놀랐다.

영훈이는 고등학교 진학 시험에 합격을 했다. 그런 영훈이가 제일고등학교가 마음에 맞지 않는다며 투정을 부렸다. 나중에 안 일이지만 영훈이가 그 학교에 진학하길 그토록 싫어했던 이유는 과거에 어울려 다녔던 나쁜 친구들이 그 학교로 많이 진학했기 때문이라고 했다. 결국 영훈이는 대전으로 이사를 해서 대전의 모 고등학교에 다닌다. 공부를 하면서 어려움이 오면 지금도 나에게 전화를 해서 자기를 위해서 기도를 부탁하고 자기를 잡아달라고 말한다.

나는 영훈이를 지켜보면서 사람에게는 꿈과 비전이 얼마나 중요한가를 알 수 있었다. 자기의 꿈을 이루기 위해 나쁜 친구들과 멀리 하려고 타 지방으로까지 전학을 한 것이다. 영훈이가 고등학교에 들어가기 전인 중학교 때, 그가 열심히 공부 한다는 것을 믿지 않았던 그의 부모님과 누나는 후에 우리 교회에 나왔고, 예수님을 믿음으로 열심히 생활하였다.

이렇게 하나님의 은혜와 사랑을 누구도 막을 수가 없다.

내게 주신 모든 은혜를 내가 여호와께 무엇으로 보답할까(시 116:12)

영훈이의 엄마는 새벽기도에 열심히 참석했다.

여호와여 아침에 주께서 나의 소리를 들으시리니 아침에 내가 주께 기도하고 바라리이다(시 5:3)

하나님은 우리 기도에 신실하게 응답하신다.

나가면서

한 세대는 가고 한 세대는 오되 땅은 영원히 있도다(전 1:4)

그동안 세월이 참 많이 흘렀다. 내 머리에는 어느덧 하얀 서리가 내리고 얼굴의 주름도 깊어졌다. 나뿐 아니다. 나와 함께 초등학교 운동장을 뛰놀던 아이들이 이제 어느덧 하나둘씩 아이의 아빠요, 엄마가 되어 있다. 나 역시 이제 ○○아빠에서 ○○할아버지가 되었다.

80년대에 전주에 내려가서 참 많은 일을 겪었다. 요한복음의 말씀처럼 그 일을 낱낱이 기록하려면 종이가 부족할 정도다. 그 가운데 특히 인상적이었고 교훈적인 내용만을 떠올려서 기록해 보았다.

지금 생각해 보면, 후회되는 부분도 있고 아쉬운 부분도 있고 또 나로 하여금 미소 짓게 하는 일도 많지만 무엇보다도 참 감동적이면서 나를 흥분시키는 일은 복음으로 아이들이 변화되어서 새로운 삶을 살아가는 일이라고 단언할 수 있다. 천성적으로 아이를 좋아하지 않던 내가 아이들과 함께 뛰놀고 호흡하며 지낼 수 있었던 힘이 되었던 것 역시 예수님 안에서 변화된 아이들이 있었기에 가능했다. 주 안에서 변화된 아이들을 지켜볼 수 있다는 것이 목사로서의 특권이자 사명이라고 생각한다.

 여기에 적혀 있는 내용이 어쩌면 최첨단을 걷고 있는 현재 대한민국 상황에 잘 안 맞는 부분도 있을 것이다. 그만큼 시대의 변화가 크다고 본다. 그러나 나는 여전히 확신하는 것이 있다. 바로 주님을 깊이 만난 청소년들은 미래의 희망이지만, 복음 없는 그들은 죄악 가운데 방황할 수밖에 없다는 사실이다. 환경이나 상황은 달라졌을지 모르지만 지금도 동일한 것은 우리의 많은 아이들은 외롭고, 삶의 바른 목적도 없이 살아간다. 부모님들은 세상 가치에 따라 돈을 버는 것이 가장 중요한 것인 양 바쁨 속에 힘겹게 살고, 언제나 그렇지만 세상은 우리에게 자신의 욕망만을 채우는 것이 바른 삶이라 가르친다. 그 가운데 아이들은 어두운 그늘 속을 방황한다. 그들을 양지로 끌어낼 수 있는 그리스도인이 필요하다.

서두에 어떤 형제처럼 광야의 불붙는 떨기나무처럼

즉,

성령의 불.

말씀의 불.

기도의 불.

복음의 불.

에 사로잡혀 있는 그리스도인들이 필요하다. 그 한 사람으로 인하여 광야에서 방황하는 우리의 청소년들을 예수 그리스도께 인도할 수 있다. 하나님께서는 광야에서 방황하는 모세에게 불붙은 떨기나무를 보여주심으로 인해 이스라엘 백성을 하나님 뜻대로 인도하는 위대한 지도자로 사용하셨다.

모세가 그의 장인 미디안 제사장 이드로의 양 떼를 치더니 그 떼를 광야 서쪽으로 인도하여 하나님의 산 호렙에 이르매 여호와의 사자가 떨기나무 가운데로부터 나오는 불꽃 안에서 그에게 나타나시니라 그가 보니 떨기나무에 불이 붙었으나 그 떨기나무가 사라지지 아니하는지라 (출 3:1-2)

어른들은 모세가 될 수 없다.

그러나 청소년들은 모세가 될 수 있다.

청소년들은 다윗도 엘리야도 다니엘도 될 수 있다.

이 시대의 청소년들을 예수 그리스도께로 인도할 그리스도인들이 필요하다. 나는 목회를 하면서 불붙은 떨기나무처럼 수많은 청소년들을 예수 그리스도께로 인도했다. 하지만 내가 한 것이 아니라 내 안에 계시는 예수 그리스도가 하셨다.

나는 단지 하나님의 선한 도구로 사용됐을 뿐이다. 이제 그 사명을 나의 후배들인 젊은 그리스도인들에게 맡기고 싶다. 물질이 풍요로운 시대에 정신은 더욱 나약해지고 자기만을 사랑하는 이 시대를 변화시킬 그리스도인들은 더욱 청소년들에게 관심을 갖고 기도하며 그들에게 다가가길 소망한다.

두려워하지 말라 내가 너와 함께 함이라
놀라지 말라 나는 네 하나님이 됨이라
내가 너를 굳세게 하리라
참으로 너를 도와주리라
참으로 나의 의로운 오른손으로
너를 붙들리라
_이사야 41:10